# 文献检索与论文写作

## 第二版

李振华 著

清华大学出版社
北京

## 内 容 简 介

本书旨在满足"信息洪流"时代科研相关人员的需求，系统地介绍了文献检索与利用的全过程，从选择研究课题直到最终的论文写作与发表，内容涉及制订研究策略，使用数据库收集文献资料，评估资料，发现重要文献，以及追踪最新的学术进展，撰写论文等。

本书对科研工作者及高校进行研究活动的师生具有重要的教学指导作用，可作为高等院校文献检索与论文写作课程教材或教学参考书，是高校师生掌握学术论文写作与文献查找方法的速成参考书和大学生进行毕业设计及查找文献资料的必修教材，也可供科研工作者检索文献信息时参考。

本书封面贴有清华大学出版社防伪标签，无标签者不得销售。
版权所有，侵权必究。举报：010-62782989，beiqinquan@tup.tsinghua.edu.cn。

图书在版编目(CIP)数据

文献检索与论文写作/李振华著．—2版．—北京：清华大学出版社，2022.6（2025.1重印）
ISBN 978-7-302-60674-1

Ⅰ.①文… Ⅱ.①李… Ⅲ.①信息检索 ②论文—写作 Ⅳ.①G254.9 ②H152.3

中国版本图书馆 CIP 数据核字(2022)第 069402 号

责任编辑：闫红梅　薛　阳
封面设计：刘　键
责任校对：焦丽丽
责任印制：刘海龙

出版发行：清华大学出版社
网　　址：https://www.tup.com.cn, https://www.wqxuetang.com
地　　址：北京清华大学学研大厦 A 座　　邮　编：100084
社 总 机：010-83470000　　邮　购：010-62786544
投稿与读者服务：010-62776969, c-service@tup.tsinghua.edu.cn
质量反馈：010-62772015, zhiliang@tup.tsinghua.edu.cn
课件下载：https://www.tup.com.cn, 010-83470236

印 装 者：涿州汇美亿浓印刷有限公司
经　　销：全国新华书店
开　　本：185mm×260mm　　印　张：13.25　　字　数：320 千字
版　　次：2016 年 1 月第 1 版　2022 年 7 月第 2 版　印　次：2025 年 1 月第 11 次印刷
印　　数：60701～70700
定　　价：49.00 元

产品编号：090300-01

# 第二版前言

随着时代的发展,知识不断更新,人类对事物的认识也在不断进步。2016年1月出版的《文献检索与论文写作》教材到2021年8月已有五年半的时间,在这五年半中,人们对文献检索与论文写作的认识在深入,对相关教材的质量要求也在不断提高。

新版的《文献检索与论文写作》顺应时代发展,在章节设置和部分知识内容上进行了修订。修订的原则是遵从科学性和时代性,强调实操性,即与主流权威的大学教材保持一致,紧跟学科发展的步伐,充分运用案例展示帮助大学生理解和掌握文献检索与论文检索知识。

下面对一些修订内容加以说明,以帮助读者更好地理解和使用新教材。

(1) 重新编排章节内容顺序。新版《文献检索与论文写作》将旧版的7章改编为4篇11章,修订后的章节设置以初学者的实际需要出发,内容顺序先后是文献信息检索基础、文献检索与利用、科研选题与论文写作和论文的投稿。由简到难,由浅到深,循序渐进地引导读者在学与练中独立完成科研选题与论文写作投稿,迈入学术研究的殿堂。

(2) 新增篇前"引言""学习目标"和篇后"学与练"等内容。篇前设置"引言"与"学习目标",引导读者带着目标与问题进行学习,有利于读者把握学习重点、梳理章节脉络。篇后的"学与练"包含数道习题,帮助读者进行实战演练,掌握方法技能。

(3) 更新案例和升级工具软件。随着知识和各检索平台、工具软件的不断发展迭代,旧版的案例已经无法适应当前读者的学习需要。新版教材在旧版的基础上进行了相应的更新,与当前最新的版本保持一致,保障知识的时效性。

(4) 新增知识内容。随着信息技术的发展,文献检索与论文写作领域的知识内涵日益丰富,本次修订增加的知识内容以实用为原则,包含但不限于以下内容:阅读文献的方法、查重原理与降重技巧、审稿人的关注点、学术论文案例,等等。

此外,一些旧版中的疏漏之处,在此次改版时做了修订,以使逻辑更清晰,行文更流畅。

浙江商业职业技术学院的李振华负责本书的撰写工作,浙江财经大学的陈梦玲参与部分章节的修订工作。同时,本书在出版过程中得到了清华大学出版社的支持和帮助,在此表示衷心的感谢。

由于作者水平有限,修订时间仓促,本书中难免存在不足,敬请广大读者批评指正。

李振华

浙江商业职业技术学院

2021年10月

# 第一版前言

据美国科学基金会（National Science Foundation，NSF）统计，一名科研人员花费在查找和消化科技资料上的时间占全部科研时间的51%，计划思考占8%，实验研究占32%，书面总结占9%。由这些统计数据可以看出，科研人员花费在科技文献出版物上的时间为全部科研时间的60%。作为科研工作者及相关高校师生，随时了解外界信息十分必要，在当前的信息时代，获取信息的途径和手段越来越简单，但是随之而来的信息爆炸会带来诸如信息分类的准确性不够等问题，同时论文选题、期刊投稿选择、英文论文写作及基金申请都与文献信息的检索与利用密切相关。

本书旨在满足"信息洪流"时代上述人员的需求，系统地介绍了文献检索与利用的全过程，从选择研究课题到最终的论文写作与发表，内容涉及制订研究策略、使用数据库收集文献资料、评估资料、发现重要文献，以及追踪最新的学术进展、撰写论文等。

本书对科研工作者及高校进行研究活动的师生具有重要的教学指导作用，可作为高等院校文献检索与论文写作课程教材或教学参考书，是高校师生掌握学术论文写作与文献查找方法的速成参考书和大学生进行毕业设计及查找文献资料的必读教材，也可供科研工作者检索文献信息时参考。

本书的特色主要有以下几点。

（1）全面地介绍了文献检索与论文写作的基础知识，详细介绍了文献检索和论文写作的方法和技巧，实用性较强。

（2）系统地介绍了文献检索与利用的全过程，从选择研究课题直到论文写作发表，内容涉及制定研究策略、使用数据库收集文献资料、评估资料、发现重要文献，以及追踪最新的学术进展、撰写论文等，应用性较强。

（3）全书结构清晰、由浅入深、循序渐进，内容简明扼要，案例丰富，有较强的针对性和实用性，方便教师教学与学生阅读。

本书包括文献检索与科技论文写作两个部分，系统地介绍了文献检索与利用的全过程，从文献检索、选题研究、文献管理到论文写作与发表等。本书第一部分为文献检索（包括第1章文献信息检索基础、第2章文献信息检索与利用），简述了文献信息检索的基础知识，结合国内外几种重要或著名的检索工具，较详细地讲解了文献信息检索及利用。第二部分为科技论文写作，介绍了科技论文写作的基本知识、科技论文写作的要求和技巧、科技论文投稿、科技论文期刊、会议、常用软件使用方法与技巧等方面的知识。

本书为2015年浙江省社科联社科普及课题(课题编号：15ND32)成果。本书由浙江商业职业技术学院的李振华策划、设计、统稿与编写。在出版过程中得到了清华大学出版社的鼓励和帮助，在此表示真挚的感谢。另外，本书在编写过程中，阅读、参考了大量国内外相关专家的书籍、博客、资料或相关课件，并从中获得了灵感和启示，但未能在注释或参考文献中一一列出，在此特向这些参考文献的作者致歉并表示由衷的感谢！此外，限于作者学识，时间仓促，书中难免有不妥之处，恳切地希望专家和读者批评指正，以便改进和提高。

李振华

浙江商业职业技术学院

2015年5月

# 目录 CONTENTS

**第一篇　文献信息检索基础** ……………………………………………………… 1

**第1章　文献信息检索概述** …………………………………………………… 3
  1.1　文献信息检索简史 …………………………………………………… 3
  1.2　文献信息的基本概念 ………………………………………………… 4
    1.2.1　信息的概念与特征 ……………………………………………… 4
    1.2.2　知识的概念与特征 ……………………………………………… 5
    1.2.3　情报的概念与特征 ……………………………………………… 6
    1.2.4　文献的概念与要素 ……………………………………………… 7
    1.2.5　信息、知识、情报和文献的相互关系 ………………………… 7
    1.2.6　文献信息资源的类型 …………………………………………… 7
  1.3　文献信息检索的类型 ………………………………………………… 11
    1.3.1　按照信息检索方式划分 ………………………………………… 12
    1.3.2　按照系统中信息的组织方式划分 ……………………………… 13
    1.3.3　按照检索内容或检索目标划分 ………………………………… 13

**第2章　计算机信息检索** …………………………………………………… 15
  2.1　布尔逻辑检索 ………………………………………………………… 15
    2.1.1　基本的布尔逻辑运算符 ………………………………………… 15
    2.1.2　布尔逻辑运算符的运算次序 …………………………………… 16
  2.2　其他常见检索技术 …………………………………………………… 16
    2.2.1　截词检索 ………………………………………………………… 16
    2.2.2　位置检索 ………………………………………………………… 17
    2.2.3　限制检索 ………………………………………………………… 18
    2.2.4　加权检索 ………………………………………………………… 19
    2.2.5　聚类检索 ………………………………………………………… 19

**第3章　文献信息检索的途径、方法与步骤** ……………………………… 20
  3.1　文献信息检索的途径 ………………………………………………… 20
    3.1.1　内容特征检索途径 ……………………………………………… 20
    3.1.2　形式特征检索途径 ……………………………………………… 21

3.2 文献信息检索的方法 ………………………………………………………… 22
　　3.2.1 直接法 ………………………………………………………………… 22
　　3.2.2 工具法 ………………………………………………………………… 23
　　3.2.3 综合法 ………………………………………………………………… 23
3.3 文献信息检索的步骤 ………………………………………………………… 23
　　3.3.1 分析信息需求 ………………………………………………………… 24
　　3.3.2 选择检索系统(工具) ………………………………………………… 24
3.4 文献信息检索效果评价 ……………………………………………………… 25
　　3.4.1 文献信息检索效果判断环节 ………………………………………… 25
　　3.4.2 信息检索的效果评价方法 …………………………………………… 26

## 第二篇　文献信息检索与利用

### 第 4 章　英文文献检索 ……………………………………………………………… 31
4.1 SCI ……………………………………………………………………………… 31
　　4.1.1 SCI 收录范围与出版形式 …………………………………………… 32
　　4.1.2 SCI 印刷版编排结构 ………………………………………………… 32
　　4.1.3 SCI 的检索途径与步骤 ……………………………………………… 34
　　4.1.4 IF 与期刊分区 ………………………………………………………… 34
4.2 SSCI …………………………………………………………………………… 35
　　4.2.1 SSCI 收录范围与检索方法 …………………………………………… 36
　　4.2.2 SSCI 分区 ……………………………………………………………… 36
4.3 Web of Science 检索 ………………………………………………………… 36
4.4 EI Compendex ………………………………………………………………… 41
　　4.4.1 EI 收录范围与出版形式 ……………………………………………… 41
　　4.4.2 印刷版 EI 编排结构 ………………………………………………… 42
　　4.4.3 EI 的检索途径及步骤 ………………………………………………… 43
　　4.4.4 EI Compendex Web 检索 ……………………………………………… 44
4.5 英文专利检索 ………………………………………………………………… 48
　　4.5.1 美国专利商标局专利检索系统 ……………………………………… 48
　　4.5.2 欧洲专利局专利检索系统 …………………………………………… 49

### 第 5 章　中文文献检索 ……………………………………………………………… 52
5.1 中国知网 CNKI 数据库 ……………………………………………………… 52
　　5.1.1 中国知网收录内容 …………………………………………………… 52
　　5.1.2 中国知网的特点与出版形式 ………………………………………… 54
　　5.1.3 中国知网数据库检索 ………………………………………………… 54
5.2 万方数据知识服务平台 ……………………………………………………… 58
　　5.2.1 万方数据知识服务平台收录内容 …………………………………… 59
　　5.2.2 万方数据知识服务平台检索 ………………………………………… 60
5.3 人大复印报刊资料数据库 …………………………………………………… 62

    5.3.1 人大复印报刊资料数据库收录内容及特色 ………………………… 63
    5.3.2 人大复印报刊资料数据库检索 ……………………………………… 64
  5.4 中国专利检索 ……………………………………………………………………… 64
    5.4.1 我国专利出版物 ……………………………………………………… 65
    5.4.2 我国专利数据库 ……………………………………………………… 65
  5.5 百度学术 …………………………………………………………………………… 70
    5.5.1 百度学术收录内容 …………………………………………………… 70
    5.5.2 百度学术检索 ………………………………………………………… 71

第6章 高效地阅读文献 ……………………………………………………………………… 73
  6.1 了解文献 …………………………………………………………………………… 73
    6.1.1 文献标识码 …………………………………………………………… 73
    6.1.2 各类文献著录的通用格式 …………………………………………… 74
    6.1.3 检索号、收录号与书刊号 …………………………………………… 76
    6.1.4 查询文献的被引频次 ………………………………………………… 77
  6.2 阅读文献 …………………………………………………………………………… 78
    6.2.1 勤加练习,养成习惯 ………………………………………………… 78
    6.2.2 集中时间,研究经典 ………………………………………………… 78
    6.2.3 阅读分析,注重技巧 ………………………………………………… 79
  6.3 管理文献 …………………………………………………………………………… 79
    6.3.1 笔记工具 ……………………………………………………………… 80
    6.3.2 文献生产和管理工具软件 …………………………………………… 82

第三篇 科研选题与论文写作 ………………………………………………………………… 85

第7章 科研选题与资料收集 ………………………………………………………………… 87
  7.1 科研选题的意义与文献调研 ……………………………………………………… 88
    7.1.1 选题的意义 …………………………………………………………… 88
    7.1.2 选题前的文献调研 …………………………………………………… 89
  7.2 选题的方法与案例 ………………………………………………………………… 95
    7.2.1 科研选题的方向 ……………………………………………………… 95
    7.2.2 课题来源 ……………………………………………………………… 96
    7.2.3 选题的方法 …………………………………………………………… 96
    7.2.4 确定选题的过程 ……………………………………………………… 97
    7.2.5 选题实例 ……………………………………………………………… 97
  7.3 课题的立项评估 …………………………………………………………………… 99
  7.4 资料的收集 ………………………………………………………………………… 100
    7.4.1 资料在课题研究中的应用 …………………………………………… 100
    7.4.2 资料收集的主要方法 ………………………………………………… 101

第8章 学术论文的撰写 ……………………………………………………………………… 103
  8.1 学术论文写作基础 ………………………………………………………………… 103

8.1.1 学术论文概述 ……………………………………………………… 104
　　　8.1.2 学术论文写作步骤 …………………………………………………… 105
　8.2 学术论文提纲的拟定 …………………………………………………………… 106
　　　8.2.1 编写提纲的作用 ……………………………………………………… 106
　　　8.2.2 编写提纲的步骤、原则与方法 ……………………………………… 106
　8.3 学术论文的结构与内容 ………………………………………………………… 108
　　　8.3.1 中文学术论文的结构与内容 ………………………………………… 108
　　　8.3.2 英文学术论文的结构与内容 ………………………………………… 116
　8.4 论文中的图表制作 ……………………………………………………………… 124
　　　8.4.1 Word 软件 …………………………………………………………… 124
　　　8.4.2 LaTeX 软件 ………………………………………………………… 128
　　　8.4.3 PPT 软件 …………………………………………………………… 133
　　　8.4.4 Excel 软件 …………………………………………………………… 136
　　　8.4.5 Origin 软件 ………………………………………………………… 138
　8.5 学术道德与规范 ………………………………………………………………… 140
　　　8.5.1 学术道德问题的表现 ………………………………………………… 140
　　　8.5.2 学术道德教育 ………………………………………………………… 141
　　　8.5.3 查重原理与降重技巧 ………………………………………………… 141

**第四篇　论文的投稿** ………………………………………………………………… 145

**第 9 章　期刊投稿** …………………………………………………………………… 147
　9.1 选择投稿的期刊 ………………………………………………………………… 147
　　　9.1.1 根据动态指标选期刊 ………………………………………………… 147
　　　9.1.2 根据稿件与期刊特征选期刊 ………………………………………… 148
　　　9.1.3 了解我国核心期刊遴选体系 ………………………………………… 149
　9.2 遵守投稿规范 …………………………………………………………………… 150
　　　9.2.1 通过"作者须知"可以了解的信息 ………………………………… 151
　　　9.2.2 作者须知实例 ………………………………………………………… 151
　9.3 投稿的注意事项 ………………………………………………………………… 153
　　　9.3.1 投稿前需要检查的项目 ……………………………………………… 153
　　　9.3.2 录入与排版的注意事项 ……………………………………………… 153
　　　9.3.3 投稿的一般注意事项 ………………………………………………… 155
　　　9.3.4 谨防虚假投稿信息 …………………………………………………… 155

**第 10 章　会议投稿** ………………………………………………………………… 158
　10.1 查找国内外会议信息 …………………………………………………………… 158
　　　10.1.1 会议文献的特征与常用术语 ……………………………………… 158
　　　10.1.2 查找国内外会议论文 ……………………………………………… 159
　　　10.1.3 国内外会议 ………………………………………………………… 161
　10.2 会议论文的检索与收录 ………………………………………………………… 163

10.3 国际会议投稿与注册 ················································· 163
　　10.3.1 国际会议投稿 ················································· 163
　　10.3.2 国际会议注册 ················································· 164
10.4 会议交流 ··························································· 165
　　10.4.1 Poster ························································ 165
　　10.4.2 Oral Speech ··················································· 165
　　10.4.3 国际会议投稿录用实例 ········································· 166

第 11 章　论文的评审 ························································ 167
11.1 稿件的评审 ························································· 167
　　11.1.1 稿件评审的流程 ··············································· 167
　　11.1.2 录用与退稿 ··················································· 167
11.2 审稿人的关注点与道义责任 ··········································· 168
　　11.2.1 审稿人的关注点 ··············································· 168
　　11.2.2 审稿人的道义责任 ············································· 169
11.3 同行评议 ··························································· 169
　　11.3.1 同行评议的内容 ··············································· 169
　　11.3.2 同行评议的结果 ··············································· 170

附录 A　学术论文范例与分析 ················································· 172
　A.1 社会科学论文撰写 ··················································· 172
　A.2 自然科学论文撰写 ··················································· 181
附录 B　中国计算机学会推荐的国际学术会议 ··································· 191
附录 C　中国计算机学会推荐的国际学术期刊 ··································· 194

后记 ······································································· 196
参考文献 ··································································· 197

# 第一篇

# 文献信息检索基础

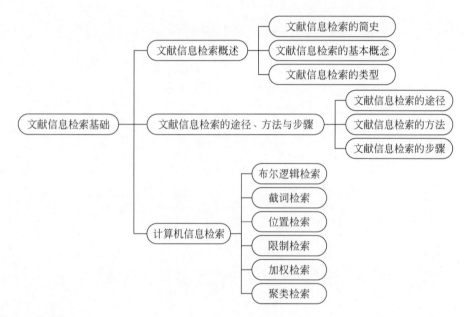

【本篇引言】

　　信息爆炸的"互联网+"时代环境下,信息素养已经成为大学生必不可少的重要素质,文献信息检索技能也随之成为大学生专业学习和职业发展不可或缺的工具。在知识更新速度不断加快的当下,人们需要不断进行自我教育,更新知识结构,扩大知识面,以应对学习和工作竞争的需要。

　　在浩如烟海的文献信息资源汪洋中,快速、准确地找到特定的文献资料,需要在掌握文献信息检索基本概念的基础上,充分运用科学的检索途径和方法。本篇从文献信息的基本概念展开,重点介绍了布尔逻辑等计算机检索技法和文献信息检索的途径、方法和步骤,带领大学生在文献资料的征途中迈出第一步,为专业学习和学术研究打下基础。

【学习目标】

- 了解文献的概念、类型及特点。
- 熟练运用布尔逻辑词进行文献检索。
- 熟悉几种文献检索的途径、方法和步骤。

# 第1章 文献信息检索概述

文献是记录知识的载体,记录着人类在漫长发展历程中积累的智慧与经验。21世纪,人类进入信息爆炸时代,文献数量剧烈增长,文献类型日益多样化,查找和利用文献信息的挑战日渐严峻。了解文献信息的发展历程和基本概念,是进行文献信息检索的基础。

## 1.1 文献信息检索简史

早在古代,人类就认识到掌握信息、收集信息的重要性。在语言产生以后、文字出现之前的远古时代,人们就开始采用"结绳记事"的方法来传递信息。我国古代文学作品中,曾多次提及"信息"一词。例如,南唐诗人李中曾在《暮春怀故人》中写道"梦断美人沉消息,目穿长路倚楼台",唐朝诗人杜牧也在《寄远》中喟叹"塞外音书无信息,道傍车马起尘埃"。当然,这些"信息"指的是音信和消息。随着人类社会和科技的进步,信息的含义已经从原来的音讯、消息,扩展到涵盖了人类社会传播的一切内容。人通过获得、识别自然界和社会的不同信息来区别不同事物,得以认识和改造世界。在一切通信和控制系统中,信息是一种普遍联系的形式。

文献是人类社会进入文明时代的产物,并随着人类文明的进步不断发展。"文献"一词也由来已久,现都以《论语·八佾》中的记叙为最早出处。孔子曰:"夏礼吾能言之,杞不足徵也,殷礼吾能言之,宋不足徵也。文献不足故也。足,则吾能徵之矣。"汉代郑玄将文献解释为文章和贤才,宋代朱熹则将其解释为典籍和贤人。1983年,我国颁布的国家标准《文献著录总则》将文献定义为"记录有知识的一切载体"。

文献信息检索源于文献索引工作及参考咨询工作。文献索引工作的历史可以追溯到远古时代。根据文摘历史专家弗西斯·威蒂(Francis J. Witty)的研究,一种用途类似于文献的东西首先出现在公元前200年封装美索不达米亚人用楔形文字写成的文献的陶制封套上。我国最早带有内容摘要的图书目录是西汉刘向、刘歆父子整理编撰的《别录》和《七略》。

世界上第一台电子计算机在1946年2月问世。20世纪50年代中期以前,人们查找信息的主要方式是手工检索,即通过手翻、眼看、大脑判断,从书刊里找到自己需要的知识。这种检索方法利用的信息资源有限,查找效率普遍不高。1948年,穆尔斯(C. N. Mooers)在其硕士论文中第一次创造性地使用了"Information Retrieval(信息检索)"这个术语。进入20

世纪50年代后,在计算机应用领域的"穿孔卡片"和"穿孔纸带"数据录入技术及相关设备的相继出现,以它们作为存储文摘、检索词和查询提问式的媒介,使得计算机开始在文献信息检索领域中得到了应用。

随着计算机技术和网络技术的不断进步,在20世纪90年代后期,互联网(Internet)开始进入社会生活的各个领域,计算机检索也逐步由脱机检索、联机检索发展到网络化联机检索。尤其是世界各大检索系统都进入通信网络,每个系统的计算机成为网络上的节点,每个节点连接多个检索终端,各节点之间以通信线路彼此相连,网络上的任何一个终端都可以联机检索所有数据库中的数据。这种网络化联机检索以其低廉的费用、快速的存取速度,使人们可以在很短的时间内查询世界上的信息资料,使信息资源共享成为可能。这些对传统检索形成了强烈的冲击。与此同时,网络信息的发展也给信息检索带来了无尽的烦恼。人们发现在当今的网络信息环境中,获取信息的途径和手段正在变得越来越容易,但是随之而来的信息轰炸会带来诸如信息分类的准确性不够等问题。我们可以从经常看到的"信息丰富,知识匮乏"一词中,体会其中含义,管中窥豹。

网络信息资源的数量庞杂、有序与无序并存、内容与类型无限、动态性高、优劣混杂、缺乏统一组织与控制等特点给人们查找、利用信息带来很多不便,而网络信息环境形成的网络阅读与查找方式逐步深入人们的生活,并改变着人们的生活,成为人们接受教育,发展智力,获取知识、信息的主要途径,从网络中有效地获取知识、信息正在成为人们生活与工作必需的技能。

## 1.2 文献信息的基本概念

信息、知识、情报、文献是大学生耳熟能详的词汇,这些概念既有联系又有区别,呈现出不同的特点。

### 1.2.1 信息的概念与特征

从古到今,国内外对信息的定义不下百种。信息论奠基人、美国数学家克劳德·香农(Claude Elwood Shannon)指出"信息是用来消除不确定性的东西"。控制论的创始人、美国科学家维纳(N. Wiener)对信息的含义表达为"信息是人们在适应外部世界并使这种适应反作用于外部世界的过程中,同外部世界进行相互交换的内容的名称"。

在我国国家标准《情报与文献工作词汇基本术语》(GB/T 4894—1985)中,信息被定义为:"物质存在的一种方式、形态或运动状态,也是事物的一种普遍属性。信息既不是物质,也不是能量,它在物质运动过程中所起的作用是表达它所属的物质系统,在同其他任何物质系统全面相互作用(联系)的过程中,以质、能波动的形式所呈现的结构、状态和历史。"这是最广义的信息概念,在这个概念下,一切反映事物内部或外部互动状态或关系的东西都是信息。

信息的特征是指信息区别于其他事物的本质属性的外部表现和标志。一般来说,信息具有以下基本特征。

**1. 客观性**

信息不是虚无缥缈的事物,它的存在可以被人们感知、获取、传递和利用,是客观存在的东西,是客观事物运动时所表现出来的特征和信号。其存在是不以人的意志为转移的,客观、真实是信息最重要的本质特征。

**2. 普遍性**

信息既不是物质,也不是能量,而是依附于自然界客观事物而存在,只要有物质存在,就有表征其属性的信息,信息是客观事物普遍性的表征。

**3. 共享性**

信息的共享性是指同一内容的信息可在同一时间为众多的使用者所使用,信息从一方传递到另一方,接收者获得信息,传递者并未失去其所拥有的信息,也不会因为使用次数的多少而损耗信息的内容。信息的共享性可以提高信息的利用率,人们可以利用他人的研究成果做进一步创造,避免重复研究,从而节约资源。

**4. 依附性**

信息是抽象的,必须依附于物质载体而存在。信息的载体是多种多样的,如语言、文字、图像、声波、光波、电磁波、纸张、磁盘等。正是借助于这些载体,信息才能被人们感知、接收、加工和存储。

**5. 可传递性**

信息可以通过信道在信源和信宿之间进行传递,这种传递包括时间上和空间上的传递。信息具有可传递性,是因为它可以脱离源物质而独立存在。

**6. 时效性**

信息的时效性是指信息的效用依赖于时间并有一定的期限,其价值的大小与提供信息的时间密切相关。实践证明,信息一旦形成,其所提供的速度越快、时间越早,其实现的价值就越大。

## 1.2.2 知识的概念与特征

柏拉图认为:"知识是经过证实的正确的认识。"罗素认为:"知识是一个意义模糊的概念。"德鲁克认为:"知识是一种能够改变某些人或某些事物的信息,是经过人的思维整理过的信息、数据、形象、意象、价值标准及社会的其他符号化产物。"《中国大百科全书·教育》对知识的概念是这样表达的:"所谓知识,就它反映的内容而言,是客观事物的属性与联系的反映,是客观世界在人脑中的主观映像。就它的反映活动形式而言,有时表现为主体对事物的感性知觉或表象,属于感性知识,有时表现为关于事物的概念或规律,属于理性知识。"从这一定义可以看出,知识是主客体相互统一的产物。它来源于外部世界,所以知识是客观的;但是知识本身并不是客观现实,而是事物的特征与联系在人脑中的反映,是客观事物的一种主观表征。知识是在主客体相互作用的基础上,通过人脑的反映活动而产生的。

我们可以这样定义知识:知识是人类在改造客观世界的实践过程中的科学总结,是人们对客观事物的理性认识。知识来源于人们在实践活动中获得的大量信息,是人脑对客观事物所产生的信息加工物。信息被人脑感受,经理性加工后,成为系统化的信息,这种信息就是知识。

知识主要具有以下几个基本特征。

**1. 实践性**

知识来源于实践,又指导实践。任何知识都离不开人类的实践活动,即使从书本上获得的知识,也是前人实践经验的总结。

**2. 继承性**

知识是一种实践—认识—再实践—再认识循环往复的发展过程。每一次新知识产生,既是原有知识的深化与发展,又是更新的知识产生的基础和前提。

**3. 科学性**

知识的本质就是对客观事物运动规律的科学概括。离开对事物运动规律认识的科学是一种伪科学,不能称其为知识;对事物运动规律掌握得不够的认识过程,是知识不断完善、不断更新的过程。只有对客观事物有了完全科学的认识,才算是真正的知识。

**4. 意识性**

知识是一种观念形态的东西,只有人的大脑才能产生它、认识它、利用它,知识通常以概念、判断、推理、假说、预见等思维形式和范畴体系表现自身的存在。

**5. 信息性**

信息是产生知识的原料,知识是被人们理解和认识并经大脑重新组织和系统化了的信息,信息提炼为知识的过程就是思维。

**6. 渗透性**

随着知识门类的增多,各种知识可以相互渗透,形成许多新的知识门类。

### 1.2.3 情报的概念与特征

情报是指被传递的知识或事实,是知识的激活,是运用一定的媒体(载体),越过空间和时间传递给特定用户,解决科研、生产中的具体问题所需要的特定的知识和信息。换种说法,情报就是知识通过传递并发生作用的部分,或者说是传递中有用的知识。

情报只是人类社会特有的现象,其具有三个基本属性。

**1. 知识性**

知识性是情报最主要的属性。知识是人们的主观世界对于客观世界的概括和反映。随着人类社会的发展,每日每时都会有新的知识产生,人们通过读书、看报、听广播、看电视、参加会议、参观访问等活动,都可以吸收到有用的知识。这些经过传递的有用知识,按照广义的说法,就是人们所需要的情报。因此,情报的本质是知识。没有一定的知识内容,就不能成为情报。

**2. 传递性**

情报的传递性是情报的第二个基本属性。知识要成为情报,还必须经过传递,知识若不能传递交流、供人们接受及利用,就不能构成情报。

**3. 效用性**

情报的第三个基本属性是情报的效用性。钱学森曾将"情报"一词定义为为了解决一个特定的问题所需要的知识,该定义充分强调了情报的效用性。情报不仅取决于情报源,也取决于情报用户。传递情报的目的在于利用,在于提高效用性,效益是情报的结果。情报的效用性表现为启迪思维、开阔眼界、增进知识、改变人们的知识结构、提高人们的认识能力、帮助人们认识和改造世界。情报的效用性是衡量情报服务工作好坏的重要标志。

### 1.2.4 文献的概念与要素

文献是通过一定的方法和手段,运用一定的意义表达和记录体系记录在一定载体上的有历史价值和研究价值的知识。所谓文献,"文"就是文本记载,"献"就是口头相传的。我国国家标准《文献著录总则》(GB/T 3792.1—1983)中对文献是这样的定义:"文献是记录有知识的一切载体(供记录信息符号的物质材料)。"这就是说,所谓文献是指用文字、图形、符号、音频、视频等作为记录手段,将信息记载或描述在一定的物质载体上,并能起到存储、传播信息情报和知识作用的载体。

构成文献的四要素是知识内容、信息符号、载体材料和记录方式。知识信息性是文献的本质属性,任何文献都记录或传递有一定的知识信息。离开知识信息,文献便不复存在,传递信息、记录知识是文献的基本功能。文献所表达的知识信息内容必须借助一定的信息符号、依附一定的物质载体,才能长时间保存和传递。信息符号有语言文字、图形、音频、视频、编码等。文献的载体材料主要有固态和动态两种:可见的物质,如纸、布、磁片等为固态载体;不可见的物质,如光波、声波、电磁波等则为动态载体。文献所蕴含的知识信息是人们用各种方式将其记录在载体上的,而不是天然依附于物质实体上的。记录方式经历了刻画、手写、机械印刷、拍摄、磁录、计算机自动输入的存储方式等阶段。

### 1.2.5 信息、知识、情报和文献的相互关系

通过上述对信息、知识、情报和文献的分析可以看出,信息、知识、情报和文献之间存在着一种必然的内在联系,是同一系统的不同层次。

信息、知识、文献之间的关系是这样的:生活中的信息无处不在、无时不有,它们是构成知识的原材料,经过人的大脑加工而形成知识。只有将自然现象和社会现象的信息进行加工,上升为对自然和社会发展规律的认识,才能构成知识,也即知识是能够正确反映客观事物的有用信息。知识信息被记录在一定的物质资料上,形成文献。这个过程可以表示为:自然现象(社会现象)——信息——知识——文献。信息是起源与基础,它包含知识和情报;文献则是信息、知识、情报的存储载体和重要的传播工具。信息是知识的重要组成部分,但不是全部,只有经过提高、深化、系统化的信息才能称为知识。在知识的海洋里,变化、流动、最活跃、被激活了的那一部分就是情报。信息、知识、情报的主要部分被包含在文献之中。信息、知识、情报也不全以文献形式记录。可见,它们四者之间虽然有十分密切的联系,但也有明显的区别。

### 1.2.6 文献信息资源的类型

文献信息资源是信息资源的重要组成部分,如今人们常说的信息检索主要是指文献信息检索,下文将对文献信息资源的类型专门加以阐述。

**1. 按载体形态和制作方式划分**

按载体形态和制作方式划分，文献信息可以分为如下几种类型。

(1) 刻写型文献信息。刻写型文献信息指在印刷术尚未发明之前的古代文献、当今尚未正式付印的手写记录和知识付印前的草稿，如古代的甲骨文、金石文、帛文、竹木文，以及现今的手稿、日记、信件、原始档案、碑刻等。

(2) 印刷型文献信息。印刷型文献信息又称纸质文献、印本文献，是以手工、打印、印刷等为记录手段，将信息记载在纸张上形成的文献。它是传统的文献形式，也是现代文献信息资源的主要形式之一。其优点是便于阅读与流传，符合人们的阅读习惯。缺点是存储的信息密度低，收藏和管理需要较大的空间和人力。

(3) 缩微型文献信息。缩微型文献信息以感光材料为存储介质，采用光学缩微技术将文字或图像记录、存储在感光材料上而形成文献，有缩微平片、缩微胶卷和缩微卡片之分。它的主要特点是存储密度高、体积小、重量轻、便于保存和传递、生产速度快、成本低廉，需要借助缩微阅读机才能阅读，而且设备投资较大。

(4) 声像型文献信息。声像型文献信息又称为直感型或视听型文献，主要以磁性和光学材料为载体，采用磁录技术和光录技术(如录音、录像、摄像、摄影等)手段将声音、图像等多媒体信息记录、存储在磁性或光学材料上形成文献，主要包括唱片、录音录像带、电影胶片、幻灯片、激光视盘等。它的主要特点是存储信息密度高，用有声语言和图像传递信息，内容直观、表达力强、易被接收和理解，尤其适用于难以用文字、符号描述的复杂信息和自然现象。但也需要专用设备才能阅读。

(5) 电子型文献信息。电子型文献信息按其载体材料、存储技术和传递方式，主要可分为联机型、光盘型和网络型文献信息。联机型文献信息以磁性材料为载体，采用计算机技术和磁性存储技术，把文字和图像信息记录在磁带、磁盘、磁鼓等载体上，并使用计算机及其通信网络，通过程序控制将存入的有关信息读取出来。光盘型文献信息以特殊光敏材料制成的光盘为载体，将文字、声音、图像等信息采用激光技术、计算机技术刻录在光盘上，并使用计算机和光盘驱动器，将有关的信息读取出来。网络型文献信息是利用互联网中的各种网络数据库读取有关信息。电子型文献信息具有存储信息密度高、读取速度快、网络化程度高、远距离传输快、易于网络化等特点，可使人类知识信息的共享得到最大限度的实现。

**2. 按文献信息的出版形式划分**

按文献信息的出版形式划分是一种最常见的分类方法，可将文献信息分为图书、期刊、报纸、档案、标准、图谱、研究报告、会议资料、学位论文、专利说明书、产品说明书、政府出版物等类型。

(1) 图书。图书大多数是对已发表的科学技术成果、生产技术知识和经验经过著者的选择、鉴别、核对、组织而成的，论述比较系统、全面、可靠，查阅方便(有目次表、索引)，但出版周期较长，知识的新颖性不够。图书一般属于三次文献，但有的专著往往包含著者的新观点，或使用新的方法、新的材料，所以也具有一次文献的意义。

图书种类较多，包括专著、丛书、教科书、词典、手册、百科全书等各种阅读型图书和参考书。从中可以看出，缩微的图书可以分为两种：一种为普通书籍，一种为工具书。

(2) 期刊、报纸。期刊又称杂志，一般是指具有固定提名，定期或不定期出版的连续出版物。其特点是出版周期短，报道文献速度快，内容新颖，发行及影响面广，能及时反映科学技术中的新成果、新水平、新动向。每期载有卷号或年月顺序号，其内容多数是由许多短篇文章编辑而成的。期刊发表的论文大多数是原始文献，许多新成果、新观点、新方法往往首先在期刊上刊登。科学技术研究人员应熟悉本专业有关的期刊，常常阅读期刊可以了解行业动态，掌握研究进展，开阔思路并吸收新的成果。期刊论文是文献的主要类型，是检索工具报道的主要对象。

报纸也是一种连续出版物。它有统一的名称、常设的编辑机构，定期连续出版，每期汇编多篇文章、报道、资料、消息等。但它出版的周期更短，时间更快，常常当天发生的事情都可以见到消息。报纸可以分为日报、早报、晚报、双日报、周报、旬报等。报纸对社会科学特别是对广泛的社会研究和企业经营来说，是非常重要的信息源。

（3）报告。报告是指科学研究课程进展情况的实际记录和研究成果的系统总结。其特点是内容详尽、专深、每份报告都有机构名称和连续编号、一个报告一册、页数不等、不定期出版。报告的类型有技术报告、札记、论文、备忘录、通报、可行性报告、市场预测报告等。报告一般单独成册，有具体的篇名、机构名称和统一的连续编号（报告名）。报告一般划分为保密、解密及非密几种密级。保密的报告经过一定时间后往往会转为解密报告；非密资料中，又分为非密控制发行和非密公开发行。

（4）会议文献。会议文献是指在各种学术会议上宣读、提交、发表的学术论文、报告和讨论记录等文献资料。此类文献一般都要经过学术机构的严格挑选，代表某学科领域的最新成就，反映该学科领域的最新水平和发展趋势。所以，会议文献是了解国际及各国科技水平、动态及发展趋势的重要情报来源。

会议的类型很多，归纳起来可分为国际会议、全国会议、地区性会议三种。会议文献大致可分为会前文献和会后文献两类。会前文献主要指论文预印本（Preprint）和论文摘要；会后文献主要指会议结束后出版的论文汇编——会议录（Proceedings）。

（5）专利文献。专利文献是指由专利申请人向政府或专设机构递交的发明创造的专利说明书及相关资料。其特点是实用性、可直接使用、新颖性、基本上是第一次发表、时间性、公布快速。其内容有专利说明书、申请书、专利文献、专利分类表、专利索引、专利报道等。在专利说明书中，发明人常常论述其发明解决了什么特殊问题、解决的方法、对旧有产品的改进及其他用途等。同时，专利文献也对企业引进技术和设备，以及保护企业自身利益的技术起着非常重要的作用。因此，专利文献已成为一个重要的情报来源。

（6）学位论文。学位论文是高等学校、科研机构的学生为获得学位（学士、硕士、博士学位），在进行科学研究后撰写提交的学术论文。学位论文一般要有全面的文献调查，比较详细地总结前人的工作和当前的研究水平，做出选题论证，并做系统的实验研究及理论分析，最后提出自己的观点。学位论文探讨的问题往往比较专一，带有创造性的研究成果，是一种重要的文献来源。

（7）技术标准。技术标准是一种规范性的技术文件，是在生产或科学研究活动中对产品、工程或其他技术项目的质量品种、检验方法及技术要求所做的统一规定，供人们遵守和使用。

技术标准按使用范围分为国际标准、区域性标准、国家标准、专业标准和企业标准五大类型，每一种技术标准都有统一的代号和编号，独自构成一个体系。技术标准是生产技术活动中经常利用的一种情报信息源。

(8) 档案资料。档案是指具体工程、项目、产品和商品,以及集团、企业等机构在技术和开发、运行、操作及活动过程中形成的文件、图纸、图片、方案、原始记录等资料。档案包括任务书、协议书、技术指标、审批文件、研究计划、方案、大纲和技术措施,还包括相关的调查材料(原始记录、分析报告等)、设计计算、实验项目、方案、记录、数据和报告等,以及设计图纸、工艺和其他相关材料。档案是企业生产建设和开发研究工作中用以积累经验、吸取教训和提高质量的重要文献,现在各单位都相当重视档案的立案和管理工作。

档案大多由各系统、各单位分散收藏,一般具有保密和仅供内部使用的特点。它是各种社会活动的实录,是真实可靠的历史信息情报,具有较高的参考价值。

(9) 政府出版物。政府出版物是指由政府部门及其所属的专门机构发表、出版的文件和资料,其内容广泛,从基础科学、应用科学到政治、经济等社会科学,就文献的性质来看,其内容可以分为行政性文件(政府法令、法规、方针政策、调查统计资料等)和科技文献(科技报告、科普资料、技术政策等)两大类。通过这类文献,可以了解一个国家的科学技术、经济政策、法令、规章制度等。这类资料具有极高的权威性,对企业活动具有重要的指导意义。

(10) 产品样本。产品样本是国内外生产厂商或经销商为推销产品而印发的企业出版物,用来介绍产品的品种、特点、性能、结构、原理、用途、维修方法和价格等。查阅、分析产品样本,有助于了解产品的水平、现状和发展动向,获得有关设计、制造、使用中所需的数据和方法,对于产品的选购、设计、制造、使用等有着较大的参考价值。

产品样本是已经生产的产品说明,在技术上比较成熟,数据比较可靠,对产品的具体结构、使用方法、操作规程、产品规格等都有较具体的说明,并常常附有外观照片和结构图。专利产品还注有专利号(根据专利号可以查找到专利说明书),对于新产品的设计、试制都有较大的实际参考价值。

**3. 按加工深度划分**

按加工深度划分,文献信息可以分为如下几种类型。

(1) 零次文献信息。零次文献信息是指未以公开形式进入社会使用的实验记录、会议记录、内部档案、论文手稿、设计草稿等,具有内容新颖、不成熟、不定型的特点。由于这类文献信息不公开交流,零星、分散且无规律,所以较难获取。

(2) 一次文献信息。一次文献信息是指以作者本人的研究工作或研制成果为依据撰写的,已公开发行并加入社会使用的专著、学术论文、专利说明书、科技报告等。因此,一次文献信息包含新观点、新发明、新技术、新成果,提供了新的知识信息,是创造性劳动的结晶,具有创造性的特点,有直接参考、借鉴和使用的价值,是人们检索和利用的主要对象。

(3) 二次文献信息。二次文献信息是对一次文献信息进行整理、加工后得到的信息,即把大量的、分散的、无序的一次文献信息资料收集起来,按照一定的方法进行整理、加工,使之系统化而形成的文献形式,如各种目录、索引和文摘等。它们都能够比较全面、系统地反映某个学科、专业或专题在一定时空范围内的文献线索,是积累、报道和检索文献资料的有效手段。因此,二次文献信息仅仅是对一次文献信息进行系统化的压缩,没有新的知识信息产生,具有汇集性、检索性的特点。

(4) 三次文献信息。三次文献信息是根据一定的目的和需求,在大量利用一、二次文献信息的基础上,对有关知识信息进行综合、分析、提炼、重组而生成的再生信息资源,如各种教科书、技术书、参考工具书、综述等。三次文献信息具有综合性高、针对性强、系统性好、知识信息面广的特点,有较高的实际使用价值,能直接被参考和借鉴。如图1.1所示为一、二、三次文献的关系。

综上所述,从零次文献信息资源到一次、二次、三次文献信息资源,是一个从不成熟到成熟,由分散到集中,由无序到有序,由博而略,由略而深,对知识信息进行不同层次加工的过程。每一过程所含知识信息的质和量都不同,对人们利用知识信息所起的作用也不同。零次文献信息资源是最原始的信息资源,虽未公开交流,但却是生成一次文献信息资源的主要素材;一次文献信息资源是最主要的信息资源,是人们检索和利用的主要对象;二次文献信息资源是一次文献信息资源的集中提炼和有序化,是检索文献信息资源的工具;三次文献信息资源是集中分散的一、二次文献信息资源,按照知识门类或专题重新组合、高度浓缩而成,是人们查找数据信息和事实信息的主要信息资源。

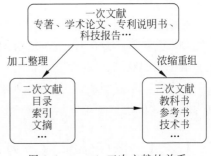

图1.1　一、二、三次文献的关系

**4. 按照出版形式和内容公开程度划分**

按照出版形式和内容公开程度划分,控制论、模糊论将文献信息划分为白色文献、黑色文献和灰色文献三种类型。

(1) 白色文献。白色文献是指一切正式出版并在社会成员中公开流通的文献,包括图书、报纸、期刊等。这类文献多通过出版社、书店、邮局、网络等正规渠道发行,向社会所有成员公开,其蕴含的信息大白于天下,人人均可利用。白色文献是当今社会利用率最高的文献。

(2) 灰色文献。灰色文献是指非公开发行的内部文献或限制流通的文献,因从正规渠道难以获得,故又被称为"非常见文献"或"特种文献"。其范围包括内部期刊、会议文献、专利文献、技术档案、学位论文、技术标准、政府出版物、科技报告、产品资料等。这类文献出版量小,发行渠道复杂,流通范围有一定限制,不易收集。

(3) 黑色文献。黑色文献分为两类:第一类是人们未破译或未识别其中信息的文献,如考古发现的古老文字、未经分析厘定的文献;第二种是处于保密状态或不愿公开其内容的文献,如未解密的档案、个人日记、私人信件等。这类文献除作者及特殊人员外,一般社会成员极难获得和利用。

## 1.3　文献信息检索的类型

检索是对未知知识最有效的获取方法,也是人们根据需要,利用人类有史以来积累的知识的唯一有效方法。它的最大优势在于可以用最少的时间、最快的速度获得尽可能多的信息与知识。

文献信息的检索通常是指从以任何方式组成的文献信息集合中,查找特定用户在特定时间和条件下所需信息的方法与过程。广义的文献信息检索包括信息的组织与检索两部分。

（1）文献信息的组织和存储过程。为了方便人们检索获取信息，对大量无序的信息资源进行描述和标引处理，使之有序化，并按科学的方法存储，组成检索工具或检索文档，即信息的组织与存储过程。信息组织与存储是人们进行信息查找的基础，也是建立信息检索系统的过程。

（2）文献信息的需求分析和检索过程。分析用户的信息需求，对信息需求进行描述，形成检索式或检索指令向信息检索系统提问，以一定的标准将与信息需求匹配程度高者作为检索结果输出。

文献信息检索实际上就是将用户的信息需求和文献信息的存储标识进行匹配和选择的过程，因此，文献信息的检索是以文献信息的存储与查找所依据的规则一致为基础的。为了让文献检索顺利进行，文献信息的组织存储和检索必须遵循相同的规则。

根据文献信息组织、存储方式和检索方式的不同，文献信息检索可以按照不同的标准划分为不同的方式。

### 1.3.1 按照信息检索方式划分

按照信息检索方式划分，信息检索可分为手工检索、计算机检索和综合检索三种方式。

**1. 手工检索**

在我国，手工检索自古至今都是一种重要的信息检索方式，即指人们通过手工操作的方式，使用书目、文摘、索引、百科全书、字典、词典等各种检索工具进行信息检索。检索的过程是由人工以手工的方式完成的。由于受到检索工具的制约，其检索结果可能是文献线索，也可能是文献原文。这种检索方式的优点是直观、灵活、方便调整检索策略，有利于查准信息；但是缺点是查找速度慢，对检索人员的要求较高。

**2. 计算机检索**

计算机检索是指人们利用数据库、计算机软件技术、计算机网络及通信系统进行的信息检索。这种检索方式是在人机协同作用下完成的，不仅提高了检索效率，还大大拓宽了信息检索的领域。按照计算机检索系统的工作方式，计算机检索可以分为以下4种类型。

（1）脱机检索。这是最早的一种计算机检索，检索系统没有终端设备，是一种批处理的脱机检索，即用户只需将检索提问提交给专门的检索人员，而不必直接使用计算机，检索人员将一定量的检索提问按要求一次性输入计算机中，再将检索结果整理出来分发给用户。这种检索方式适用于检索量大但不要求立即回复的检索需求。随着计算机检索系统的不断优化和检索技术的不断发展，这种检索方式已经逐渐被其他方式所取代。

（2）联机检索。联机检索是计算机技术、网络技术、通信技术不断发展并广泛用于信息检索领域的结果。联机检索是指用户利用计算机，通过网络与信息检索系统直接进行人机对话，从检索系统的数据库中查找用户所需信息的过程。数据库是联机检索的重要组成部分，由于其具有交互性强等优势，使得20世纪70年代以来联机检索发展成为较成熟、被广泛应用的检索方式。国外著名的联机检索系统有Dialog系统、DCLC的FirstSearch系统等。目前，我国的联机检索系统还不成熟，但有一些检索数据库及其检索平台也具有一定的规模，如中国知网、万方数据资源系统等。

（3）光盘检索。光盘检索是指用户直接使用带有光盘驱动器的计算机检索光盘上存储的信息的过程。20 世纪 80 年代后,光盘技术因其操作方便、不受网络的影响、存储量大、费用低等优点得到了充分的发展,已成为一种广泛使用的计算机检索系统。国内外光盘数据库产品各种各样,用户要根据自己的信息需求选择合适的光盘数据库。国外的数据库产品有美国《工程索引》光盘数据库(EI Compendex Plus)、《英国科学文摘》(INSPEC OnDisk)等;国内的光盘数据库有《复印报刊资料全文数据光盘》《全国报刊索引数据库》等。

(4) 网络检索。网络技术的广泛应用和发展使世界范围内的信息交换和共享成为可能。网络检索成为信息检索领域的新宠。网络检索主要是指利用计算机对网络中广泛存在的信息资源进行检索的过程。网络检索在检索对象、作业方式、友好性、方便性方面有极大的优势,已经成为当前信息检索的主流。

**3. 综合检索**

在文献信息检索的过程中,既使用手工检索方式,又使用计算机检索方式,也就是同时使用两种检索方式。在今后一段时间内,计算机检索仍将与手工检索互为补充、共同存在。

## 1.3.2 按照系统中信息的组织方式划分

按照系统中信息的组织方式划分,信息检索可分为全文检索、超文本检索和超媒体检索三种方式。

**1. 全文检索**

全文检索指检索系统中存储的是整篇文章乃至整本图书。用户根据个人的需求从中获取有关的章、节、段、句等信息,并且还可以做各种统计和分析。

**2. 超文本检索**

超文本检索就类似于人类的联想记忆结构,它采用了一种非线性的网状结构组织块状信息,没有固定的顺序,也不要求读者必须按照某个顺序来阅读。采用这种网状结构,各信息块很容易按照信息的原始结构或人们的"联想"关系加以组织。

**3. 超媒体检索**

由于把多媒体信息引入超文本里,产生了多媒体超文本,也即超媒体。它是对超文本检索的补充,其存储对象超出了文本范畴,融入了静态、动态图像及声音等多媒体信息。信息存储结构从单维发展到多维,存储空间范围不断扩大。

## 1.3.3 按照检索内容或检索目标划分

按照检索内容或检索目标划分,信息检索可分为文献型信息检索、事实型信息检索和数据型信息检索三种方式。

**1. 文献型信息检索**

文献型信息检索是指利用检索工具或检索系统查找文献的过程,包括文献线索检索和文献全文检索。文献线索检索是指利用检索工具或检索系统查找文献的出处,检索结果是文献线索。它包括书名或论文题目、著者、出版者、出版地、出版时间等文献外部特征。文献全文检索是以文献所含的全部信息作为检索内容,即检索系统存储的是整篇文章或整部图书的全部内容。文献全文检索主要是用自然语言表达检索课题,较适用于某些参考价值大的经典性文章。同时,文献全文检索也是当前计算机信息检索的发展方向之一。

**2. 事实型信息检索**

事实型信息检索是以特定客观事实为检索对象,借助于提供事实检索的检索工具与数据库进行检索。其检索结果为基本事实。一般来说,事实检索多利用词语性和资料性工具书,包括字典词典、百科全书、类书政书、年鉴、手册、名录、表谱、图录等。也利用某些线索性工具书,如索引、文摘、书目,以及利用学科史著作、科普读物等。

**3. 数据型信息检索**

数据型信息检索是一种确定性检索,是以数值或图表形式表示的数据为检索对象的信息检索。检索系统中存储的是大量的数据,这些数据既包括物质的各种参数、电话号码、观测数据、统计数据等数字数据,也包括图表、图谱、化学分子式、物质的各种特性等非数字数据。

# 第2章 计算机信息检索

计算机检索的过程就是将检索提问标识与检索系统中的信息特征标识相匹配的过程。计算机信息检索不仅能够跨越时空,在短时间内查阅各种数据库,还能快速地对几十年前的文献资料进行回溯检索,具有数据库更新速度快、检索途径多、检索人员可随时检索到所需的最新信息的优势,这是手工检索无法比拟的。但是在该过程中必须使用一些控制技术,才能让计算机完成更复杂的检索。几乎所有的检索系统都有布尔逻辑检索、截词检索,而不同的检索系统又会有一些特殊的检索技术和功能。

## 2.1 布尔逻辑检索

逻辑检索是一种比较成熟并且比较流行的检索技术,现代信息检索系统都支持这种技术。在实际检索中,检索提问涉及的概念往往不止一个,而同一个概念又往往涉及多个同义词或相关词。布尔逻辑检索是利用布尔逻辑算符进行不同检索词或其他条件的逻辑组配的技术,是常见的计算机检索技术。

### 2.1.1 基本的布尔逻辑运算符

基本的布尔逻辑算符有三种,分别是逻辑"与(and)"、逻辑"或(or)"和逻辑"非(not)"。

**1. 逻辑"与"**

逻辑"与"是一种用来组配具有交叉关系概念的技术,其组配符号为"and"或" * "。例如,要查找数据库中既包含检索词 A 又包含检索词 B 的文献,输入表达式"A * B"或"A and B",即可获得所需文献。利用逻辑"与"可以缩小检索范围,有利于提高检索的专指性和查准率。

**2. 逻辑"或"**

逻辑"或"是一种用来组配具有并列关系概念的技术,可将具有并列关系的概念,如同义词、近义词、相关词进行组配,其组配符号为"or"或"+"。例如,要查找数据库中包含检索词 A 或检索词 B 或同时包含检索词 A 和 B 的文献,输入表达式"A+B"或"A or B",即可获得所需文献。利用逻辑"或",可以扩大检索范围,增加检索结果,提高查全率。

**3. 逻辑"非"**

逻辑"非"是一种用来组配具有排除关系概念的技术,其组配符号为"not"或"－"。例如,要查找数据库中包含检索词 A 但不包含检索词 B 的文献,输入表达式"A－B"或"A not B",即可获得所需文献。利用逻辑"非"可以缩小检索范围,排除无关的文献,提高查准率。

### 2.1.2 布尔逻辑运算符的运算次序

用布尔逻辑运算符组配检索词构成的检索提问式,逻辑运算符 AND、OR、NOT 的运算次序在不同的检索系统中有不同的规定。在有括号的情况下,括号内的逻辑运算先执行。在无括号的情况下,有下列几种处理顺序。

（1）NOT 最先执行,AND 其次执行,OR 最后执行。
（2）AND 最先执行,NOT 其次执行,OR 最后执行。
（3）OR 最先执行,AND 其次执行,NOT 最后执行。
（4）按自然顺序,AND、OR、NOT 谁在先就先执行谁。

逻辑检索的基础是布尔逻辑运算,利用布尔逻辑运算符进行检索词的逻辑组配,是常用的一种检索技术。作为检索人员,需要事先了解检索系统的规定,避免逻辑运算次序处理不当而造成错误的检索结果。因为对同一个布尔逻辑提问式,不同的运算次序会有不同的检索结果。

## 2.2 其他常见检索技术

除了布尔逻辑检索之外,计算机检索中还经常用到截词检索、位置检索、限制检索、加权检索和聚类检索技术。

### 2.2.1 截词检索

截词检索在西文检索系统中较常用,即检索者将检索词在他认为较合适的地方加上截词符断开,利用词的一个局部进行检索。截词符可用来屏蔽未输入字符,解决由于派生词列举不全而造成的漏检,提高了检索效率。根据截词的位置,截词检索可分为前截断、中截断和后截断三种。

**1. 前截断**

前截断即后方一致,就是将截词符放在检索词需截词的前边,表示前边截断了一些字符,只要检索和截词符后面一致的信息。例如,输入"？ware",就可以查找到"software""hardware"等词根为"ware"的信息。

**2. 中截断**

中截断即前后一致,也就是将截词符放在检索词需截词的中间,表示中间截断了一些字符,要求检索和截词符前后一致的信息。例如,输入"colo？r",就可以查找到"colour""color"等信息。

### 3. 后截断

后截断即前方一致，就是将截词符放在检索词需截词的后边，表示后边截断了一些字符，只要检索和截词符前面一致的信息。例如，输入"com?"，就可以查找到"computer""computerized"等以"com"开头的词。

不同的检索系统对于截词符有不同的规定，有的用"?"，也有的用"＊""！""♯""＄"等。

## 2.2.2 位置检索

位置检索即通过位置算符指明检索词在记录中的位置关系，限定检索词之间的间隔距离或前后关系，可以使检索结果更准确。常见的用位置算符来进行限制检索的情况主要有以下几种。

### 1.（W）与（nW）

W 是 With 的缩写。(W)算符表示在此算符两侧的检索词必须按输入时的前后顺序排列，且两词之间除了可以用一个空格、一个标点符号或一个连词符之外，不得有任何其他的单词或字母。(nW)由(W)引申而来，表示在两个检索词之间最多可以插入 $n$ 个单元词，但两个检索词的位置关系不可颠倒。

例如，输入"computer(1W)retrieval"可检索到含有"computer information retrieval""computer document retrieval"等的信息。

### 2.（N）与（nN）

N 是 Near 的缩写。(N)算符表示在此算符两侧的检索词必须紧密相连，但词序可颠倒。(nN)由(N)引申而来，表示两个检索词之间最多可以插入 $n$ 个单元词。

例如，输入 information(N)retrieval 可检索到含有"retrieval information""information retrieval"等的信息。

### 3.（F）

F 是 Field 的缩写。(F)表示在此运算符两侧的检索词必须出现在同一字段中，如出现在题名字段、主题字段、文摘字段中等，两词的前后顺序不限，两词之间允许插入其他的词或者字符的个数也不限。

例如，输入"computer(F)control"可检索到在某一字段中（题名字段或主题字段或文摘字段等）同时包含"computer"和"control"的文献信息记录。

### 4.（L）

L 是 Link 的缩写。(L)表示在此运算符两侧的检索词必须同在叙词字段(DE)中出现，而且两词之间具有词表规定的等级关系（从属关系），(L)前面的词为主标题词，(L)后面的词为副标题词，(L)用来连接主标题词和副标题词。(L)运算符只适用于有正式词表而且词表中的词具有从属关系的数据库。

例如，输入"television(L)high definition"，命中记录的规范词字段(DE)中出现的匹配词是"television high definition"。其中，"high definition"是"television"的下位词。

### 5.（S）

S 是 Subfield 的缩写。(S)表示在此运算符两侧的检索词必须出现在同一个子字段中

(子字段是指字段中的一部分,通常由数据库确定,可以是一个句子、一个段落),两词在同一子字段中的相对次序不限,两词中间插入其他词的数量也不限。

例如,输入"robot(W)control(S)print",可以检索出子字段中同时含有"robot control"和"print"的文献信息记录。

不同的检索系统有不同的位置运算符。目前,Dialog联机检索系统是该功能最为详尽的检索系统。

上述位置运算符可以同时应用于同一个检索式中,检索系统按从左到右的顺序执行运算。如果在一个检索式中既有位置算符,又有布尔逻辑算符,系统优先执行位置算符。

### 2.2.3 限制检索

限制检索泛指检索系统中提供的缩小或约束检索结果的检索方式,主要有字段限制检索、范围限制检索等。

**1. 字段限制检索**

字段限制检索是指限定检索词在数据库记录中的一个或几个字段范围内查找的一种检索方法。在检索系统中,数据库设置的可供检索的字段通常有两种:表达文献主题内容特征的基本字段和表达文献外部特征的辅助字段。不同的检索系统设定的字段会有不同,常见的字段及代码如表2.1所示。

表2.1 计算机检索系统中常见的字段和代码

| 字段类别 | 字段名称 | 英文全称 | 代 码 |
| --- | --- | --- | --- |
| 基本字段 | 题名 | Title | TI |
| | 文摘 | Abstract | AB |
| | 叙词 | Descriptor | DE |
| | 标题词 | Identifier | ID |
| 辅助字段 | 记录号 | Document Number | DN |
| | 作者 | Author | AU |
| | 作者单位 | Corporate Source | CS |
| | 期刊名称 | Journal | JN |
| | 出版年份 | Publication Yearly | PY |
| | 出版国 | Country | CO |
| | 文献类型 | Document Type | DT |
| | 语种 | Language | LA |

表2.1将常见字段分成基本字段和辅助字段,其中,基本字段用来表达信息的内容特征,检索字段符用后缀方式,即/TI、/AB、/DE、/ID等。例如,"pattern/AB"表示要检索的是文摘中含有"pattern"的所有信息。辅助字段用来表达信息的形式特征,检索字段符用前缀方式,即 AU=、CS=、JN=、LA=等。例如,"AU=Levis"表示要检索的是作者是"Levis"的所有信息。

**2. 范围限制检索**

除上述限制检索外,计算机检索系统一般还提供了范围限制检索功能,用以对数字信息进行限制检索。常用的检索符如下。

(1) :或—：包含范围。

(2) ＞：大于。

(3) ＜：小于。

(4) ＝：等于。

(5) ＞＝：大于或等于。

(6) ＜＝：小于或等于。

**3. 使用高级检索、二次检索**

现在的一些检索系统一般具有高级检索(又称"Advanced"或"Expert")功能,它比简单检索功能更完备、精确,不仅可以实现多字段、多检索式的逻辑组合检索,而且对检索的限定更具体、全面,基于字符图形界面的高级检索系统,十分直观,易于操作。另外,可使用二次检索,在当前检索结果中进一步检索。

### 2.2.4 加权检索

加权检索是某些检索系统中提供的一种定量检索技术。加权检索同布尔检索、截词检索等一样,也是文献检索的一个基本检索手段,但与它们不同的是,加权检索的侧重点不在于判定检索词或字符串是否在数据库中存在、与别的检索词或字符串是什么关系,而在于判定检索词或字符串在满足检索逻辑后对文献命中与否的影响程度。加权检索的基本方法是:在每个提问词后面给定一个数值表示其重要程度,这个数值称为权,在检索时,先查找这些检索词在数据库记录中是否存在,然后计算存在的检索词的权值总和。如果权值之和达到或超过预先给定的阈值,该记录即为命中记录。

运用加权检索可以命中核心概念文献,因此它是一种缩小检索范围、提高检索准确率的有效方法。但并不是所有系统都能提供加权检索这种检索技术,而能提供加权检索的系统,对权的定义、加权方式、权值计算和检索结果的判定等方面,又有不同的技术规范。

### 2.2.5 聚类检索

聚类检索是在文献进行自动标引的基础上,构造文献的形式化表示——文献向量,然后通过一定的聚类方法,计算出文献与文献之间的相似度,并把相似度较高的文献集中在一起,形成一个个的文献类的检索技术。根据不同的聚类水平的要求,可以形成不同聚类层次的类目体系。在这样的类目体系中,主题相近、内容相关的文献便聚在一起,而相异的则被区分开来。聚类检索的出现,为文献检索尤其是计算机化的信息检索开辟了一个新的天地。文献自动聚类检索系统能够兼有主题检索系统和分类检索系统的优点,同时具备族性检索和特性检索的功能。因此,这种检索方式将有可能在未来的文献检索中大有用武之地。

几乎所有的计算机检索系统都有布尔逻辑运算、截词检索和限制检索,而不同的检索系统又会有一些特殊的检索技术和功能。

# 第3章 文献信息检索的途径、方法与步骤

在浩瀚的文献信息汪洋之中,熟悉文献信息的基本概念和原理,运用科学合理的检索途径和方法,才能高效准确地完成文献信息检索。

## 3.1 文献信息检索的途径

文献信息检索是将用户提交的、包含特定文献信息需求的检索式与文献信息检索系统中的信息集合进行相符性比较的过程,这里的相符性比较是建立在检索语言基础之上的。

文献信息检索的途径就是利用信息的某种特征作为检索标识来查找相关信息的途径。一般要根据已知信息需求、已掌握的文献线索及检索工具的实际情况,有针对性地选择合适的检索途径。根据文献的特征,将检索途径分为内容特征检索途径和形式特征检索途径。

### 3.1.1 内容特征检索途径

内容特征检索途径又分为分类途径和主题词(关键词)途径。

**1. 分类途径**

分类途径是按学科分类体系来检索文献。从分类途径检索文献资料,主要是利用分类目录和分类索引。这一途径以知识体系为中心,比较能体现学科系统性,反映学科与事物的隶属、派生与平行的关系,便于我们从学科所属的范围来查找文献资料,并且可以起到触类旁通的作用。

分类途径尤其适用于族性检索,能够保证较高的查全率。如果需要查找的是某一学科领域或某一专题的文献,宜选用分类途径(但不适于查找交叉学科或新学科信息),但要求信息检索人员熟悉学科分类体系,能够正确判断学科所属类目。

**2. 主题词(关键词)途径**

主题词途径通过反映文献资料内容的主题词来检索文献。几乎所有的检索工具和检索系统都提供主题词(关键词)途径。主题目录、主题索引、关键词索引、叙词索引等是其检索依据。检索时首先要分析主题概念,选择相应的主题词或关键词,再按照字顺查找,进而得到所需信息。

主题词途径尤其适用于特性检索,能够保证查准率,所以对于一些检索主题新颖、复杂、专深、具体的检索课题宜选用这种检索途径。

## 3.1.2 形式特征检索途径

形式特征检索途径又分为题名途径、责任者途径、代码途径、引文途径和其他检索途径。

**1. 题名途径**

题名途径是根据文献名称(包括书名、刊名、篇名等)来检索文献的途径。检索时使用各种题名目录或索引,输入题名或题名的一部分,即可获得所有题名中包括该字、词的信息。利用题名途径既可以检索出一篇特定的文献,还可以集中一种著作的全部版本、译本等,因此被广泛地应用于图书、期刊、论文的检索中。通过题名途径检索应注意以下三个问题。

(1) 排检规则。中文字顺排检方法有多种,应留意具体系统采用何种方法,如汉语拼音、偏旁部首、四角号码等。英文字顺排列较为简单,但应对冠词、连词、介词等忽略不计。

(2) 简称缩写。一些检索工具编制时为了节省篇幅,常对刊名、书名进行缩写。若能掌握一般的简写规则,将对理解检索系统中的刊名、书名简写有所帮助。

(3) 与著者相同的字译问题。在根据检索结果去索取原始文献时有可能会碰到。

**2. 责任者途径**

责任者是指对文献内容负责或做出贡献的个人或团体,包括著者、编者、整理者、译者等。利用责任者途径检索是指按照已知责任者的名称来查找用户所需信息。检索时要以著者目录、著者索引等为依据。一般来讲,每个研究人员的研究方向相对比较稳定,同一责任者名下往往会集中内容相近或相关的文献,可以在一定程度上实现族性检索,并且利用责任者途径,可以及时跟踪研究人员的研究方向,获得最新研究成果。因此,责任者途径也是常用的一种检索途径。通过著者途径检索应注意以下两个问题。

(1) 外国著者姓名的倒置和取舍规则。许多西方国家的个人姓名是名在前姓在后,而在编制著者索引时会倒置为姓在前面而名在后面,因而检索时应照此处理。另外,姓名中的家族称号、宗教称号和其他前缀的处理应根据各检索系统的具体规则而定。

(2) 不同语种之间著者姓名的字译系统。英美国家制作发行的检索系统中,对非拉丁语言的文献著者姓名、机关团体名称、刊名、书名等常采用字译方法转换成拉丁字母,再按拉丁字母顺序排列。因此,从著者途径查找英美检索系统时,存在要将非拉丁字母译成拉丁字母的问题。

汉字翻译成拉丁字母,在我国通行使用汉语拼音系统,但海外多用 Wade Giles 系统,它与汉语拼音系统有所不同。俄文字母与英文字母字译都分别有相应的字译系统。

**3. 代码途径**

有些文献具有独特的代码,如图书有国际标准书号(ISBN),专利有专利号,报告有报告号,标准有标准号等。利用代码途径检索信息就是通过已知文献的这些专用代码来查找信息。检索时要以各种代码索引为依据,如专利号索引、报告号索引等。在已知信息特定代码的前提下,利用代码途径检索信息非常简便、快捷、准确。

#### 4. 引文途径

引文途径就是根据引文即文章末尾所附参考文献来查找所需信息的途径。引文途径较特殊，使用引文途径检索信息时可以通过成套的检索工具（美国的《科学引文索引》、中国的《中国引文索引》等），或者直接利用文献结尾所附的参考文献，查找被引用文献。利用引文途径可以追溯查找相关信息，并依据课题情况实现循环检索，同时也可以作为评价信息价值的参考依据。

#### 5. 其他检索途径

其他检索途径包括出处途径、时间途径和任意词途径。随着检索技术和实践的不断发展，必然还会出现其他的检索途径。

综上所述，分类途径和主题途径是信息检索的主要途径，但是任何检索途径都有其优缺点和适用范围，单靠一种检索途径难免会有所疏漏。检索时要根据实际情况灵活运用，并尽量将多种检索途径结合起来使用，以便达到最佳的检索效果。

## 3.2 文献信息检索的方法

所谓检索方法，就是为实现检索计划或方案所提出的检索目的而采取的具体操作方法或手段的总称。在检索文献信息时，可以根据检索课题的要求和对课题有关文献线索的掌握情况选择不同的检索方法，以便达到省时、省力、查全的目的。信息检索的方法一般要根据检索课题的需要和检索系统（工具）的情况灵活选择。一般的检索方法主要有以下三种。

### 3.2.1 直接法

直接法就是不利用检索系统（工具）直接通过原文或文献指引来获取相关信息的方法。直接法的优点是能明确判断文献所包含的信息是否具有针对性和实用性，缺点是存在着很大的盲目性、分散性和偶然性，查全率无法保证。如果检索课题单一，文献相对集中，又熟悉原始文献，可采用这种检索方法。而对于有多个主题、文献离散较大的课题，则难以获得理想的检索效果。直接法包括浏览法和追溯法。

#### 1. 浏览法

浏览法是指直接通过浏览、查阅文献原文来获取所需信息的方法。该方法的优点是能够直接获取原文，并能够直接判断是否需要文献所包含的信息；缺点是由于受检索人员主观因素的影响，有一定的盲目性和偶然性，难以保证查全率，且费时费力，对检索人员的要求比较高。

#### 2. 追溯法

追溯法又叫扩展法、追踪法，是利用已知文献的某种指引（如文献附的参考文献、注释、辅助索引、附录等）来获取所需信息的方法，这是一种最简捷的扩大信息来源的方法。根据已知文献指引，查找到一批相关文献，再根据相关文献的有关指引扩大并发现新的线索，进一步来查找。在检索工具不全的情况下，可以选用此种方法，但由于这种方法也存在一定的偶然性，因此最好选用质量较高的述评和专著来进行文献追溯。

## 3.2.2 工具法

工具法是一种最常用的方法,即利用各种检索系统(工具)来检索信息。根据具体的检索情况,工具法又可分为以下三种方法。

**1. 顺查法**

顺查法是根据已确定的检索课题所涉及的起止年代,按照时间顺序由远及近地查找信息的方法。这种方法查全率高,但较费时费力,适用于普查性课题,利于掌握课题的来龙去脉,了解其历史和现状,并有助于预测其发展趋势。

**2. 倒查法**

倒查法是按照时间顺序,由近及远地逐年查找,直到找到所需信息。利用该方法能够获取较新的信息,把握最新发展动态,因此较适用于检索新课题或有新内容的课题。

**3. 抽查法**

一般来说,任何一个学科的发展都具有波浪式的特点,在学科处于兴旺、发展期时,成果和文献较多。抽查法就是根据检索需求的特点和学科发展的实际情况,抽取这一段时间的文献进行检索。抽查法能够获得较多的信息,但要求检索人员必须熟悉该学科的发展情况。

## 3.2.3 综合法

综合法是指综合利用上述各种检索方法来查找信息的方法。利用各种检索方法,使其互相配合、取长补短,进而得到较为理想的检索效果。

## 3.3 文献信息检索的步骤

文献信息检索是一项实践性很强的活动,它要求检索人员善于思考,并通过经常性的实践,逐步掌握文献检索的规律,从而迅速、准确地获得所需文献。一般说来,文献信息检索的基本步骤包括以下几步:分析信息需求、选择检索系统(工具)、确定检索途径与方法、编制检索表达式、获取信息线索、获取所需信息。如图 3.1 所示为文献信息检索的步骤。

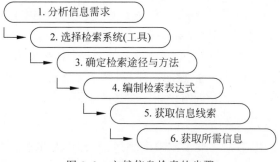

图 3.1 文献信息检索的步骤

### 3.3.1 分析信息需求

在检索前,要周密地分析信息需求,主要是根据用户的表达,明确本次信息检索的主要内容、所涉及的学科范围及所需信息的文献类型、语种、地区、时间等方面的要求。分析信息需求的目的在于理清检索的基本思路,明确检索的目的、要求与检索范围,并从检索需求中发掘检索的已知条件。一般来说,分析信息需求时可以参照表3.1中的要素进行逐一明确。表3.1为信息需求的要素与内容。

表 3.1 信息需求的要素与内容

| 信息需求要素 | 内　　容 |
| --- | --- |
| 主题概念分析 | 提炼课题中的核心概念,这一步是课题检索的重点和难点 |
| 检索目的 | 本次检索所服务的目标,如申报课题、开题报告、学术论文、成果查新、商业需求等 |
| 文献类型 | 期刊论文、会议论文、科技报告、图书、专利、标准、数据等 |
| 结果形式 | 全文、文摘、题录、数值、事实 |
| 检索年限 | 如近五年、近十年的文献 |
| 语种 | 中文、英文、日文 |
| 检索结果数量 | 根据需要的结果数量,对上述检索条件进行调整 |

分析信息需求是信息检索成功与否的关键,信息需求分析得越深入细致,越准确,后面的检索效果越好。

### 3.3.2 选择检索系统(工具)

由于特定的检索工具与信息检索系统往往有着明确的文献收录范围,因此明确检索的学科与主题属性有助于选择适用的数据库。在选择检索系统(工具)时,应着重考虑以下几个方面:在内容和时间上,该检索系统(工具)对检索需求的覆盖程度和一致性;在手段和技术上,应选择便捷性和效率较高的计算机检索;在成本和可获取性上,通常选择成本低、获取性高的检索系统(工具)。例如,查找比较专、深的信息最好选用专业性强的检索系统,查找专业性较低、时效性较高的信息则可以通过搜索引擎进行检索。另外,在有多种检索系统可选择的情况下,要选择最权威、最全面、最方便的检索系统。

**1. 确定检索途径与方法**

要根据信息需求分析的结果和已选定的检索系统(工具)的情况,确定适当的检索途径。检索途径的确定在很大程度上受到检索系统(工具)的制约,但如果有多种检索途径可选择,一般来讲,如果信息需求的范围较广,最好使用分类途径;如果要求的信息较专、深,最好使用主题途径;如果事先已经掌握了信息的责任者、题名等信息,可选用相应的途径。为了提高信息检索效果,还要根据以上分析结果确定适当的检索方法。

**2. 编制检索表达式**

在计算机检索系统中,有时需要编制检索表达式,即用布尔逻辑算符、位置算符等计算符将两个或两个以上的检索词进行组配,以表达式的形式来确定检索词之间的关系,准确地将信息需求提交给计算机。

**3. 获取信息线索**

一些检索工具(目录、文摘等)在完成上述步骤后并不能直接提供所需信息,而只能提供信息线索。

**4. 获取所需信息**

检索的执行一般都由计算机自动完成,也可以由手工完成。所需信息的获取有时需要按照信息线索的指引才能获得,有时可直接从检索系统(工具),如全文数据库、网络搜索引擎等中获得。按照预先制定的检索策略进行实际检索,但仍要根据检索的阶段性成果或碰到的实际问题适当调整策略和进程。灵活运用检索工具、检索途径和检索方法是检索成功的保证。如果检索结果与检索需求存在差距,则要对检索进行再分析,使用多种检索方法对检索策略(包括检索途径与方法、检索表达式等)进行优化处理。

最后获取的检索结果,可采取复印、复制、打印、下载、E-mail 等多种方式收集。对于收集到的文献资料进行认真整理,说明检索结果,按要求给予答复,或提供原始文献。至此,一个完整的文献信息检索过程就完成了。

## 3.4 文献信息检索效果评价

信息检索过程是一个复杂的过程,从表象上看,信息检索过程是信息检索提问式与信息集合标识之间的匹配运算,但实际的机理问题却要复杂得多,它不仅涉及以用户认知结构为基础的信息需求唤醒、提问表达与转换、检索标识的形成和检索结构的相关性与适用性判断,而且还涉及对检出信息的理解与吸收利用。信息检索过程是系列过程组成的综合体系,其各个阶段和环节都可能产生不确定性。信息检索的不确定性是指由于忽略次要因素、相关性不确切或不完全、知识不成熟、证据本身可能错误,或是仅注重对物的研究而对信息传递主体与信息接收客体的关注不够等原因而产生的检索过程的模糊认识。信息检索过程中不确定性的产生机制已经成为信息检索研究中的重要课题。

信息检索的不确定性是由于人们对信息和信息检索过程认识的类属不清、状态不明造成的,用户与文献作者之间知识结构的差距是导致信息检索失败的主要原因。因而作为情报系统来说,必须能够响应用户带有一定缺陷的知识结构,反映和支持用户在信息需求表达中所利用的领域知识和语言知识。

有关信息检索的不确定性研究是将检索过程建立在一种理想化的假设之上,即从需求唤醒到提出问题再到情报吸收、利用的一系列检索过程能在用户与系统的交互作用中顺利进行。

### 3.4.1 文献信息检索效果判断环节

计算机检索时,首先要由用户向计算机信息检索系统提交查询表达式,系统经过查询匹配后把检索结果输出给用户,再由用户进行判断是否满足自己的信息需求。可见计算机检索的相关性判断有两个环节:一是系统相关性判断,即系统自动对相关度进行计算,并输出检索结果;二是用户相关性判断,即用户在选择系统、拟定检索表达式及在系统命中的结果中进行取舍时所做出的主观判断。

**1. 系统相关性**

系统相关性指的是文档标识与用户提问之间的相符程度,其量化指标为相关度。检索系统的输出结果一般按照相关度从大到小排列。相关度的算法因系统而异,是决定系统检索性能优劣的主要因素。各检索系统评判结果是否相关及相关程度的方法虽有不同,但归纳起来主要有词频方法、位置方法、引用率方法、大众单击率方法、分类或聚类方法等。

**2. 用户相关性**

用户相关性是一个灵活、相对的概念,它表示的不是检索出的文档与用户检索表达式之间的一致性,它衡量的是文档与用户需求的一致性。当用户不知道某些相关信息的存在或对检索课题不甚了解从而不能形成完整的信息需求表达时,某些与用户的信息需求相符的文档却可能与检索提问不符。反之,检出的文档与检索提问相符却不一定能满足用户的需求。系统相关不一定意味着用户相关。用户相关性由用户本人来判断,它具有强烈的即时性和明显的个性化特征:用户对于文献相关与否的判断会因条件、时间的不同而有所变化,还会因用户知识背景、知识结构、兴趣爱好不同而有所不同。

### 3.4.2 信息检索的效果评价方法

检索效果是指检索结果的有效程度,反映了检索系统的检索性能和检索能力。评价检索效果的目的是为了准确地掌握检索系统的各种性能和水平,找出影响检索效果的各种因素,为检索策略的改进调整提供依据,才能够快速、全面、准确地查找出所需要的文献信息。对计算机检索系统来说,通过对检索效果的评价,以便改进系统的检索性能,提高系统的服务质量。

任何检索系统都有存储和检索两个功能。就存储而言,保证某一学科或专业领域信息收集全面并不十分困难;而对于检索来说,从系统中输出全部相关信息,排除所有无关信息则比较难以实现。通常情况下,在查找信息时,不可避免地会带来一些无关信息,而漏掉一部分相关信息。在网络检索系统中,这种情况尤为突出。其主要原因是系统相关性匹配算法的机械性、用户提问的模糊性及其与信息需求的偏差等。

根据 F. W. Lancaster 的阐述,判定一个检索系统的优劣,主要从质量、费用和时间三个方面来衡量。因此,对计算机信息检索的效果评价也应该从这三个方面进行考量。质量标准主要通过查全率与查准率进行评价;费用标准即检索费用,是指用户为检索课题所投入的费用;时间标准是指花费的时间,包括检索准备时间、检索过程时间、获取文献时间等。在这三个方面中,查全率和查准率是评价检索效果的主要指标,也是用户在实际检索时最关心的问题。下面对目前采用最为普遍的检索效果量化评价指标——查全率、查准率、漏检率、误检率进行简单介绍。通常使用 2×2 表格对这 4 个指标进行描述,如表 3.2 所示。

表 3.2　检索结果评价指标

| 用　户 | 系　统 | | |
|---|---|---|---|
| | 相关文献 | 非相关文献 | 总　　计 |
| 被检出文献 | a(命中) | b(噪声) | a+b |
| 未检出文献 | c(漏检) | d(合理拒绝) | c+d |
| 合计 | a+c | b+d | a+b+c+d |

**1. 检索结果评价指标**

查全率是对所需信息被检出程度的量度,用来表示信息系统能满足用户需求的完备程度;查准率是衡量信息系统拒绝非相关信息的能力的量度;查全率的误差即是漏检率;查准率的误差即是误检率。其数学表达式分别如下。

查全率($R$)=被检出相关文献数/系统中的相关文献×100%=($a/(a+c)$)×100%

漏检率($O$)=未检出相关文献数/系统中的相关文献×100%=($c/(a+c)$)×100%

查准率($P$)=被检出相关文献数/被检出文献总数×100%=($a/(a+b)$)×100%

误检率($N$)=被检出不相关文献数/被检出文献总数×100%=($b/(a+b)$)×100%

查全率和查准率是评价检索效果的两个重要指标,查全率、查准率越高,说明检索效果越好,但在实际检索中,查全率和查准率是不可能同时达到100%的。克莱夫登通过克兰菲尔德实验证明,在同一个信息检索中,当查全率和查准率达到一定的阈值,即查全率为60%~70%、查准率为40%~50%后,二者呈互逆关系,即查全率与查准率在某种程度上成反比例关系,一方的提高往往导致另一方的降低,偏重哪一方都是不妥当的。在检索实践中,需要根据课题的具体要求,合理调节查全率和查准率,找到最优平衡点,保证适度的查准率和查全率。因此,在检索过程中,可以从以下几点考虑。

(1) 作为检索人员,要确定自己是对查全率更关心,还是对查准率更感兴趣。据此选择不同的检索策略。

(2) 了解检索系统和数据库的特点和规模。对专业性强、规模小的数据库,要注意提高查全率;对数据量较大的系统,如网络搜索引擎,由于其结果输出量比较大,保证查准率则显得更为重要。

**2. 调整查全率和查准率的方法**

影响查全率的因素从文献信息存储来看主要有:数据库收录文献不全;索引词汇缺乏控制和专指性;词表结构不完整;词间关系模糊或不准确;标引不详;标引前后不一致;标引人员遗漏了原文的重要概念或用词不恰当等。从信息检索来看主要有:检索策略过于简单;选词和进行逻辑组配不当;检索途径和方法太少;检索人员业务不熟悉和缺乏耐心;检索系统不具备截词功能和反馈功能;检索时不能全面地描述检索要求等。

提高查全率,即进行扩检,可以按照如下方法调整检索提问式。

(1) 选全同义词并以"or"的方式与原词连接后加入到检索式中。

(2) 降低检索词的专指度,从词表或检出的文献中选择一些上位词或相关词。

(3) 采用分类号进行检索。

(4) 删除某个不甚重要的概念组面,减少"and"运算。

(5) 取消某些过严的限制符,如字段限制符等。

(6) 调整位置算符。

影响查准率的因素从文献信息存储来看主要有:索引词不能准确描述信息主题和检索要求;组配规则不严密;标引过于详尽;检索系统不具备逻辑"非"功能和反馈功能;检索式中允许容纳的词数量有限。从信息检索来看主要有:选词及词间关系不正确;组配错误;检索时所用检索词(或检索式)专指度不够,检索面宽于检索要求;截词部位不当;检索式中使用逻辑"或"不当等。

若要提高查准率,即进行缩检,可按如下方法调整检索提问式。

(1) 提高检索词的专指度,增加或换用下位词和专指性较强的自由词。

(2) 增加概念组面,用"and"连接一些进一步限定主题概念的相关检索项。

(3) 限制检索词出现的可检字段,如限定在篇名字段和主题字段中进行检索等。

(4) 利用文献的外表特征限制,如文献类型、出版年代、语种、作者等。

(5) 用逻辑非"not"来排除一些无关的检索项。

(6) 调整位置算符。

**3. 其他评价指标**

(1) 用户负担:即检索工具的用户友好性及用户在使用该工具时的方便和易用程度。

(2) 新颖率:从检索系统中检索出来的对用户而言含有新颖信息的文献数量与文档中总相关文献数之比。

(3) 覆盖率:在某一特定时间里,从某一检索系统中检索到的涉及特定主题领域的所有文献数与该主题领域相关的实有文献总数之比。

(4) 检索结果的满意度:包括检索结果相关命中数、重复链接数、死链接等。

(5) 响应时间:即完成一个检索要求所用的时间。

(6) 相关性排序:即将输出结果根据与检索词的相关度进行排序。

(7) 输出数量选择:即限定或改变输出量。

(8) 输出方式:标题的有无、类目位置、网页文本大小等。

(9) 检索界面:用户界面的易用性情况,包括是否含有检索说明文档、是否有帮助文件、是否有查询举例等。

1. 文献信息可以分为哪些类型?在日常生活和学习中利用最多的类型有哪些?

2. 一次、二次、三次文献有什么样的区别与联系?

3. 文献信息检索的途径和方法有哪些?分别适用于什么样的情况?

4. 文献信息检索的步骤是怎样的?尝试提出一个检索需求,设计一个完整的文献信息流程。

5. 布尔逻辑检索的"与""或""非"各有什么意义?尝试提出一个检索需求,运用布尔逻辑检索式进行检索提问。

6. 熟练掌握截词、位置、限制、加权和聚类检索技能,并尝试设计出检索需求,运用相应的技能进行检索。

# 第二篇

# 文献信息检索与利用

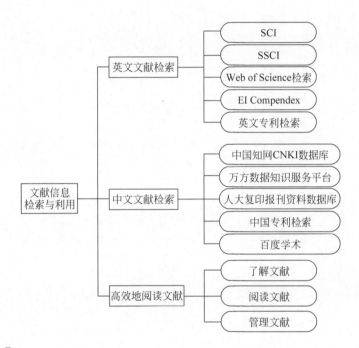

**【本篇引言】**

　　学习文献信息检索的目的在于服务我们的学习、生活与学术研究。熟练进行中英文文献检索、有的放矢地阅读文献信息是大学生撰写论文、申报课题必不可少的前期准备工作。本篇从满足大学生日常的学习与研究需要出发，对学术研究中常用的中英文文献检索工具进行了介绍，并对如何高效率地阅读文献、管理文献提供了方法与工具参考。

**【学习目标】**

- 了解几个中英文检索系统和数据库的收录内容与特点。
- 熟练掌握中英文数据库的检索方法。
- 自主制定和完成某一学科领域的文献阅读计划。
- 熟练使用1~2个文献管理工具。

# 第4章 英文文献检索

本章将介绍国际上学术研究中最常用的四个印刷型英文科技信息检索工具及其使用方法。国际四大印刷型科技信息检索工具分别指 SCI(Science Citation Index,科学引文索引)、SSCI(Social Science Citation Index,社会科学引文索引)、EI(Engineering Index,工程索引)、ISTP(Index to Science & Technical Proceedings,科技会议索引)。其中,EI(电子版称为 Compedex)是美国工程信息公司出版的著名工程技术类综合性检索工具,其余的均为美国科学信息研究所(Institute for Scientific Information,ISI)的产品。

在掌握以上文献检索用具之前,检索人员需先了解引文索引的含义。引文索引以某一文献(包括作者、题名、发表年份、出处等基本数据)作为标目,标目下著录引用或参考过该文献的全部文献及出处。它主要供用户从被引文献查找引用文献。

## 4.1 SCI

SCI 于 1963 年创刊,原为年刊,1966 年改为季刊,1979 年改为双月刊,现由美国费城科学信息研究所(ISI)编辑出版。1988 年,SCI 出版光盘,每月更新。其网络版已经问世,网络版的出现使 SCI 的检索回溯时间更长、数据更新更快。

SCI 历来被学术界公认为世界范围内最权威的科学技术文献的索引工具,能够全面体现科学技术领域最重要的研究成果。SCI 引文检索的体系独一无二,不仅可以从文献引证的角度评估文章的学术价值,还可以迅速方便地组建研究课题的参考文献网络。SCI 以布拉德福(S. C. Bradford)文献离散律理论、以加菲尔德(E. Garfield)引文分析理论为主要基础,通过论文的被引用频次等的统计,对学术期刊和科研成果进行多方位的评价研究,从而评判一个国家或地区、科研单位、个人的科研产出绩效,来反映其在国际上的学术水平。因此,SCI 是国际上被公认的值得借鉴的科技文献检索工具。发表的学术论文被 SCI 收录或引用的数量,已被世界上许多大学作为评价学术水平的一种重要标准。

SCI 有一套严格的评价期刊质量的体系,入选的期刊每年都依次进行评价和调整,而且 SCI 收录文献的学科专业相当广泛。利用 SCI,不但能了解何人/机构、何时、何处发表了哪些文章,而且可以了解这些文章后来被哪些人在哪些文章中引用过;了解热门研究领域,掌握学术期刊的国际评价情况,借以确定核心期刊等。我国教育部、科技部每年都要对全国的科研单位和高等院校的学术研究情况进行评估,其主要依据之一就是统计SCI收录的有关单位的论文情况及其被引用的情况。

### 4.1.1 SCI收录范围与出版形式

SCI是全球最权威的自然科学引文数据库,目前收录自然科学八千六百多种高质量学术期刊,数据最早可以回溯到1900年。其内容涵盖了农业、天文学与天体物理、生物化学与分子生物学、生物学、生物技术与应用微生物学、化学、计算机科学、生态学、工程、环境科学、食品科学与技术、通信科学、材料科学、数学、药理学与制药、物理学、基因与遗传、植物科学、医学、微生物学、矿物学、神经科学、海洋学等176个学科领域。SCI收录的文献类型主要包括期刊论文、会议摘要、通信、综述、讨论,以及选自 Science、Scientist、Nature 中的书评。

SCI收录的学科范围包括生命科学、数学、物理、化学、农业等九十多个学科领域,其中,医学是其重要报道内容。医学期刊占收录期刊的40%,侧重于医学基础学科的病理学和分子生物学。SCI有四种出版形式:SCI印刷版(双月刊,年度累积、多年累积,收录了三千七百多种科技期刊),用于手工检索;SCI联机版(SCI Search,收录五千六百多种科技期刊,周更新),运行在大型国际联机系统下;SCI光盘版(SCICD,收录了三千七百多种科技期刊,季更新),用于光盘检索,增加了来源索引中收录文献的摘要;SCI的网络版(SCI Expanded,收录了1945年以来的五千九百多种科技期刊,周更新),用于网络检索。

### 4.1.2 SCI印刷版编排结构

SCI印刷版每年出6期,2002年之前每期分为A、B、C、D、E、F 6册,由三部分内容组成,分别为 Citation Index(引文索引):A、B、C 三册;Source Index(来源索引):D 一册;Permuterm Subject Index(轮排主题索引):E、F 两册。

从2003年起,SCI每期分为A、B、C、D、E、F、G、H 8册,仍为三部分内容,分别为 Citation Index(引文索引):A、B、C、D 4册;Source Index(来源索引):E、F 两册;Permuterm Subject Index(轮排主题索引):G、H 两册。

SCI有年度累积本和五年度累积本。年度累积本还出版"期刊引文报告"(SCI Journal Citation Reports)、"SCI指南和来源出版物目录"(SCI Guide & Lists of Source Publication)。

**1. 引文索引**

引文索引(Citation Index,CI)是根据文献之间相互引证的关系组织起来的索引工具,它指引用户从被引论文去检索引用论文。引文索引包括A、B、C、D共四个分册,由于文献类型与著者情况不同,内容又包括作者引文索引、匿名引文索引和专利引文索引三部分。

(1)作者引文索引。按被引文献作者的姓名字顺排列,每条记录由两大项组成:第一项是引文,先列出被引文献作者,然后列出被引文献出处;第二项是来源,在第一项下面列出来源(引用)文献的作者姓名及来源文献的出处。如果同一著者的多篇文献被引用,则这些文献按发表年份的先后顺序列出;如果一篇文献被多人引用,则这些人按来源著者姓名的字顺排列。

(2)匿名引文索引。凡被引文献,如果没有注明作者姓名的,都列入匿名引文索引中。该索引按被引文献所刊登的出版物名或缩写字顺排列,若出版物名相同,先按卷,再按起始页码由小到大排列。其他著录项目与引文索引相同。

(3) 专利引文索引。该索引按被引专利号码顺序排列,其下为被引专利公布年份、被引专利发明人姓名、被引专利文献类型及国别。最后给出引用著者著录项目,它们与引文索引中的引用著者著录项目相同,即包括引用著者姓名、引用著者文章刊登的出版物名称缩写、卷号、起始页码及出版年份的后两位数字。

**2. 来源索引**

来源索引是以来源著者姓名或来源著者所在国家、城市、单位为标目,按来源著者姓名或所在国家、城市、单位的字顺排列,用以查找著者撰写的论文题目、出处等详细文摘信息的一种索引,包括来源出版物目录、团体索引和来源索引三部分。

(1) 来源出版物目录。该目录在来源索引本主体——来源索引之前,由下列两部分内容组成: ISI Source Publication abbreviation, and full title(来源出版物缩写与全称对照),即按刊名缩写的字顺编排,其下列出刊名全称,此目录是刊名缩写查全称的工具; List of Source Publications added during 19××(当前新增出版物),即列出当年新增出版物刊名的全称和缩写。

(2) 团体索引。团体索引包括地区部分和机构部分。地区部分以来源文献所在的国家、城市、单位、科室的名称逐级按字顺排列。注意,美国是以州名、城市名、单位、科室名的字顺排列,并置于其他国家之前。在科室名下列出其研究人员发表的文章,从而了解该单位有多少研究人员发表了的论文数量等。机构部分以单位名称为标目,按字顺排列,用以查找某一单位在哪个国家和哪个城市,然后再查地区部分,获得来源著者和出处,因而它是地区部分的辅助索引。

(3) 来源索引。来源索引即 SI 是 SCI 的主体,按引用文献(来源文献)的著者姓名字顺排列,供查找来源论文的详细情况,其下列出引用文献的篇名及出处(只反映在第一著者之下)。在合著者姓名下,给出第一著者姓名。文献若无著者姓名,则按出版物名称字顺排在 SI 的最前面。来源索引的著录格式为论文题目——文献类型+ISI 期刊登记号——来源刊名缩写和卷、页、年及参考文献数。来源索引署名部分以来源著者姓名为标目,按字顺排列,用以检索来源文献的详细情况,在此不仅可查第一著者的文献,还可通过第二、第三著者查到第一著者。

**3. 轮排主题索引**

轮排主题索引又称词对式关键词索引,它也是一种篇名关键词索引。它根据数学上排列组合的原理,将篇名中表达文献主题的标识单元(关键词、准关键词)每次取两个进行搭配(组成词偶或词对),并让其中每一个有独立检索意义的元素轮流排到检索入口的位置,充当检索款目的标目。

轮排主题检索的目的是让检索人员从引用文章篇名的词偶(词对)去查引用文章的篇名。其中的词对是由计算机对来源索引包括的所有著作题目(即篇名)中的词(除绝对停用词表中的词外)进行轮排而产生的,让计算机自动地从篇名中抽取关键词词对和编制索引款目。为了保证抽词效果,编制人员需要先把篇名中的词分为以下三类。

(1) Full Stop List(绝对停用词),即毫无检索意义或极少检索意义的词,如介词、冠词、代词、系动词、某些形容词或副词,以及一些含义很多的动词。总共有 211 个。

(2) Semi Stop List(半停用词),也称准关键词。具体指那些无独立检索意义但却可以起到配合检索作用的词。共有764个。这类词在检索中不能作为主标目(主要词)使用,只能用作副标目(配合词)。

(3) 关键词,即具有独立检索意义,能独立表达文献主题的词,它们在检索中既可作主标目,又可作副标目使用。

### 4.1.3　SCI 的检索途径与步骤

SCI由4大索引部分组成,每一索引均为检索者提供了一种检索文献的途径和方法。因此,可以从引文、主题、著者和团体著者4种途径来查找文献资料。相关检索途径与步骤简述如下。

(1) 引文途径。从某一篇切合你所研究的课题的参考文献(用它的著者、专利号等)出发,通过适当的引文索引(如著者引文索引、专利引文索引等),找出引用这一文献的一系列引用著者姓名,然后用"来源索引"查出这一系列著者所写的文章篇名及其出处。最后根据篇名决定取舍,由文献出处索取原始文献。

(2) 主题途径。当检索者只知道所查课题要求,而手头没有掌握任何具体文献线索和著者姓名时,则可利用"轮排主题索引"根据课题内容的关键词来查找。具体检索步骤为:先选取与课题密切相关的若干个词对,利用PSI查出哪些篇名中含有这些词对的著者姓名,再查"来源索引",得到引用文献的篇名及出处,最后根据篇名决定取舍,由文献出处索取原始文献。

(3) 团体著者途径。当检索者掌握有关机构的名称,而想进一步指导该机构的研究动态或所从事的技术工作时,便可利用"团体索引",直接查到该机构成员发表的文章。具体检索步骤为:如果预先知道该机构所在地的州名(或国名)和城市名,则可直接利用团体索引——地理部分查出该机构当年发表文章的著者姓名及其文章出处,再转查"来源索引",得到文章的篇名及出处,最后根据篇名决定取舍,由文献出处索取原始文献。如果仅知道机构名称,而不知道该机构所在地的具体地理位置(州名(国名)、城市名),则应先查团体索引——机构部分,得到其所在地的州名(国名)、城市名,再转查团体索引——地理部分,其后步骤相同。

(4) 著者途径。来源索引是根据引用著者姓名查找引文题目等的索引。可见,其作用与一般检索工具书中的"著者索引"相同,因此,本索引可独立作为著者索引使用。具体检索步骤为:根据已知著者姓名,直接查"来源索引",得到发表文章的篇名及出处,再根据出处索取原始文献。

### 4.1.4　IF 与期刊分区

SCI期刊常用的评价指标是IF(Impact Factor,影响因子)。IF是汤森路透(Thomson Reuters)公司出品的期刊引证报告(Journal Citation Reports,JCR)中的一项数据。即某期刊前两年发表的论文在该报告年份(JCR year)中被引用总次数除以该期刊在这两年内发表的论文总数。这是一个国际上通行的期刊评价指标。

一般来说,影响因子高,期刊的影响力就越大,但影响因子并非一个最客观的评价期刊影响力的标准。对于一些多学科交叉的研究领域来说，因为涉及的学科领域广，所以引用率也比较高。例如，生物、化学类的期刊一般情况下就比较容易有较高的 IF。IF 虽然可在一定程度上表征其学术质量的优劣，但影响因子与学术质量间并非呈线性正比关系，比如不能说影响因子为 5.0 的期刊一定优于影响因子为 2.0 的期刊，影响因子不具有这种对学术质量进行精确定量评价的功能。

关于 SCI 期刊分区影响较为广泛的有两种，分别是汤森路透公司制定的分区（中文一般翻译为汤森路透分区）和中国科学院文献情报中心（国家科学图书馆）制定的分区（简称中科院分区）。这两种分区方式均是基于 SCI 收录期刊影响因子基础之上进行分区的。

汤森路透每年出版一本《期刊引用报告》(*Journal Citation Reports*, JCR)。JCR 对八万六千多种 SCI 期刊的影响因子等指数加以统计。JCR 将收录期刊分为 176 个不同学科类别。

每个学科分类按照期刊的影响因子高低，平均分为 Q1、Q2、Q3 和 Q4 四个区，Q 表示 Quartile in Category：各学科分类中影响因子前 25%（含 25%）期刊划分为 Q1 区，前 25%～50%（含 50%）为 Q2 区，前 50%～75%（含 75%）为 Q3 区，75% 之后的为 Q4 区。汤森路透分区中期刊的数量均匀分为四个部分（如图 4.1 所示）。

考虑国情的不同，中国科研工作者进一步设立了更适应我国科研发展的中科院分区表来对期刊的管理进行补充。中科院期刊分区其实就是把所有的期刊按照一定指标划分为四个层次，类似"优、良、及格"等。最开始，这个分区只是为了方便图书管理及图书情报领域的研究和期刊评估。随着影响力的推广，中科院分区逐步也融入了论文本身质量的评价，成了一个非常重要的层次标签。每年，中科院 SCI 分布法会在 10 月定期发布，概括地说，它将总体学术期刊按照 13 个大类学科（数学、物理、化学、地学、地学天文、生物学、农林科学、医学、工程技术、环境科学与生态学、管理科学、社会科学）和 176 个小类学科，将每个学科的期刊按照影响因子高低划分为四个区：1 区（前 5%），2 区（5%～20%），3 区（20%～50%）以及 4 区（后 50%），呈金字塔状分布（如图 4.2 所示）。

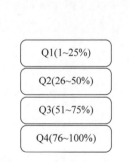

图 4.1　汤森路透 JCR 分区

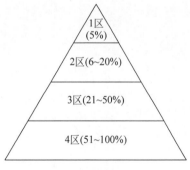

图 4.2　中科院分区

## 4.2　SSCI

SSCI(Social Sciences Citation Index，社会科学引文索引)最早创刊于 1973 年，由美国费城科学信息研究所编辑出版，为 SCI 的姊妹篇。SSCI 引用世界上最重要的社会科学期刊近两千余种及自然科学、物理学和生物医学方面的期刊三千余种，还收录有某些专著、论文集、报告、会议录等。

### 4.2.1 SSCI 收录范围与检索方法

SSCI 收录的学科范围相当广泛，包括人类学、考古学、区域研究、商业和金融、通信、社区卫生、犯罪学和犯罪教育学、人口统计学、经济学、教育研究、环境科学、人类工程学、少数民族群落研究、家庭研究、地理学、老年病学和老年医学、卫生政策、历史、信息和图书馆科学、国际关系、法律、语言学、管理、市场学、护理、人事管理、哲学、政治学、精神病学、心理学、统计学、资源浪费、城市规划和发展及妇女研究等，是目前世界上可以用来对不同国家和地区的社会科学论文的数量进行统计分析的大型检索工具。

目前，国内有相当多的机构将 SSCI 作为社会科学研究成果的评价工具，但其价值并不仅限于此，更重要的作用是促进了科研人员的研究工作。SSCI 作为一个文摘型数据库，其重要用途是帮助研究人员了解所研究课题的全面信息，获取某个领域甚至全球在这个问题上的相关研究成果，从而决定或选择自己的研究方向。

SSCI 的著录格式与检索方式同 SCI，此处不再赘述。

### 4.2.2 SSCI 分区

SSCI 期刊分区与 SCI 期刊分区一样，在我国影响较为广泛的两种分区方法分别是汤森路透公司的 JCR 分区和中国科学院文献情报中心（国家科学图书馆）制定的中科院分区。这两种分区方式均基于 SSCI 收录期刊影响因子基础之上进行分区。

汤森路透 JCR 分区以当年的 IF 为基础，每个学科分类按照期刊的当年的 IF 高低，把某一个学科的所有期刊都按照上一年的 IF 降序排列，平均 4 等分（各 25%），平均分为 Q1、Q2、Q3 和 Q4 四个区，如图 4.1 所示排列。

中科院分区依据 3 年平均影响因子对划分分区，将各大类的 SSCI 期刊由 3 年平均 IF 划分为 1 区（最高区）、2 区、3 区和 4 区四个等级。中科院分区的 1 区到 4 区的期刊数量不等，呈金字塔状分布。前 5% 为该类 1 区、6%～20% 为 2 区、21%～50% 为 3 区，其余为 4 区，如图 4.2 所示排列。

## 4.3 Web of Science 检索

Web of Science(WOS)，是美国科学情报研究所（ISI）基于因特网环境的数据库新产品，是学术界公认权威的科技文献检索工具，内容涵盖自然科学、工程技术、生物医学等一百五十多个学科领域。目前该库有两种版本：扩展版和核心版。扩展版收录期刊五千九百多种，核心版（印刷或光盘版）收录 5900 种期刊中的 2100 种期刊，每周新增数据 19 000 条，新增参考文献 423 000 条。

Web of Science 核心合集引文索引中包括 Science Citation Index Expanded（SCI EXPANDED）——2003 年至今，Social Sciences Citation Index（SSCI）——2003 年至今，Conference Proceedings Citation Index-Science（CPCI-S）——2003 年至今，Conference Proceedings Citation Index-Social Science & Humanities（CPCI-SSH）——2003 年至今。

Web of Science 主要功能如下：通过引文检索功能可查找相关研究课题早期、当时和最近的学术文献，同时获取论文摘要；可以看到所引用参考文献的记录，被引用情况及相关文献的记录；可选择检索时间范围，对论文的语言、文献类型做限定检索；检索结果可按其相关性、作者、日期、期刊名称等项目排序；可保存、打印、E-mail 所得的记录及检索式；全新的 WWW 超文本特性，能链接到 ISI 的其他数据库；部分记录可以直接链接到电子版原文，或者链接到所在机构的 OPAC 记录，迅速获得该馆馆藏信息；数据每周更新，并可实现全部年份、特定年份，或最近一周、两周、四周的数据的检索。

本节以在 Web of Science 数据库检索"Artificial Intelligence"相关课题信息为例，展示了 Web of Science 的检索方法。

**1. 进入检索界面**

数据库通常由学校图书馆订购使用，因此可以采用两种方式访问数据库。第一种，如果检索人员在校内访问，通过登录学校数字化图书馆网址，直接打开数据库链接即可进入 ISI Web of Science 检索平台，选择 Web of Science 核心合集数据库，就可进入该数据库主页面。第二种，如果检索人员不在学校范围，则可以通过 VPN 登录学校数字化图书馆，继而进入数据库主页面。如图 4.3 所示为数据库主页面。

图 4.3　数据库主页面

当前我们想快速找到近五年来有关人工智能的课题总体发展趋势。所以，在主页面基本检索文本框中输入主题词"Artificial Intelligence"，"时间跨度"选择"最近五年"，然后单击"检索"按钮执行命令之后，就可以看到相应的检索结果了。

如图 4.4 所示为检索结果图示。可以看出按照当前检索要求，一共找到有关人工智能的文献 173 006 篇。下方列出了符合条件的文献的所有条目。

**2. 创建引文报告**

Web of Science 提供强大的引文报告功能，通过单击"创建引文报告"，自动生成课题引文报告，从而提高科研效率。

单击检索结果页面右上方的"创建引文报告"，可以生成引文报告（引文报告最多支持 10 000 万条以内的记录，此处以 2021 年 8 月收录的 7031 篇主题包含 Artificial Intelligence

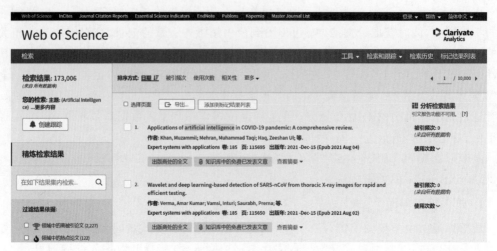

图 4.4  检索结果

的论文为例)。如图 4.5 所示为生成的引文报告页面。在引文报告中以柱状图的形式展现了 2021 年 8 月收录 7031 篇论文的年代分布图示和论文被引用状况,如论文被引频次、施引文献分析、去除自引分析等。

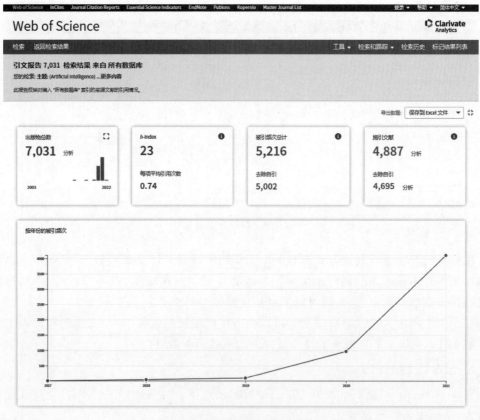

图 4.5  引文报告

## 3. 分析检索结果

除了自动创建引文报告之外，还可以利用分析功能生成论文出版年的图示。并且，利用分析功能可以任意查看某些出版年的论文情况。

单击检索结果页面右上方的"分析检索结果"，进行检索结果分析。如图4.6所示为分析检索结果页面。分析的字段选择"出版年"，显示的分析结果最多可选择100 000条，分析结果的显示方式最多可显示前500个结果，最小记录数为0，排序方式选择按照"已选字段"。单击"分析"按钮。

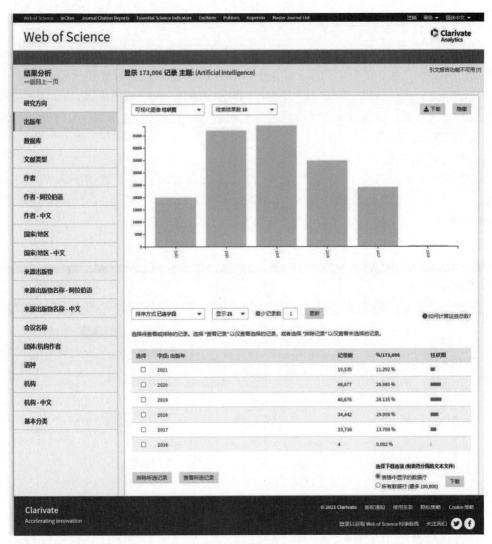

图 4.6　分析检索结果页面

## 4. 查找某个课题的综述文献

（1）进入检索界面。

如上面实例说明的方式登录检索主页面。并且，以上面实例中近五年人工智能文献的检索结果为例，查找综述文献。

图 4.7 文献类型设置界面

(2) 精炼检索结果。

在检索结果界面上,通过左侧的精炼检索结果功能,可以快速了解该课题涉及的学科、文献类型、作者、机构、国家等,甚至通过文献类型选项锁定该课题的高质量综述文献。

找到检索结果页面左下方"文献类型"选项中的REVIEW,然后单击"精炼"按钮,即可锁定286篇高质量的综述文献,然后可以利用其他的检索和分析功能进一步检索所需的文献。如图4.7所示为文献类型设置界面。

**5. 查找研究领域中的高影响力论文**

查询文献时,常常会面临海量的检索结果。在这些检索结果中,有哪些文章是高影响力的文献?有哪些文献是研究中的经典论文?有哪些研究论文最经常被同行们写作时引用?通过统计每篇文章在 Web of Science 范围内的被引用次数,也即被引频次,检索人员就可以直观地看到一篇论文的被引用情况。通过对被引频次进行排序,可以简便快速地从检索结果中锁定高影响力的论文。

1) 进入检索界面

访问 ISI Web of Science 数据库,选择 Web of Science 核心合集数据库,就可进入该数据库主页面。在数据库主页面中输入"主题"为"Community management","时间跨度"为"所有年份",单击"检索"按钮后,对社区管理主题的论文进行检索分析。如图4.8所示为数据库检索主页面。

图 4.8 数据库检索主页面

2) 立即锁定高影响力的文章

在检索结果界面上,右上侧是排序选项,检索人员可以按照出版日期、被引频次、第一作者、来源出版物名称等对检索结果进行排序,默认的排序选项是更新日期排序。如果需要找到高影响力的文章,则可以选择被引频次排序。如图4.9所示为按照被引频次(降序)排序检索结果。排序后就可以立即看到高影响力的文章排在最上面。这些高影响力的文章是大家关注的焦点。该功能可以帮助检索人员在检索时更加精准,从而提高科研效率。

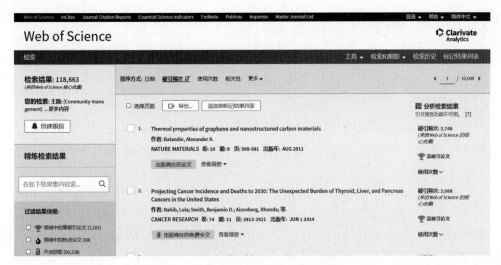

图 4.9　按照被引频次排序检索结果

## 4.4　EI Compendex

EI 于 1884 年 10 月创刊，至今已有一百多年，现由美国工程信息公司（Engineering Information Inc.）编辑出版，该公司还负责 EI 各种出版物的编辑出版及信息服务工作。EI 是工程技术领域综合性的检索工具，也是我国科技人员经常使用的一种检索工具。

### 4.4.1　EI 收录范围与出版形式

EI 报道的内容涉及整个工程技术领域，包括土木工程、空间技术、应用物理、生物医学仪器、化工、城市建设、环境工程、电子与动力工程、计算机技术与通信技术、能源、光学技术、海洋、机械工程与自动化、采矿与冶金、材料科学、工程管理、水利、交通运输等方面。每年报道的学科侧重点不同，主要以当今世界工程技术领域的科研重点为主要对象。EI 不报道纯理论方面的基础科学文献。

EI 报道的文献均由美国工程学会图书馆（The Engineering Society Library）所收藏，来自世界上五十多个国家、25 种文字的文献，其中英文文献占 90％，侧重于北美、西欧、东欧等工业化国家，以美国工程技术方面的文献收录最全。EI 摘录的文献主要是各专业学会、高等院校、研究机构、政府部门和公司企业的出版物。文献类型有期刊论文、会议文献、技术报告、技术专著、学位论文、技术标准等，其中期刊论文占 53％、会议文献占 36％。

EI 有多种出版形式，最早出版的是印刷版，包括 The Engineering Index Monthly（工程索引月刊）和 The Engineering Index Annual（工程索引年刊）两种。月刊本创刊于 1962 年，每月出版一次，其特点是报道速度快，时差为 6～8 周，该刊适宜查阅近期文献；年刊本创刊于 1906 年，它将本年度 12 期月刊上收录的文摘按主题词字顺重新汇编成册，每年出版一卷，年刊本出版周期较长，但使用起来比月刊本方便。1928 年，EI 出版了工程索引卡片，按主题分组发行，报道时差更短。20 世纪 90 年代以后，EI 发行了光盘版，之后又开始推行网络数据库版。

### 4.4.2 印刷版 EI 编排结构

EI 年刊本和月刊本是最常用的版本。两者编排结构基本相同,主要由文摘、索引和附录三部分组成。下面介绍各主要部分的编排结构。

**1. 文摘部分**

EI 的文摘部分是这一检索期刊的正文部分。文摘正文条目以主题词为标目,按主题词的字顺排列,在每一页的左上角或右上角除标有大写黑体印刷的主题词外,还标出起止文摘号。

在文摘正文的编排中,文摘按其主题内容以文摘形式并按文摘号顺序排列在各主题词之下。这种编排方式使正文部分本身就可以作为一种主题索引使用,读者可按主题词的字顺直接利用正文进行主题途径的检索,并可一次找到文摘。每卷文摘连续进行编号,文献的题目用大写黑体字母排印在文摘之前,文摘的作者和出处排印在文摘之后。

在正文部分每篇文摘起排序作用的文摘号由 6 位数字组成,位于文摘左上角,帮助读者识别特定文摘,以及与辅助索引相联系。这是因为,在辅助索引中只能查到文摘号,这时就需要根据文摘号来查正文,并阅读文摘,以确定该文献是否符合需要。

文献的篇名一般用黑体字印刷,篇名后是文摘,它是对该文献内容的简要说明。

文摘的出处包括著者姓名、机构和地址及文献来源。

**2. 辅助索引**

(1) Author Index(著者索引)。著者索引以文献著者姓名为检索标识,对原来不是以拉丁文形式出版的著者姓名,则著录其英译名。著者索引的编排按著者姓在前、名在后的顺序排列。

如果知道著者的姓名,需要查找该著者发表的文献,就可以利用著者索引,找到该著者发表文献的文摘号,然后根据文摘号查阅文献正文。

(2) Author Affiliation Index(著者工作机构索引)。EI 年刊从 1974 年起增设有著者工作机构索引。该索引以著者工作机构的缩写名称作为检索标识,并按缩写名称的字顺排列。该机构后面列出该机构研究人员当年发表的论文的文摘号。

(3) Subject Index(主题索引)。主题索引中的主题词来源于两个方面:一是来源于 SHE 中规范化的主、副标题词(1993 年起来源于 EI Thesaurus 中的主题词);二是来源于文献题名中的自由词汇(有实质意义的关键词)。主题词分为主标题词和副标题词两级,从 1993 年起,EI 主题索引中的主题词不再分级,所有检索词统一对待,按字顺排列。在月刊本的主题索引中,主题词后无说明语,而只是列出了该主题词的相关文献的文摘号。在年刊本的主题索引中,主题词下的说明语是原文献的题名,题名后给出 EI 年刊本中的文摘号和对应本年度月刊本中的文摘号。用户据此就可初步筛选出切合课题的文献信息。

在利用主题检索查询文献时,不必核对检索词表,可以直接用能够表达检索主题概念的词来检索。另外,主题索引也和其他辅助索引一样,不提供文摘、出处等内容,要想了解更多的信息,可根据文摘号查文献正文。

(4) Number Translation Index(号码转换索引)。在主题索引的著录格式中可以看到,同一条文摘在年刊和月刊中的文摘号是不一致的,为此,EI 从 1980 年开始,在年刊中提供了同一条文摘在月刊和年刊索引中的号码转换索引,为查找提供了方便。

(5) Publication Indexed for Engineering(工程出版物索引,PIE)。该索引收录了 EI 所摘引的全部工程出版物,其主要目的是为了帮助检索人员把文献出处的缩写转换成全称。它有两种出版形式,一是单行本,年刊(EI PIE);二是以附录形式附在 EI 年刊的主题索引之后。单行本 PIE,主要包括以下 6 个部分。

(1) Serial Publications——Organized by Abbreviated Title。以缩写名称排列的连续出版物一览表,列出 EI 收录的期刊等出版物的缩写名称、全称和代码。用户根据文摘中的原始文献出版物的缩写名称,即可查出其全称。

(2) Serial Publications——Organized by Coden。以 Coden 排列的连续出版物一览表,供用户从已知出版物代码查出版物名称所使用的工具。

(3) New Serial Publication。新连续出版物一览表,列出 EI 当年新收录的连续出版物或当年才有刊名代码的连续出版物,用户据此可了解工程出版物近年来的变化。

(4) Changed Serial Publication。名称变更的连续出版物一览表,供用户了解重要工程连续出版物的名称变化情况。

(5) Cross References to Serial Publication。连续出版物名称互参表,指引用户从自己账务的期刊音译名或机构名称等查阅 EI 中所用的标准英文刊名的工具。

(6) Conferences Covered in 19××(年份)。会议出版物一览表,列出 EI 当年收录的工程会议出版物。

EI 年刊本还有两种附录性材料(1986 年前,位于 PIE 之后,从 1986 年起,移至文摘正文前的说明部分中),分别如下。

(1) ACRONYMS, INITIALS AND ABBREVIATIONS OF ORGANIZATION NAMES。略语、首字母和机构名称缩写表,它按机构简称字顺排列,可供用户从机构简称查机构全称。

(2) ABBREVIATIONS, UNITS AND ACRONYMS。缩写、单位和略语,本表是用来查对 EI 文摘中所写缩写词、略语和单位符号的含义之用。

### 4.4.3　EI 的检索途径及步骤

EI 的文摘正文部分是按主题词字顺排列的,主题途径是 EI 的一种有效的检索途径,此外还可以从著者、著者工作机构等途径查找。相关检索途径与步骤简述如下。

**1. 主题途径**

拿到检索课题后,如果确定从主题途径查找文献,首先就要分析检索课题的主题内容,在此基础上自己确定合适的主题词。完成了这一步后,有两条途径:一条是直接利用主题词,查阅主题索引,获取相应文摘号,然后根据文摘号查找文摘正文,阅读文摘;另一条途径是选定主题词后,先核对词表,用规范化的主题词取代自选的词,然后用该主题词作为检索标识,直接查阅文摘正文。

**2. 著者途径**

如果已知著者姓名,需要查找该著者发表的文献,则可从著者途径查找。这时,是以著者姓名作为检索标识,查著者索引,获取相应的文摘号,然后根据文摘号查阅文摘正文。

**3. 著者工作机构(单位)途径**

如果已知某机构名称,需要查找该机构研究人员当年发表的文献,则可从著者工作机构途径查找。这时,以著者工作机构名称作为检索标识,查著者工作机构索引,获取相应文摘号,然后根据文摘号查文摘正文。

以上介绍的检索途径中,主题途径是一种常用的、有效的检索途径。

### 4.4.4 EI Compendex Web 检索

EI Compendex Web 是工程索引的网络版,是 EI Village 的核心数据库。EI Village 为美国工程信息公司 1995 年开发的基于因特网的信息查询服务项目,它将 16 000 个工程技术人员极有价值的网上地址和资源组织在一起,为用户提供服务。EI Compendex Web 是由工程索引数据库 EI Compendex 和 EI PageOne 合并而成的网络版数据库,包括 1969 年以来的五千多种工程类期刊、会议录和技术报告文献,其中 2600 种有文摘,2500 种为 20 世纪 90 年代以后新增的 EI PageOne 中的资源,大多只有题录。目前,该数据库每年新增 50 万条文献,文献总量达 700 万篇,其中化工和工艺类期刊文献最多,约占 15%;计算机和数据处理类占 12%,应用物理类占 11%,电子和通信类占 12%;另外还有土木工程类 6%,机械工程类占 6% 等。90% 的文献是英文文献,会议论文约占 30%,网上数据库内容每周更新。随着国内购买和使用单位的不断增加,EI Compendex Web 也被越来越多的人所熟悉和利用,它是获取工程类信息的最权威的数据库。

1998 年 4 月,美国工程信息工程在清华大学图书馆建立了 EI Village 中国镜像站点,并正式开通服务。2000 年,该公司在 EI Village 的基础上又开发了 EI Village 2,它是 EI Village 第二代产品,除核心数据库 EI Compendex Web 外,还包括 1976 年以来的 The United States Patent and Trademark Office(美国专利和商标局专利全文数据库),2000 个 Industry Specs and Standards(工业规范和标准),美国 CRC Press 出版的 145 种工程手册和 1 万多个网站信息文摘数据库。EI Village 2 支持在同一个检索平台上对这些数据库进行检索,每种数据库的基本检索界面相同,但可选的检索字段和索引词表不同。此外,通过 EI Compendex Web 检索到的文献,增加了链接到全文文献的服务。目前能链接到全文的期刊出版社有 Springer-Verlag、John Wiley & Sons、Institute of Physics 等,如果用户购买了这些期刊出版社的电子期刊的使用权,即可直接链接相应的电子版全文。EI Village 2 还可以链接到本地图书馆的联机公共书目系统 OPAC 系统。

以查找 2016 年以来发表的"人工智能"方面的文献为例,EI Compendex 检索具体步骤如下。

(1) 浏览器访问并登录到 EI 数据库,在 Database(数据库)行中,选择系统默认的 Compendex(工程索引数据库)。

(2) 在 Quick search for(检索)右边的第一个检索词文本框中输入"Artificial Intelligence"。

(3) 在字段范围选择下拉列表中,选择系统默认的 All fields(所有字段),如果希望检索到的是标题中带有选定检索词的结果,则选择对应的字段范围。

(4) 在检索限定中,除检索时间限定在 2016—2020 年外,其他三种限定方式选择系统默认状态,即只设置 Limit to 下方的年份。如图 4.10 所示为 EI 数据库检索界面。

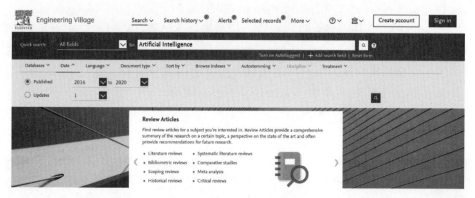

图 4.10　EI 数据库检索界面

（5）在检索结果的输出方式中，系统默认按照 Relevance（相关度）排序。单击 Search（检索）按钮，随即出现检索结果，共命中 220 118 条记录。如图 4.11 所示为检索结果界面。

图 4.11　检索结果界面

（6）如果想要查看某篇论文的文摘记录或详细记录，只要单击相应论文篇名下的 Abstract 或 Detailed 超链接，有关信息即可随即显示。如图 4.12 所示为某篇论文的 Abstract（文摘记录）页面。

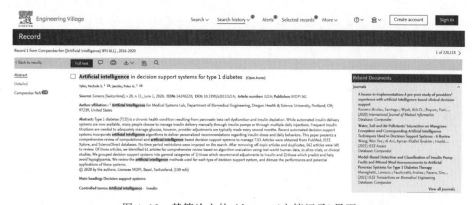

图 4.12　某篇论文的 Abstract（文摘记录）界面

(7) 单击 Full text(全文)按钮,可打开全文并阅读。

(8) 在检索结果页,用户还可以选择进一步精简检索结果,即进行"二次检索"。在检索结果页的左上角有一个 Refine Results(精简结果)按钮,单击此按钮用户可定位到检索结果页面底部的一个精简检索框。用户当前的检索式将出现在精简检索框中,根据用户检索的需要对其做进一步的修改,再单击 Search(检索)按钮即可。

(9) 单击快速检索界面上方 Search 菜单栏中的 Expert(高级检索)按钮,即可转到高级检索界面。如图 4.13 所示为高级检索界面。

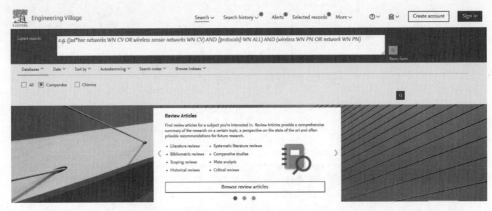

图 4.13 高级检索界面

高级检索与快速检索相比,包含更多的检索选项,可提供更强大而灵活的功能,用户可以使用更复杂的布尔逻辑。通过高级检索可以进行更灵活、更准确的检索。

高级检索界面与快速检索界面唯一的区别是检索窗口,高级检索界面中只有一个检索条件文本框。在此文本框中输入的检索词可以遵照一定的规则进行更灵活、更准确的组配构成比较复杂的检索式。用户可以使用各种检索算符与字段标识符组合,对检索字段进行限制;可以使用逻辑运算符、括号、位置算符、截词符和词根算符等对检索词进行各种运算。因此,采用高级检索方式一方面大大提高了检索的灵活性和准确性,但另一方面也对用户提出了更高的要求,需要用户比较熟练地掌握系统的检索语言(规则)。此外,该方式下系统将严格地按输入的检索式进行检索,不自动进行词根运算。因此,同一检索式在高级检索方式下和快速检索方式下得到的检索结果有可能不同。因为在快速检索方式下,系统默认启用词根运算。如表 4.1 所示为字段标识符代码。

表 4.1 字段标识符代码

| 字 段 | 字 段 代 码 |
| --- | --- |
| All Field(所有字段) | ALL |
| Subject/Title/Abstract(主题/标题/摘要) | KY |
| Authors(作者) | AU |
| Author affiliation(作者单位) | AF |
| Publishers(出版商) | PN |
| Serial title(刊名) | ST |
| Title(标题) | TI |

续表

| 字　　段 | 字段代码 |
|---|---|
| EI Controlled term（EI 控制词） | CV |
| Document type（文件类型） | DT |
| Language（语言） | LA |
| Treatment type（处理类型） | TR |
| EI main heading（EI 主题词） | MH |
| Uncontrolled term（自由词） | FL |
| EI classification code（EI 分类码） | CL |
| Abstracts（摘要） | AB |
| CODEN（图书馆所藏文献和书刊的分类编号） | CN |
| ISSN（国际标准期刊编号） | SN |
| ISBN（国际标准图书编号） | BN |
| Conference code（会议代码） | CC |
| Conference（会议信息） | CF |

EI Village 2 系统中提供个性化服务、主动服务与文献检索相结合。不仅提供定期通告服务（通过 E-mail 专题服务），还可以完全按自己的要求设计个人的联机检索文档，设计进入个性化服务界面自动完成的检索等。用户注册了其个人账户后，就可以进行保存检索、创建 E-mail 专题服务、合并以前的检索等服务。注册用户可以使用如下功能。

（1）账户注册。注册时，首先需要填写个人账户登记表，用户需要填写姓名、电子邮件地址以及选择和确认一个 6~16 位的密码。

（2）账户登录。当用户试图保存检索和记录或设置电子邮件专题服务时，系统将提示用户登录到其个人账户。在登录提示对话框中输入用户注册的电子邮件地址和密码。如果忘记了密码，可将用户的电子邮件地址发给系统管理员，系统管理员就会将密码发送给用户。如果用户还未注册，在快速检索页面的个人注册界面注册即可。

（3）更新账户信息。一旦用户登录到个人账户，就可单击屏幕右上角的"编辑账户"按钮来编辑用户的个人信息，也可在此删除其个人账户。

（4）保存检索。运行一次检索后，进入检索历史页面，单击"保存"按钮，就可以保存检索记录。要查看已保存的检索式时，只要单击导航条上的"已保存检索"按钮即可。

（5）E-mail 专题服务。单击导航工具条，选择检索历史，然后选中用户想设置为 E-mail 专题服务的检索式的复选框。在每次电子邮件专题服务中最多可发送 25 条记录。如果在更新中检索到超过 25 条记录，则在电子邮件专题服务中将出现一个超级链接，单击它将链接到 EI Village 2，可以查看所检索的全部新记录。这样数据库在每次更新时将自动检索出用户设定好的内容并以电子邮件形式发送给用户。

（6）保存记录。

用户可以在检索结果页面，单击输出选择选项中的"保存到文件夹"按钮，将选定的检索结果保存到个人文件夹中。如果保存操作顺利完成，将弹出一个对话框，提示用户记录被保存，并说明记录已保存在哪个文件夹中，以及询问用户是否要查看此文件夹的内容。

用户最多可创建三个个人文件夹，单击界面顶部导航条上的"我的文件夹"按钮可编辑用户的个人文件夹。可做的编辑操作有重命名文件夹、删除文件夹、新建文件夹、查看文件夹。每个文件夹最多可容纳50条记录。此外,在查看文件夹内容时,用户可删除其中的某个或全部记录。

## 4.5 英文专利检索

目前,国际上已有不少英文专利检索系统,主要分为商业型专利检索平台和国家/地区专利检索平台。商业型专利检索平台与数据库类似,机构或个人需要付费才能在平台上进行检索或获取服务,如德温特专利索引数据库(DII)、德温特创新平台(DII的升级版)、INNOGRAPHY专利检索分析平台、PatentSight专利数据库。国家专利检索平台则面向大众免费开放。本节主要介绍公众可免费访问和检索的美国专利商标局专利检索系统和欧洲专利局专利检索系统。

### 4.5.1 美国专利商标局专利检索系统

美国专利商标局专利检索系统是1999年4月美国专利商标局(USPTO)开始建立的政府性官方网站,可免费检索已授权的美国专利及公开的美国专利申请,查看专利题录、文摘、全文等数据,以及专利说明书的全部图像页(TIFF格式)。根据美国专利法保护的客体及专利的审批制度,美国专利和商标局出版的专利说明书种类主要有实用专利(Utility)、外观设计(Design)、植物专利(Plant)、再版专利(Reissue)、防卫公告(Defensive)、依法发明注册(SIR),目前该检索系统包括以上类型的专利文献。如图4.14所示为美国专利商标局(USPTO)首页。

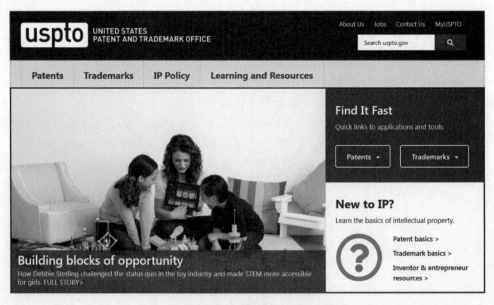

图4.14 美国专利商标局(USPTO)首页

美国专利商标局专利检索系统还提供专利概述、专利申请、文献公布程序、US专利分类体系、专利维持费用、专利审查流程、专利公报信息等相关信息。

检索人员可直接访问 http://patft.uspto.gov/在该平台进行检索。如图 4.15 所示依次进入首页 Patents→Application process→Search for patents，即可进行专利检索。

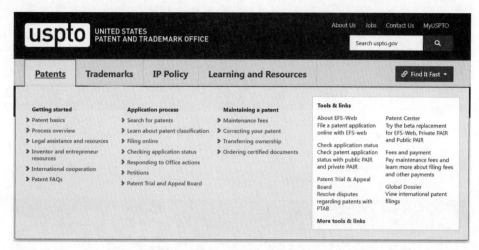

图 4.15　专业检索页面

如图 4.16 所示，检索人员可根据需要进行专利全文、专利申请全文或图像数据库的快速检索、高级检索和专利号检索等。

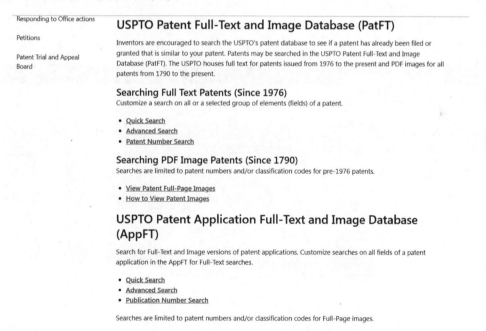

图 4.16　检索方式选择页面

快速检索、高级检索的方法与数据库快速检索、高级检索的方法类似。

## 4.5.2　欧洲专利局专利检索系统

欧洲专利局专利检索系统收录了欧洲专利组织成员国、欧洲专利局和世界上其他一些国家或地区专利组织的专利数据。数据类型包括题录数据、文摘、文本式的说明书及权利要求，扫描图像存储的专利说明书的首页、附图、权利要求及全文。欧洲专利局专利检索系统支持英文、德文、法文三种语言。如图 4.17 所示为欧洲专利局专利检索系统首页。

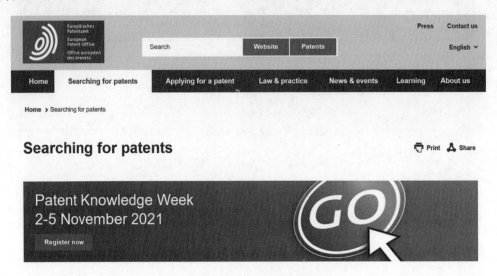

图 4.17　欧洲专利局专利检索系统首页

检索人员可直接访问 https://www.epo.org/index.html 在该平台进行检索。如图 4.18 所示在首页单击 Searching for patents→Open Espacenet，进入如图 4.19 所示的检索界面。

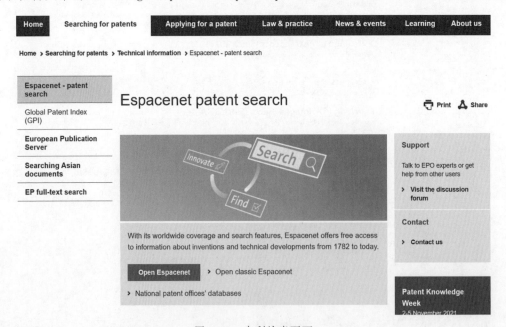

图 4.18　专利检索页面

在检索页面首页单击 Classification 进入分类检索（如图 4.20 所示），分类检索与导航检索类似，可以帮助检索人员逐步确定检索目标，缩小检索范围。

图 4.19　专利检索页面

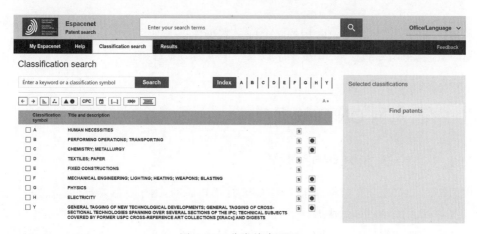

图 4.20　分类检索页面

在检索页面单击 Advanced search 进入高级检索，如图 4.21 所示，检索人员可以根据检索需要设定检索条件，进行更加精准和高效地检索。

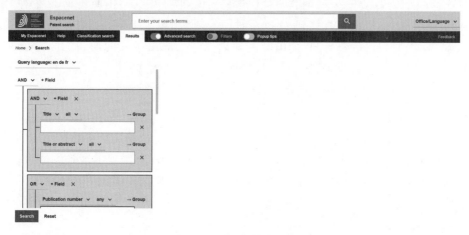

图 4.21　高级检索页面

# 第5章 中文文献检索

本章将介绍学术研究中最常用的几个中文数据库及其使用方法,包括中国知网、万方、人大复印资料、中国专利检索、百度学术以及中国港台数据库等。

## 5.1 中国知网 CNKI 数据库

### 5.1.1 中国知网收录内容

中国知网 CNKI 全文数据库于 1999 年 6 月正式启动,由中国学术期刊(光盘版)电子杂志社及清华同方知网(北京)技术有限公司联合主办。中国知网 CNKI 全文数据库是我国第一个连续的、大规模的、集成化的多功能学术期刊全文检索系统,也是目前世界上最大的连续动态更新的中文期刊全文数据库。其收录内容具体如下。

**1. 学术期刊**

目前知网已经实现中、外文期刊整合检索。其中,收录中文学术期刊 8530 余种,含北大核心期刊 1970 余种,网络首发期刊 2160 余种,最早回溯至 1915 年,共计 5780 余万篇全文文献;外文学术期刊包括来自 80 个国家及地区 900 余家出版社的期刊 7.5 万余种,覆盖 JCR 期刊的 96%,Scopus 期刊的 90%,最早回溯至 19 世纪,共计 1.1 余亿篇外文题录,可链接全文。

**2. 学位论文库**

由《中国博士学位论文全文数据库》和《中国优秀硕士学位论文全文数据库》组成。该库出版 500 余家博士培养单位的博士学位论文 40 余万篇,780 余家硕士培养单位的硕士学位论文 450 余万篇,最早回溯至 1984 年,覆盖基础科学、工程技术、农业、医学、哲学、人文、社会科学等各个领域。

**3. 会议论文库**

重点收录 1999 年以来,中国科协系统及国家二级以上的学会、协会,高校、科研院所,政府机关举办的重要会议以及在国内召开的国际会议上发表的文献,部分重点会议文献回溯至1953年。目前,已收录国内会议、国际会议论文集4万本,累计文献总量340余万篇。

**4. 报纸**

知网的中国重要报纸全文数据库是以学术性、资料性报纸文献为出版内容的连续动态更新的报纸全文数据库。报纸库年均收录并持续更新各级重要党报、行业报及综合类报纸650余种,累计出版2000年以来报纸全文文献2030余万篇。

**5. 年鉴**

知网的中国年鉴网络出版总库是目前国内较大的连续更新的动态年鉴资源全文数据库,内容覆盖基本国情、地理历史、政治军事外交、法律、经济、科学技术、教育、文化体育事业、医疗卫生、社会生活、人物、统计资料、文件标准与法律法规等各个领域。目前年鉴总计5350余种,4万本,3870余万篇。

**6. 标准**

知网收录了国家标准全文、行业标准全文、职业标准全文以及国内外标准题录数据库共计60余万项。其中,国家标准全文数据库收录了由中国标准出版社出版的、国家标准化管理委员会发布的所有国家标准;行业标准全文数据库收录了现行、废止、被代替、即将实施的行业标准;职业标准全文数据库收录了由中国劳动社会保障出版社出版的国家职业标准汇编本,包括国家职业技能标准、职业培训计划、职业培训大纲;国内外标准题录数据库收录了中国以及世界上先进国家、标准化组织制定与发布的标准题录数据,共计54余万项。

**7. 成果**

《中国科技项目创新成果鉴定意见数据库(知网版)》收录正式登记的中国科技成果,按行业、成果级别、学科领域分类。每条成果信息包含成果概况、立项、评价、知识产权状况及成果应用,成果完成单位、完成人等基本信息,并包含该成果的鉴定数据(推广应用前景与措施、主要技术文件目录及来源、测试报告和鉴定意见等内容)。目前,共计收录90余万项成果,年更新约4.8万项,收录年度集中于1978年至今,部分回溯至1920年。

**8. 图书**

知网的中国图书全文数据库(心可书馆)集图书检索、专业化推荐、在线研学、在线订阅功能于一体。通过参考文献、引证文献等关联关系,实现了图书内容与其他各类文献的深度关联融合。目前已收录精品专业图书12 500本,覆盖人文社科、自然科学、工程技术等各领域,并实时更新。

**9. 学术辑刊**

中国知网的学术辑刊库是目前国内唯一的学术辑刊全文数据库。收录自1979年至今国内出版的重要学术辑刊,共计990余种,30余万篇。辑刊的编辑单位多为高等院校和科研院所,其内容覆盖自然科学、工程技术、农业、哲学、医学、人文社会科学等各个领域。编者的学术素养高,论文质量好、专业特色强,具有较强的学术辐射力和带动效应。

**10. 法律法规**

中国知网法律数字图书馆按照学科体系将所有文献分为法理学与法制史知识库、宪法知识库、行政法知识库、民商法知识库、经济法知识库、刑法知识库、诉讼法知识库、公安知识库等 14 个知识库,并在此基础上细分为四百余个专题,每一专题都包括涉及该专题的法律法规、案例、论文等法律知识资源,形成独立的"行业小总库",最大限度地满足用户对某一专业领域全面的知识信息需求。

政府文件:中国知网收录了 1979 年以来从中央到地方各级政府文件,涵盖通知通告、公告公示、答复批复等各类型的工作文件。检索人员可根据文件标题、主题、发布单位、发文字号、发文时间等多个线索检索获取。

企业标准:中国行业标准全文数据库收录了电子、轻工、黑色冶金、有色金属、稀土、中医药、卫生、医药、纺织、林业、煤炭、烟草等近 30 个行业标准的数据 2 万条。检索人员可以通过全文、标准号、中文标准名称、起草单位、起草人、出版单位、发布日期、中国标准分类号、国际标准分类号等检索项进行检索。

科技报告:中国知网的科技报告数据库收录了 1915 年以来国内外科技报告,包括 AD 报告(美国国防科技报告)、DE 报告(美国政府科技报告)、NASA 报告(美国航空航天局报告)、PB 报告(美国出版局报告)及其他报告。

政府采购:中国知网收录了从中央到地方的各级政府发布的标讯和公告,涵盖公开招标、中标公告、更正公告、成交公告、询价公告、竞争性谈判、竞争性磋商、单一来源、废标流标等多种类型。

## 5.1.2 中国知网的特点与出版形式

中国知网 CNKI 数据库是国内规模最大、收录文献数量最多的学术性数据库。

中国知网 CNKI 数据库具有如下特点:海量数据的高度整合,集题录、文摘、全文摘信息于一体,实现了一站式文摘信息检索;参照国内外通行的知识分类体系组织知识内容,数据库具有知识分类导航功能;有包括全文检索在内的众多检索入口。用户可以通过某个检索入口进入初级检索,也可以运用布尔逻辑算符等灵活组织检索提问式进行高级检索;具有引文连接功能,除了可以构建成相关的知识网络外,还可用于个人、机构、论文、期刊等方面的计量与评价。全文信息完全数字化,通过免费下载的最先进的浏览器可实现期刊论文原始版面结构与样式的不失真显示与打印;数据库内的每篇论文都能获得清晰的电子出版授权。

中国知网 CNKI 全文数据库收录的期刊均有印刷版,电子版的速度晚于印刷版。发行方式有两种:一是以光盘形式发行,分为整库和专题库等几种不同的形式供用户按需选择;二是以网络版形式发行,提供三种类型的数据库,即题录数据库、题录摘要数据库和全文数据库。除全文数据库收费以外,其余两种均为免费服务。用户想要浏览期刊全文,必须在初次使用时首先下载和安装全文浏览器 CAJViewer。

## 5.1.3 中国知网数据库检索

检索人员可以通过简单检索、高级检索、专业检索、作者发文检索、句子检索等方式查找和获取文献。以查找 2015—2020 年发表的"人工智能"方面的文献为例,简述中国知网的检索方法。

**1. 简单检索**

检索人员可以通过简单检索快速找出大量与某一主题相关的文献资料。

检索人员通过使用浏览器访问中国知网 CNKI 全文数据库网站（http://www.cnki.net）首页，如图 5.1 所示，即可进行简单检索。

图 5.1　中国知网简单检索页面

如图 5.2 所示，在检索框内输入"人工智能"，在下方文献类型前的方框进行勾选，单击右侧"搜索"按钮，即可检索出主题为"人工智能"的相应类型的文献。

**2. 高级检索**

检索人员通过高级检索限制检索条件，能更加精准地找到和获取相应的文献。单击图 5.1 右侧"高级检索"，即可进入高级检索页面。

进入"高级检索"，限定检索条件。如图 5.2 所示，限定主题为"人工智能"，限定发表时间为 2015 年 1 月 1 日到 2020 年 12 月 31 日。在左侧选择对应的学科领域，或者默认全选所有学科领域。单击"检索"按钮，即可得到符合条件的所有文献。

图 5.2　中国知网高级检索页面

进行到这一步，若仍需对检索出的文献进行进一步的筛选，检索人员可以在此基础上进行二次检索。

检索出的文献默认以时间顺序由新到旧排列，如图 5.3 所示。检索人员可以根据自己的需要，在文献列表的左侧选择相应的主题、发表年度、研究层次、作者、机构或基金，进行二次检索，进一步获取相应的文献；还可以在"排序"处选择相关度、发表时间、被引或下载，调整文献排序。

图 5.3　在检索结果的基础上进行二次检索

必要时,可在前面检索结果的基础上进行三级、四次"二次检索",从而步步接近检索目标。"二次检索"实际上也起着布尔逻辑运算符"并且"的作用,当组合检索框不够用时,它的作用不可替代。

**3. 专业检索**

专业检索对检索人员的检索技术有一定的要求。

专业检索用于图书情报专业人员查新、信息分析等工作,使用运算符和检索词构造检索式进行检索。专业检索的一般流程为:确定检索字段构造一般检索式,借助字段间关系运算符和检索值限定运算符可以构造复杂的检索式。专业检索表达式的一般式为:<字段><匹配运算符><检索值>。在检索框中输入"SU％=人工智能",限定时间范围,即可检索到相应时间段的"人工智能"主题的文献。如图 5.4 所示为知网专业检索页面。

图 5.4　中国知网专业检索页面

**4. 作者发文检索**

在高级检索页切换至"作者发文检索"标签，可进行作者发文检索，如图5.5所示。

图 5.5　中国知网作者发文检索页面

作者发文检索通过输入作者姓名及其单位信息，检索某作者发表的文献，功能及操作与高级检索基本相同。

**5. 句子检索**

在高级检索页切换至"句子检索"标签，可进行句子检索。

句子检索是通过输入的两个检索词，在全文范围内查找同时包含这两个词的句子，找到有关事实的问题答案。句子检索不支持空检，同句、同段检索时必须输入两个检索词。例如，检索同一句包含"人工智能"和"神经网络"的文献，如图5.6所示为检索页面。

图 5.6　中国知网检索页面

找到所需文献后，可以进行单篇下载，也可以批量下载。如需下载图5.6中排列第一的论文《内部审计：从数字化到智能化》，单击论文标题，进入论文页面（如图5.7所示）。

单击左下方"手机阅读""HTML 阅读""CAJ 下载"或"PDF 下载"按钮，即可通过相应的方式获取该文献。

若需批量下载文献，在论文标题前的方框进行勾选，然后单击"批量下载"按钮，即可获取相应的文献（如图5.8所示）。

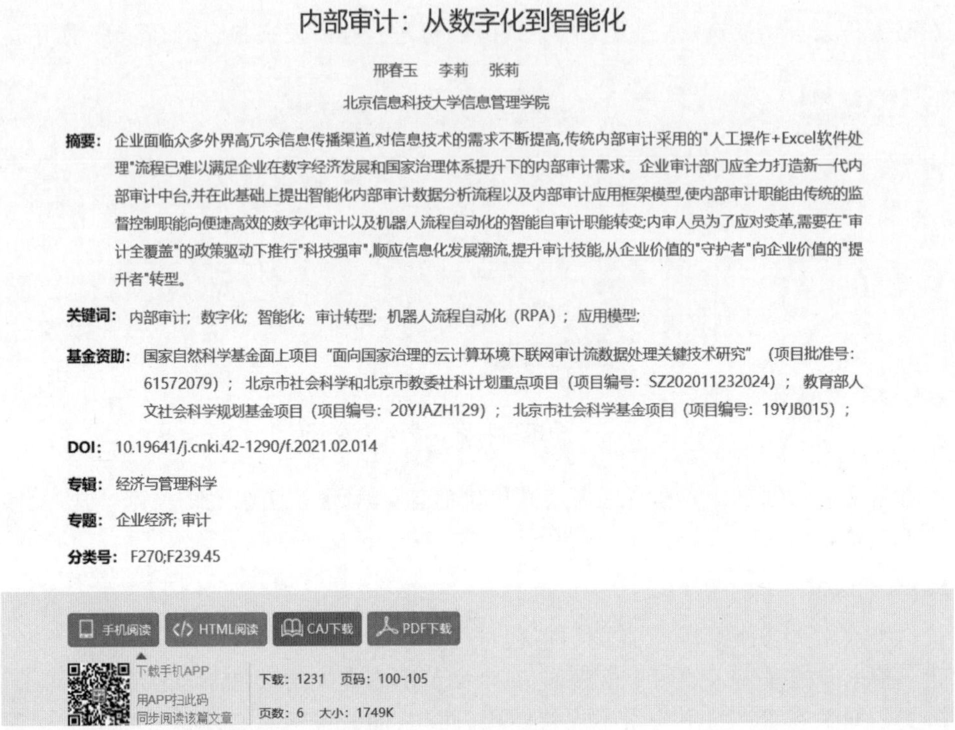

内部审计：从数字化到智能化
邢春玉 李莉 张莉
北京信息科技大学信息管理学院
摘要：企业面临众多外界高冗余信息传播渠道,对信息技术的需求不断提高,传统内部审计采用的"人工操作+Excel软件处理"流程已难以满足企业在数字经济发展和国家治理体系提升下的内部审计需求。企业审计部门应全力打造新一代内部审计中台,并在此基础上提出智能化内部审计数据分析流程以及内部审计应用框架模型,使内部审计职能由传统的监督控制职能向便捷高效的数字化审计以及机器人流程自动化的智能自审计职能转变;内审人员为了应对变革,需要在"审计全覆盖"的政策驱动下推行"科技强审",顺应信息化发展潮流,提升审计技能,从企业价值的"守护者"向企业价值的"提升者"转型。
关键词：内部审计; 数字化; 智能化; 审计转型; 机器人流程自动化（RPA）; 应用模型;
基金资助：国家自然科学基金面上项目“面向国家治理的云计算环境下联网审计流数据处理关键技术研究”（项目批准号：61572079）; 北京市社会科学和北京市教委社科计划重点项目（项目编号：SZ202011232024）; 教育部人文社会科学规划基金项目（项目编号：20YJAZH129）; 北京市社会科学基金项目（项目编号：19YJB015）;
DOI：10.19641/j.cnki.42-1290/f.2021.02.014
专辑：经济与管理科学
专题：企业经济; 审计
分类号：F270;F239.45
手机阅读
HTML阅读
CAJ下载
PDF下载
下载手机APP
用APP扫此码
同步阅读该篇文章
下载：1231 页码：100-105
页数：6 大小：1749K

图 5.7 下载单篇论文

检索范围：总库 （主题：人工智能） 主题定制 检索历史
共找到 112,597 条结果 1/300
全选 已选：25 清除 批量下载 导出与分析
排序：相关度 发表时间 被引 下载 显示 20
题名 作者 来源 发表时间 数据库 被引 下载 操作
1 内部审计：从数字化到智能化 邢春玉; 李莉; 张莉 财会月刊 2020-12-31 18:35 期刊 2 1224
2 高变质煤HRTEM图像中芳香晶格条纹的MASK R-CNN识别 王绍清; 常方哲; 陈昊; 王小令; 李雪琦 煤炭学报 2020-12-31 15:44 期刊 1 251
3 智能财务七大理论问题论 张庆龙 财会月刊 2020-12-31 10:16 期刊 2 1214
4 从认知智能谈人工智能研究型人才培养 黄永峰 高科技与产业化 2020-12-31 期刊 71
5 人工智能走进中小学课堂的落地实践与思考 严立超 高科技与产业化 2020-12-31 期刊 241

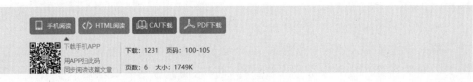

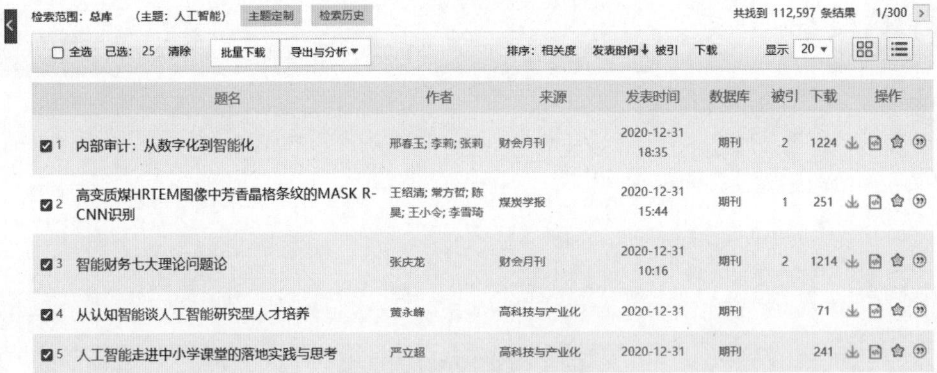

图 5.8 批量下载论文

## 5.2 万方数据知识服务平台

万方数据知识服务平台由中国科技信息研究所开发制作，收录自 1998 年以来国内出版的各类期刊六千余种，其中核心期刊两千五百余种，论文总数量达一千余万篇，每年约增加两百万篇，每周更新两次。

万方数据知识服务平台整合数亿条全球优质知识资源，集成期刊、学位、会议、科技报告、专利、标准、科技成果、法规、地方志、视频等十余种知识资源类型，覆盖自然科学、工程技术、医药卫生、农业科学、哲学政法、社会科学、科教文艺等全学科领域,实现海量学术文献统一发现及分析,支持多维度组合检索。平台与多家世界著名出版商或预印本平台达成战略合作,如约翰威利国际出版公司(WILEY)、泰勒-弗朗西斯出版集团(Taylor & Francis)、美国世哲出版公司(SAGE)、荷兰威科集团(Wolters Kluwer)、科睿唯安(Clarivate Analytics)、牛津大学出版社(OUP)、剑桥大学出版社(CUP)、ArXiv电子预印本文献数据库等。

### 5.2.1 万方数据知识服务平台收录内容

目前,万方数据知识服务平台收录资源类型多样,包含期刊资源、学位论文、会议论文、专利、科技报告等多种资源,简介如下。

**1. 期刊资源**

包括国内期刊和国外期刊,其中国内期刊共八千余种,涵盖自然科学、工程技术、医药卫生、农业科学、哲学政法、社会科学、科教文艺等多个学科;国外期刊共包含四万余种世界各国出版的重要学术期刊,主要来源于NSTL外文文献数据库以及数十家著名学术出版机构,及DOAJ、PubMed等知名开放获取平台。截至2021年7月,已收录近1.4亿篇期刊文献。

**2. 学位论文**

学位论文资源主要包括中文学位论文。学位论文收录始于1980年,年增三十余万篇,涵盖基础科学、理学、工业技术、人文科学、社会科学、医药卫生、农业科学、交通运输、航空航天、环境科学等各学科领域,文献收录来源为经批准可以授予学位的高等学校或科学研究机构。截至2021年7月,已收录约684万篇学位论文。

**3. 会议论文**

会议资源包括中文会议和外文会议,中文会议收录始于1982年,年收集三千多个重要学术会议,年增20万篇论文;外文会议主要来源于NSTL外文文献数据库,收录了1985年以来世界各主要学术协会、出版机构出版的学术会议论文共计766万篇全文(部分文献有少量回溯)。截至2021年7月,已收录约1442万篇会议论文。

**4. 专利**

专利资源来源于中外专利数据库,收录始于1985年,目前共收录中国专利2200余万条,国外专利8000余万条。收录范围涉及十一国两组织,最早可追溯到18世纪80年代。截至2021年7月,已收录1.1余亿条专利信息。

**5. 科技报告**

中文科技报告,收录始于1966年,源于中华人民共和国科学技术部,共计2.6万余份。外文科技报告,收录始于1958年,源于美国政府四大科技报告(AD、DE、NASA、PB),共计110万余份。截至2021年7月,已收录近118万份科技报告。

**6. 标准**

国内标准资源来源于中外标准数据库,涵盖了中国标准、国际标准以及各国标准等在内的二百余万条记录,综合了中国质检出版社等单位提供的标准数据。国际标准来源于科睿唯安Techstreet国际标准数据库,涵盖国际及国外先进标准,包含超过55万件标准相关文档,涵盖各个行业。截至 2021 年 7 月,已收录 244 万条标准。

**7. 法规**

法规资源涵盖了国家法律、行政法规、部门规章、司法解释以及其他规范性文件,信息来源权威、专业。截至 2021 年 7 月,已收录约 132 万条。

**8. 成果**

科技成果源于中国科技成果数据库,收录了自 1978 年以来国家和地方主要科技计划、科技奖励成果,以及企业、高等院校和科研院所等单位的科技成果信息,共计 91 余万项。截至 2021 年 7 月,已收录近 94 万条科技成果。

**9. 地方志**

地方志,简称"方志",即按一定体例,全面记载某一时期某一地域的自然、社会、政治、经济、文化等方面情况或特定事项的书籍文献。通常按年代分为新方志、旧方志,新方志收录始于 1949 年,共计 4.7 万册;旧方志收录为中华人民共和国成立之前,8600 余种,10 万多卷。截至 2021 年 7 月,已收录近 1256 万条内容。

**10. 视频**

万方视频是以科技、教育、文化为主要内容的学术视频知识服务系统,现已推出高校课程、会议报告、考试辅导、医学实践、管理讲座、科普视频、高清海外纪录片等适合各类人群使用的精品视频。截至 2021 年 7 月,已收录视频 3.3 万余部,近 100 万分钟。

### 5.2.2 万方数据知识服务平台检索

检索人员可以通过简单检索、高级检索、专业检索、作者发文检索、句子检索等方式查找和获取文献。以查找 2015—2020 年发表的"人工智能"方面的文献为例,简述万方数据知识服务平台的检索方法。

**1. 简单检索**

检索人员通过使用浏览器访问万方数据知识服务平台网站(https://www.wanfangdata.com.cn/)首页(如图 5.9 所示),即可进行简单检索。

图 5.9 万方简单搜索页面

如图 5.9 所示,在检索框内输入"人工智能",单击右侧"检索"按钮,即可检索出主题为"人工智能"的相应类型的文献。

**2. 高级检索**

检索人员通过高级检索限制检索条件,能更加精准地找到和获取相应的文献。单击图 5.9 右侧"高级检索",即可进入高级检索页面(如图 5.10 所示)。

图 5.10　万方高级检索页面

进入"高级检索",限定检索条件。如图 5.10 所示,限定主题为"人工智能",限定发表时间为 2015—2020 年。单击"检索"按钮,即可得到符合条件的所有文献。

进行到这一步,若仍需对检索出的文献进行进一步的筛选,检索人员可以在此基础上进行二次检索。如图 5.11 所示,检索人员可以根据自己的需要,在文献列表的左侧选择相应的资源类型、发表年份、学科分类等,进行二次检索,进一步获取相应的文献;还可以在"排序"处选择相关度、出版时间、被引频次,调整文献排序。

图 5.11　在检索结果基础上进行二次检索

必要时,可在前面检索结果的基础上进行三级、四次"二次检索",从而步步接近检索目标,检索方式与中国知网相似。

**3. 专业检索**

专业检索对检索人员的检索技术有一定的要求。检索人员需编写检索式进行检索。

如图 5.12 所示,单击检索框上方"通用"和"逻辑关系"一栏的功能,可在检索框内自动生成检索式和运算符号,检索人员可根据需要编写检索式进行检索。

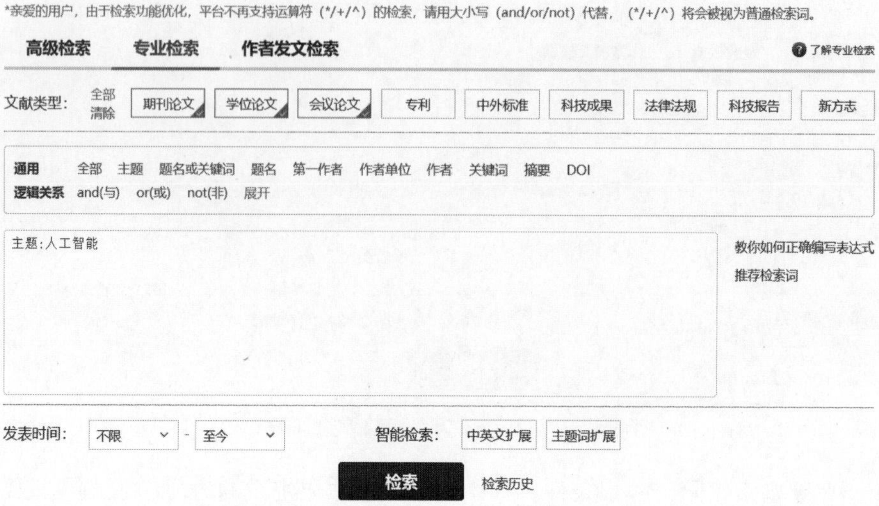

图 5.12　万方专业检索

**4. 作者发文检索**

作者发文检索通过输入作者姓名及其单位信息,检索某作者发表的文献,功能及操作与高级检索基本相同。如图 5.13 所示为万方作者发文检索页面。

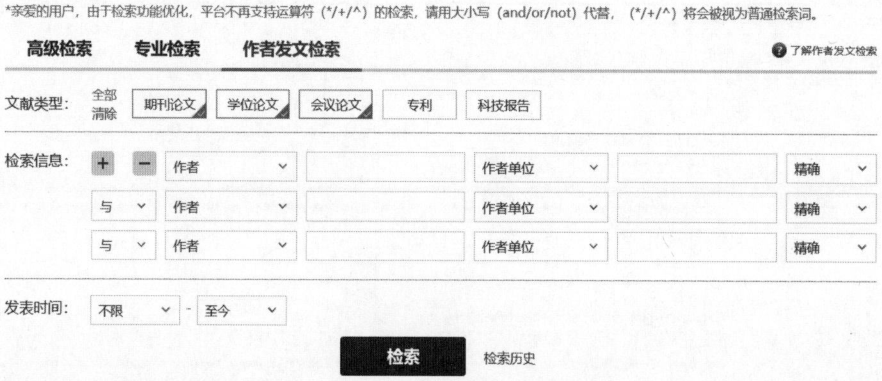

图 5.13　万方作者发文检索

**5. 文献获取**

目前万方数据知识服务平台只支持单篇文献下载,暂不能批量下载文献,用户只能逐一选定所需文献进行下载。

## 5.3　人大复印报刊资料数据库

中国人民大学书报资料中心成立于 1958 年,由中国人民大学书报资料中心与北京博利群电子信息有限责任公司联合开发制作的大型图文数据库,是我国最早专门从事社会科学、人文科学、管理科学学术信息及实用经济信息的出版机构,也是我国目前规模最大的社科学术文献信息服务中心之一。该中心以三千余种中文报纸和杂志为信息源,按学科、专题或行业进行整理加工,以学术期刊的形式向国内外公开出版发行,目前中心出版学术专刊一百五十余种,分为《复印报刊资料》《报刊资料索引》《文摘卡片》《中国报刊经济信息总汇》《综合文萃》5个系列。

## 5.3.1 人大复印报刊资料数据库收录内容及特色

人大复印报刊资料全文数据库收录自1995年至今原印刷版《复印报刊资料》,该数据库包含6个子库。

**1. 全文数据库**

囊括人文社会科学领域中的各个学科,包括政治学与社会学类、哲学类、法律类、经济学与经济管理类、教育类、文学与艺术类、历史学类、文化信息传播类以及其他类。每个类别分别涵盖了相关专题的期刊文章。全文数据库具有以下特色:以专家和学者的眼光,依循严谨的学术标准,在全面的基础上对海量学术信息进行精心整理、加工、分类、编辑,去芜存菁、优中选优,提供高质量的学术信息产品。数据信息量大,涵盖范围广,便于用户了解与自己的课题相关的研究状况,把握本领域的研究动态。收录年限为1995年至今。部分专题已回溯到创刊年。

**2. 报刊摘要库**

中文报刊资料摘要数据库是人文社科文献要点摘编形式的数据库。该数据库收集了中心出版的14种专题文摘,内容均为经过高等院校和研究单位的专业人员提炼和浓缩的学术资料。报刊摘要库具有以下特色:简明扼要地摘写文章的论点、论据和重要材料,记录科研成果,反映学术动态、积累有关数据。数据量大,涵盖范围广,便于用户了解与自己的课题相关的研究状况,把握本领域的研究动态。数据库既能通过主题词等常见字段进行检索,满足社会科学领域入门者快速获取文献信息,同时又以丰富的字段逻辑组合满足专家级的准确检索需求。对于分类号、作者、主题词、关键词、期刊等均具备无限链接功能。收录年限为1993年至今。

**3. 报刊索引库**

题录型数据库,汇集了自1978年至今的国内公开发行人文社科报刊上的全部题录。按专题和学科体系分为九大类,包括法律类、经济学与经济管理类、教育类、历史类、文学与艺术类、文化信息传播类、哲学类、政治学与社会学类和其他类。六百多万条数据包含专题代号、类目、篇名、著者、原载报刊名称及刊期、"复印报刊资料"专题期刊名称及刊期等多项信息。报刊索引库特色如下:"报刊资料索引"数据库在报刊文献从无序到有序的转化以及促进报刊文献资源的开发与利用方面发挥着关键性的作用。"报刊资料索引"数据库可以让用户及时了解本专业的研究状况和热点问题。收录年限为1978年至今。

**4. 目录索引库**

"复印报刊资料"专题目录索引数据库是题录型数据库,汇集了1978年至今"复印报刊资料"系列期刊的全部目录,按专题和学科体系分类编排而成,累计数据达七十多万条。每条数据包含专题代号、类目、篇名、著者、原载报刊名称及刊期、选印在"复印报刊资料"上的刊期和页次等多项信息。该数据库为订购"复印报刊资料"系列刊物的用户提供了查阅全文文献资料的得力工具。目录索引库特色如下：只需单击几个按钮就能获取准确的信息，其功能大大超过传统人工索引，为科研工作提供详尽的资料，可以从中归纳出该专题的历史研究规律和趋势。收录年限为1978年至今。

**5. 专题研究库**

专题研究数据库于2008年10月建成，是根据特色选题，通过分类整理、合理组合，从"复印报刊资料"全文数据库中整理生成各类专题研究资料，从而形成的新的数据库产品。该库主要设有24种专题，其中包括中国立法、司法、政治、民族、社会等方面的问题研究，每个专题里面又下设若干子库。专题研究库特色如下：专题研究数据库选题遵循专题原则、实用性原则和需求原则，内容涵盖人文社会科学领域中的理论前沿和社会热点问题，体现了"特色"与"精选"的完美结合。

**6. 数字期刊库**

本库资源以整刊形式面向读者，读者可以查看期刊封面、期号等信息，同时提供按期刊学科、期刊首字母拼音、期刊分类号、期刊属性等不同形式的查询方式以方便读者进行资源检索。数字期刊库分为复印报刊资料系列、原发刊系列、文摘系列。收录年限为1995年至今。

### 5.3.2 人大复印报刊资料数据库检索

进入人大复印报刊资料数据库界面后，如图5.14所示，可以直接在数据库页面进行。

图5.14 人大复印报刊资料数据库页面

检索人员单击下方数据库，进入相应数据库的检索页面。由于检索方式与中国知网CNKI数据库等类似，在此不再详细举例说明。

## 5.4 中国专利检索

随着互联网技术的发展，网上专利数据库已经成为目前最流行的专利文献传播方式。中国最早从1997年开始即通过互联网向公众提供专利文献的检索和下载服务。

专利文献是专利制度的产物,是人类科学技术的宝库,其中蕴藏着丰富的技术、法律和经济信息。就广义而言,专利文献是指实行专利制度的国家及国际性专利组织,在审批专利过程中产生的官方事件及其出版物的总称,主要包括申请说明书、专利说明书等各类有关文件,以及专利公报、检索工具和专利分类表等出版物;就狭义而言,专利文献通常单指专利说明书。

### 5.4.1 我国专利出版物

国家知识产权局出版了一系列专利相关的出版物,简介如下。

《中国专利公报》是国家知识产权局编辑出版的官方出版物,分为《发明专利公报》《实用新型专利公报》和《外观设计专利公报》三种,创刊于1985年,周刊,每星期三出版。

《发明专利申请公开说明书》报道的是经初步审查合格、没有进行实质审查、未授予专利权的发明专利申请的一次信息,每周出版一次。我国专利法规定,对发明专利申请实行早期公开、延迟审查制度。发明专利申请提出后,经初步审查(形式审查)合格,自申请日起满18个月即行公布,出版《发明专利申请公开说明书》。

《发明专利说明书》是经过实质审查并授权专利权的发明专利的一次信息,每周出版一次。因为发明专利要经过实质审查,所以从申请之日起到专利权的获得,往往要经过几年的时间。在这段时间里,有的发明人会对其发明做一些修改,使其更具有先进性,所以。在专利授权时,国家知识产权局对曾做较大修改的发明出版《发明专利说明书》,也就是说,同一件专利的《发明专利说明书》比《发明专利申请公开说明书》更具有先进性和参考价值。

《实用新型专利说明书》:我国专利法规定,实用新型专利申请只需通过初步审查即可获得专利权。《实用新型专利说明书》是经初步审查并授予专利权的实用新型专利的一次信息,每周出版一次。

《中国专利索引》由知识产权出版社编辑出版,对每年公开、公告、审定和授权的专利以题录的形式进行报道,是检索中国专利文献的一种十分有效的检索工具。

### 5.4.2 我国专利数据库

通过互联网检索中国专利的途径主要有如下三种。

中华人民共和国国家知识产权局:中华人民共和国国家知识产权局收录了包括1985年9月10日以来公布的全部中国专利信息,包括发明、实用新型和外观设计三种专利的著录项目及摘要,并可浏览到各种说明书全文及外观设计图形。它是免费的专利检索途径,说明书为TIF格式。该专利数据库内容的更新与中国专利公报的出版保持同步,即每周二更新一次。

中国知网——中国专利全文数据库:《中国专利数据库》收录了1985年9月以来的所有专利,包含发明专利、实用新型专利、外观设计专利三个子库,专利的内容来源于中国国家知识产权局知识产权出版社。

万方资源系统——中国专利全文数据库:万方专利文献资源收录了国内外的发明、实用新型及外观设计等专利二百九十多万项,内容涉及自然科学各个学科领域。

由于检索方式与中国知网CNKI数据库等类似,下面以国家知识产权局网站上的专利检索系统为例进行简单说明。

**1. 检索平台**

中国国家知识产权局网站包括从 1985 年以来的所有中国专利的申请公开文本和授权文本,并提供了多种检索方式。目前,国家知识产权局网站上的专利检索与查询分为如下多个部分。

1) 专利检索与服务系统(公众部分)

服务内容为专利检索、专利分析。检索功能为常规检索、表格检索、概要浏览、详细浏览、批量下载等。数据范围收录了 103 个国家、地区和组织的专利数据。

2) 专利公布公告

服务内容为中国专利公布公告。检索功能为可以按照发明公布、发明授权、实用新型和外观设计 4 种公布公告数据进行查询。数据范围包括中国专利公布公告信息,以及实质审查生效、专利权终止、专利权转移、著录事项变更等事务数据信息。

3) 中国专利查询系统

该系统包括两个查询系统:电子申请注册用户查询、公众查询系统。电子申请注册用户查询是专为电子申请注册用户提供的每日更新的注册用户基本信息、费用信息、审查信息、公布公告信息、专利授权证书信息;公众查询系统是为公众(申请人、专利权利人、代理机构等)提供的每周更新的基本信息、审查信息、公布公告信息。

4) 专利信息查询

专利信息查询包括如下查询系统:收费信息查询、代理机构查询、专利证书发文信息查询、通知书发文信息查询、退信信息查询、事务性公告查询、年费计算系统,为公众(申请人、专利权人、代理人、代理机构)提供的每周更新的专利公报信息、法律状态信息、事务性公告信息、缴费信息、专利证书发文信息、通知书发文信息、退信信息,以及代理机构备案信息、年费缴纳与减缓信息。

**2. 专利检索方法**

进入专利检索及分析系统,其界面显示如图 5.15 所示。

图 5.15 专利检索与服务系统界面

该系统提供常规检索、高级检索、导航检索、药物检索、命令行检索、专利分析等功能。

1) 常规检索

常规检索与之前其他数据库的简单检索类似,只要在检索输入框中输入检索词,然后单击"检索"按钮即可完成检索。

将鼠标移动到搜索框前的地球图标,可以选择专利检索的国别。将鼠标移动到搜索框前的三角形,可以设置不同的限制条件,如图5.16所示。目前限制条件包括自动识别、检索要素、申请号、公开(公告)号、申请(专利权)人、发明人、发明名称等。其中,"自动识别"的设置条件包括:支持二目逻辑运算符 AND、OR;多个检索词之间用空格隔开;系统默认二目逻辑运算符是 AND;日期支持间隔符;如果检索条件中包含空格、保留关键词或运算符,需使用半角双引号等。

图 5.16 专利检索界面

例如,在输入框中输入"虚拟现实 浙江大学",单击"检索"按钮后,即可查询浙江大学的虚拟现实相关专利的情况。实际上,其生成的检索式为:复合文本=(人工智能)AND 申请(专利权)人=(浙江大学)。如图 5.17 所示为检索结果界面。结果显示共有 132 条数据被检索到。如果希望查看每条检索文献的详细信息,单击检索信息下方的"查看文献详细信息"按钮即可。同时还可以提供"查看法律状态""查看申请(专利权)人基本信息"等。

2) 高级检索

单击"高级检索"按钮进入如图 5.18 所示的界面。用户既可以在此设置各关键词进行检索,也可以在命令编辑区设置检索式检索操作。

在高级检索中检索自 2015 年 1 月 1 日起至今,关键词为"可穿戴 眼镜"的专利情况。其生成的检索式为:申请日>=2015-01-01 AND 关键词=(可穿戴眼镜),得到如图 5.19 所示的检索结果。

检索人员可以通过检索结果页面左上方的统计功能对检索结果进行进一步的统计分析。

68　文献检索与论文写作（第二版）

图 5.17　检索结果界面

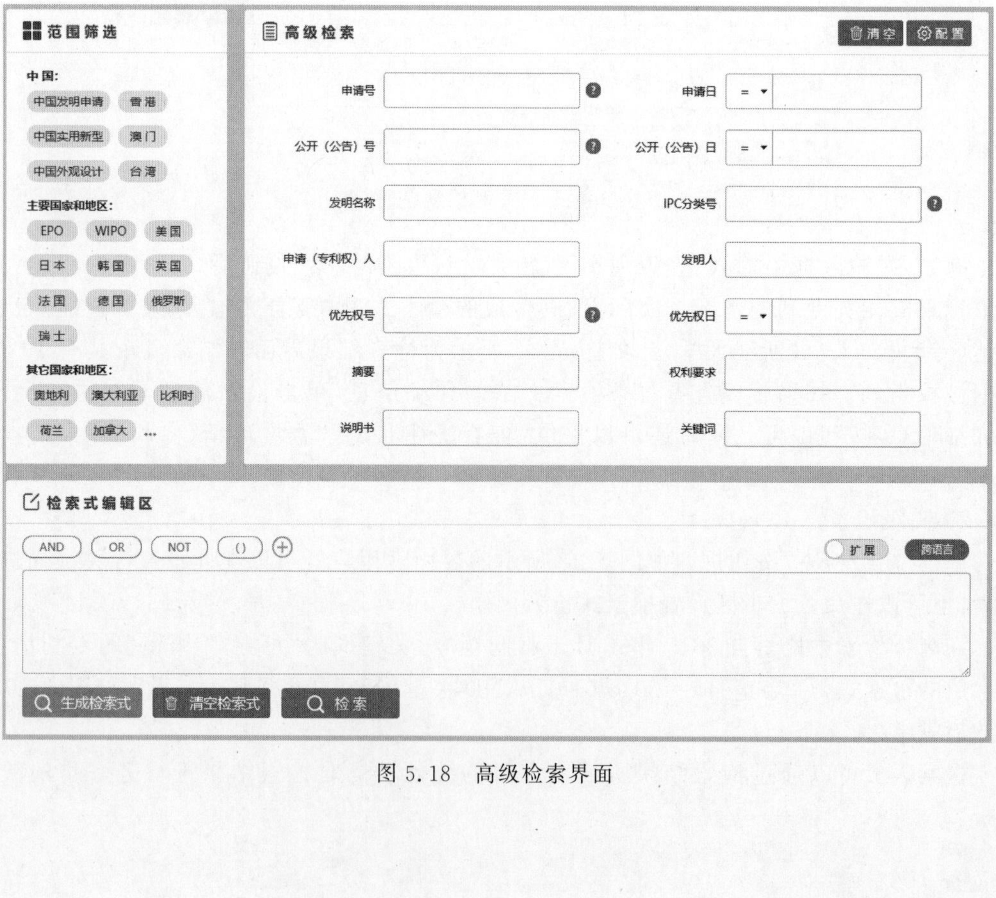

图 5.18　高级检索界面

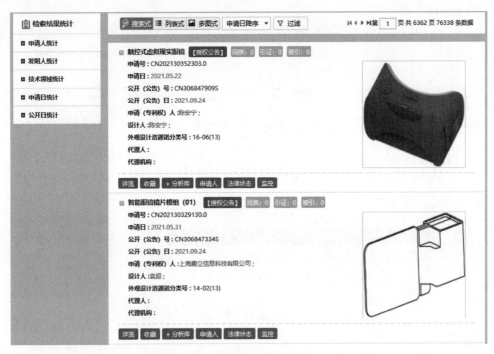

图 5.19 使用高级检索的检索结果

3) 导航检索

导航检索适用于没有明确检索结果的情况。导航检索可以帮助检索人员逐步缩小检索范围,增进对检索目标的了解。

在专利检索与分析系统中,导航检索分为 8 个部分,如图 5.20 所示,分别是人类生活必需,作业、运输,化学、冶金,纺织、造纸,固定建筑物,机械工程、照明、加热、武器、爆破,物理,电学。

图 5.20 导航检索

4）命令行检索

命令行检索大致相当于一般数据库的专业检索。检索人员通过编辑检索式的方式进行检索。如图 5.21 所示为命令行检索。

图 5.21　命令行检索

检索人员可以根据命令行检索页面右侧的字段命令示例编写检索式。

## 5.5　百度学术

百度学术搜索是百度旗下的提供海量中英文文献检索的学术资源搜索平台，2014 年 6 月上线，涵盖了各类学术期刊、会议论文，旨在为国内外学者提供最好的科研体验。百度学术搜索可检索到收费和免费的学术论文，并通过时间筛选、标题、关键词、摘要、作者、出版物、文献类型、被引用次数等细化指标提高检索的精准性。

### 5.5.1　百度学术收录内容

百度学术收录了包括知网、维普、万方、Elsevier、Springer、Wiley、NCBI 等 120 多万个国内外学术站点，索引了超过 12 亿学术资源页面，建设了包括学术期刊、会议论文、学位论文、专利、图书等类型在内的 6.8 亿多篇学术文献，成为全球文献覆盖量最大的学术平台。在此基础上，构建了包含 400 多万个中国学者主页的学者库和包含 1.9 万多中外文期刊主页的期刊库。以上强大的技术和数据优势,为学术搜索服务打下了坚实的基础,目前每年为数千万学术用户提供近30亿次服务。

百度学术主要提供学术首页、学术搜索、学术服务三大主要服务。学术首页提供站内功能及常用数据库导航入口,推送"高被引论文""学术视界"等学术资讯,开放用户中心页面。学术搜索支持用户进行文献、期刊、学者三类内容的检索,并支持高校 & 科研机构图书馆定制版学术搜索。学术服务支持用户"订阅"感兴趣的关键词、"收藏"有价值的文献、对所研究的方向做"开题分析"、进行毕业论文"查重"、通过"单篇购买"或者"文献互助"的方式获取所需文献、在首页设置常用数据库方便直接访问。

### 5.5.2　百度学术检索

百度学术支持简单检索和高级检索。以检索2015—2020年"人工智能"相关文献为例,进入百度学术的网站(https://xueshu.baidu.com/)。如图5.22所示为百度学术界面。

图 5.22　百度学术界面

**1. 简单检索**

在图5.22搜索框中输入"人工智能",单击"百度一下"按钮,即可进行简单检索。

如图5.23所示,百度学术默认的排序方式为相关度,还可以通过调整排序方式来更进一步搜索。检索人员可以用对右侧的各个条件进行限制进行二次检索。并可将鼠标移到"按相关性"处,根据菜单显示的不同排序标准进行重新排序。

**2. 高级检索**

百度学术高级检索与中国知网、万方数据知识服务平台相似。如图5.24所示为高级检索界面。

检索人员在高级检索的基础上,同样可以进行二次检索,甚至第三、四次"二次检索"。百度学术搜索融合了互联网的优质数据与应用内容,提升了用户学术搜索体验,促进了互联网大生态圈的良性发展。

图 5.23 百度学术简单检索

图 5.24 百度学术高级检索

# 第6章 高效地阅读文献

文献是获取灵感的一个重要途径,通过阅读同行的论文可以使我们的研究工作更加顺利地进行。熟知文献的各项标识符号,掌握被引频次的查找方法,可以帮助我们梳理研究前期理论、数据和经验。

## 6.1 了解文献

### 6.1.1 文献标识码

文献信息检索过程中获取原文线索的途径一般有两种:一是数据库中检索到的文献著录信息,二是文献后面的参考文献列表。有些数据库对检索结果中的文献出版类型进行提示,而有些却没有。下面就通过说明解释一些获取文献信息的原文的线索。

文献标识码(Document code)是按照《中国学术期刊(光盘版)检索与评价数据规范》规定的分类码,其作用是对文章按其内容进行归类,以便于文献的统计、期刊评价、确定文献的检索范围,提高检索结果的适用性等。

文献标识码的规范具体如下。

A——理论与应用研究学术论文(包括综述报告)

B——实用性技术成果报告(科技)、理论学习与社会实践总结(社科)

C——业务指导与技术管理性文章(包括领导讲话、特约评论等)

D——一般动态性信息(通讯、报道、会议活动、专访等)

E——文件、资料(包括历史资料、统计资料、机构、人物、书刊、知识介绍等)

需要说明的是:不属于上述各类的文章以及文摘、零讯、补白、广告、启事等不加文献标识码;中文文章的文献标识码以"文献标识码:"或"[文献标识码]"作为标识,如"文献标识码:A",英文文章的文献标识码以"Document code:"作为标识。

A类文献是期刊质量的一个标志,学术价值较高;综述性文章一般篇幅较长,以汇集文献资料为主,或着重评述,具有权威性,对学科的进一步发展有引导作用,定为A类。论著摘要、病例报告、经验交流等类文章,文章标志码的统一存在一定困难,有的定为B,有的定为其他，需根据文章的具体情况分别对待；述评、专题讨论等一般标志定为 C；简短的病历报告、短篇报道一般定为 D。

文献标识码一般不需要作者标注，而是由期刊专职人员根据文章内容划分。因有些专业期刊有时很难绝对区分各类文献的差异，所以不同时期期刊同样文章格式的标识码有所不同，这与编辑人员对上述规范的理解程度不同有一定的关系；同一种期刊同类文章的标识码也有不同，这与文章的篇幅及论述的详尽程度有关。总之，目前文献标识码还存在一定的问题，还有待进一步的规范和统一。

### 6.1.2  各类文献著录的通用格式

每篇文章或资料应有一个文献标识码，并且规定了与每种文献标识码相对应的文献中的数据项，即格式。

参考文献类型标识码如下。

M——专著 Monograph
C——论文集 Collection
N——报纸文章 News
J——期刊文章 Journal
D——学位论文 Degree
R——报告 Report
S——标准 Standard
P——专利 Patent
A——专著、论文集中的析出文献 Article
Z——其他未说明文献
DB——数据库
CP——计算机程序
EB——电子公告

在一篇文章中，参考文献通常要置于结论段或致谢段之后，以下是参考文献类型标识符的书写标准和部分示例。注意，其中用不同的标记字母来区别文献的类型。

**1. 专著**

序号 主要责任者.书名[M].出版地：出版者，出版年.起页码-止页码(选择项).

示例：

[1] 肖安崑，刘玲腾.自动控制系统及应用[M].北京：清华大学出版社，2006.1，221-228.
[2] 刘振西，李润松，叶茜.实用信息检索技术概论[M].北京：清华大学出版社，2006.

**2. 期刊中析出的文献**

序号 主要责任者.文献题名[J]刊名，年卷，(期)：起页-止页.作者姓名(姓在前，名在后，名可用缩写(西文)).

注：作者在三名以下全部列出，三名以上列出前三名，后加"等"(中文)、他(日文)、etal (西文).[]内为文献标识码。

示例：

[3] 汪杰锋.高校本土化双语教材的选题策划探讨[J].科技与出版,2013,15(3)：41-43.

**3. 报纸中析出的文献**

序号主要责任者.文献题名[N].报纸名,出版日期(年-月-日)(版次).

示例：

[4] 本报评论员.推进社会主义新农村建设的重要举措[N].人民日报,2005-12-2(2).

**4. 专利文献**

序号专利所有者.专利题名[P].专利国别：专利号,出版日期.

示例：

[5] 姜锡洲.一种温热外敷药制备方案[P].中国专利：881056073,1989-07-26.

**5. 论文集中的析出文献**

序号析出文献主要责任者.析出文献题名[A].原文献主要责任者.原文献题名[C].出版地：出版者,出版年.析出文献起页-止页.

示例：

[6] 别林斯基.论俄国中篇小说如果戈里君的中篇小说[A].伍蠡甫.西方论文选：下卷[C].上海：上海译文出版社,1979.377-380.

**6. 学位论文**

序号主要责任者.文献题名[D].出版地：出版者,出版年.

示例：

[7] 陈淮金.多机电力系统分散最优励磁控制器研究[D].北京：清华大学电机工程系,1988.

**7. 国际、国家(技术)标准**

顺序号起草责任者.标准代号-标准顺序号-发布年标准名称[S].出版地：出版者,出版年.

注：也可略去起草责任者、出版地、出版者和出版年。

示例：

[8] 全国量和单位标准化技术委员会.GB 3100-3102-1993 量和单位[S].北京：中国标准出版社,1994.

**8. 会议论文**

顺序号主要责任者.题名[C].会议名称,会址,会议年份.

示例：

[9] 惠梦君,吴德海,柳蔡凯,等.奥氏体-贝氏体球铁的发展[C].全国铸造学会奥氏体-贝氏体球铁专业学术会议,武汉,1986.

**9. 各种未定义类型的文献**

序号主要责任者.文献题名[Z].出版地：出版者,出版年.

示例：

[10] 黄华.论思维[Z].北京：北京大学出版社,1999.

## 6.1.3 检索号、收录号与书刊号

被收录进各大数据库的文献均进行了标准化的加工处理，对熟悉文献的各种标识符号做简单介绍，增进检索人员对文献的了解，便于进一步对文献进行管理与处理。

### 1. DOI 检索号

DOI 是 Digital Object Identifier 的缩写，即数字化对象识别器。投向某个期刊的文章发表后，期刊会给作者文章检索号或收录号。文献中最常见的检索号就是 DOI 了。这一系统在 1997 年法兰克福图书博览会首次亮相，自此 DOI 正式成为数字化资源命名的一项标准。DOI 的主要功用就是对网络上的内容能做唯一的命名与辨识。DOI 是一组由数字、字母或其他符号组成的字符串。包括前缀（Prefix）和后缀（Suffix）两部分，中间用一条斜线区分。前缀由辨识码管理机构指定，后缀由出版机构自行分配。前缀又由两部分组成，中间用一个圆点分开。第一部分＜DIR＞有两个字符，代表该 DOI 由哪个注册中心分配，目前都是以 1 和 0 两个数字代表。以后可能会有多家注册中心，例如，一个国家一个，或一个行业一个（如出版、摄影、音乐、软件等行业）。前缀的第二部分＜REC＞代表被分配使用该 DOI 前缀的出版机构，或在辨识码注册中心进行登记的任何版权所有者。后缀由出版商或版权所有者自行给号，是一组唯一的字符串，用来代表特定的数字化资料。许多出版商选用已有的识别符号作为后缀，如 ISBN、ISSN 等。DOI 标志通常在文献的首页最上面或者最下面，也有在摘要和正文之间的。Springer 出版社的期刊的 DOI 是在首页最上面，Elsevier 出版社的 DOI 是在首页最下面。

### 2. SCI 收录号

SCI 的收录号很多人以为是文献记录中的 IDS Number。在 ISI Web of Science 中，IDS Number 是识别期刊和期号的唯一编号，用于订阅 Document Solution 中文献的全文。每种期刊每一期上发表的文献 IDS Number 都相同，IDS Number 并不是 SCI 的收录号。正确的应该是将 UT ISI 作为 SCI 文章的收录号。

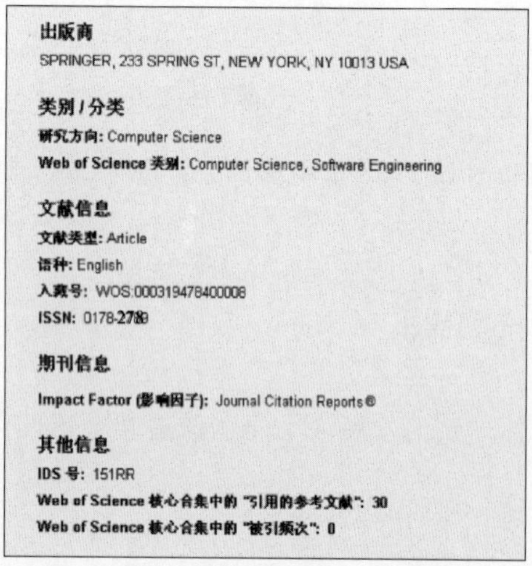

出版商
SPRINGER, 233 SPRING ST, NEW YORK, NY 10013 USA

类别 / 分类
研究方向: Computer Science
Web of Science 类别: Computer Science, Software Engineering

文献信息
文献类型: Article
语种: English
入藏号: WOS:000319478400008
ISSN: 0178-2789

期刊信息
Impact Factor (影响因子): Journal Citation Reports®

其他信息
IDS 号: 151RR
Web of Science 核心合集中的 "引用的参考文献": 30
Web of Science 核心合集中的 "被引频次": 0

图 6.1 新版 Web of Science 中的某篇文章信息

在老版的 Web of Science 数据库中正确地获取 SCI 收录号的方法是：进入 Web of Science 数据库，通过检索找到需要的文献后，可以看到包括文献作者、标题、IDS Number 等信息。将文献进行输出，并保存为 HTML 格式。从保存的 HTML 格式网页（一般其文件名为 savedrecs.html）中可以找到 UT ISI，也即 SCI 对应的收录号。在新版 Web of Science 数据库中获取文章检索号或收录号更为方便。如图 6.1 所示为新版 Web of Science 中的某篇文章收录信息。其中，WOS 为 Web of Science 的简称，这个号码称为入藏号，也即 SCI 论文检索号或收录号，是某篇论文被数据库收录的唯一标记。

### 3. EI 收录号

SCI 与 ISTP 由同一家数据商经营，设在同一个检索平台上，所以具有完全相同的检索界面，使用与获取方式相同。EI 与 SCI 并非同一家数据商，但检索方式基本类似。EI 收录号可以在检索到的文献中，单击 Detailed 查看详细情况，其中的 Accession number 就是文章收录号。如图 6.2 和图 6.3 所示为 EI Village2 数据库中的某篇文章信息。

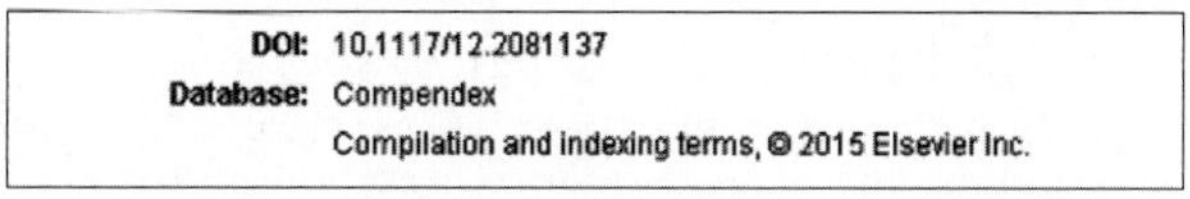
DOI: 10.1117/12.2081137
Database: Compendex
Compilation and indexing terms, © 2015 Elsevier Inc.

图 6.2 EI Village2 数据库中的某篇文章信息 1

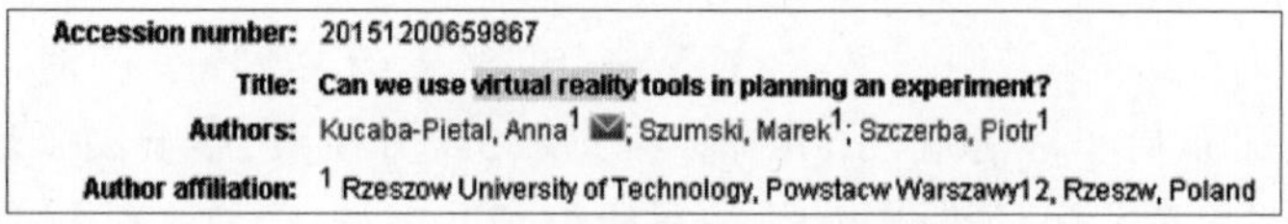
Accession number: 20151200659867
Title: Can we use virtual reality tools in planning an experiment?
Authors: Kucaba-Pietal, Anna[1]; Szumski, Marek[1]; Szczerba, Piotr[1]
Author affiliation: [1] Rzeszow University of Technology, Powstacw Warszawy12, Rzeszw, Poland

图 6.3 EI Village2 数据库中的某篇文章信息 2

### 4. ISSN

国际标准期刊号(International Standard Serial Number，ISSN)是标识定期出版物(如期刊)和电子出版物的唯一编号。ISSN 共有 8 位数字，分为两个部分：序号和检验码。采用 ISSN 编码系统的出版物有期刊、会议录等。在联机书目中，ISSN 可以作为一个检索字段。

### 5. ISBN

国际标准书号(International Standard Book Number，ISBN)是专门为识别图书等文献而设计的国际编号。ISO 于 1972 年颁布了 ISBN 国际标准，并设立了实施该标准的管理机构——国际 ISBN 中心。现在，采用 ISBN 编码系统的出版物包括：图书、小册子、缩微出版物、盲文印刷品等。在联机书目中，ISBN 可以作为一个检索字段，从而为用户增加了一种检索途径。

## 6.1.4 查询文献的被引频次

根据《图书馆·情报与文献学名词》的定义，被引频次是以一定数量的统计源(来源期刊)为基础而统计的特定对象被来源期刊所引用的总次数。文献的被引频次一定程度上反映了文献的社会显示度和学术影响力，也可以反映科研人员的学术水平。下面简单讲述如何使用百度学术搜索、中国知网 CNKI 数据库及权威的 Web of Science 数据库查询文献被引用的次数。

### 1. 百度学术

打开百度学术页面，在输入框中输入文献标题查找文献。经过学术搜索查询文献后，可以看到显示百度找到的相关结果页面，查看文献右侧的“被引量”即可知道该篇文献目前的引用次数是多少。百度学术搜索的被引量以矩形框形式显示，简洁大方，一目了然。

### 2. 中国知网 CNKI 数据库

检索人员查找中文文献，利用中国知网 CNKI 数据库比较适合。登录中国知网数据库后,在输入检索条件后单击下方的"检索"按钮开始检索。在显示的检索结果页面中,单击文献后面的"被引"(即文献被引用的次数)可以查看到在指定数据库中检索到的引用本文的文献。在中国知网数据库中显示的"被引"并没有排除自引的情况,因此最好排除论文第一作者自引后的被引次数,参考使用"他引次数"。

同时,由于每个数据库的收录内容不同,同样一篇文献在不同的数据库中被查询到的被引用次数也会有差异;再者,因数据库更新,在不同时间点查询同样的数据库也会有差异。例如,文献《基于组件式地理信息系统的开发》(作者为宋扬,李见为等)发表于 2000 年 11 月的《重庆大学学报(自然科学版)》。截至 2015 年 5 月 6 日,在中国知网 CNKI 数据库的被引用次数为 148 次,而百度学术搜索显示的次数为 107 次。

### 3. Web of Science 数据库

最权威的查询文章被引用次数是在 Web of Science 数据库查询。现在的 Web of Science 数据库版面布局非常清晰,引用的参考文献、被引频次、影响因子等显示得很清楚。查询的方法在前面的章节已经讲述过了,注意查询到文献后,查看文献后面的"被引频次"即可。另外,一般来说,每年 SCI 收录的期刊都有一个汇总表,会以 Excel 的格式提供下载。汇总表中也会显示出每一个 SCI 期刊的英文名称(Full Journal Title)、文章被引频次(Total Cites)等信息。

## 6.2 阅读文献

据美国科学基金会统计,一个科研人员花费在查找和消化科技资料上的时间需占全部科研时间的 51%,计划思考占 8%,实验研究占 32%,书面总结占 9%。由这些统计数字可以看出,科研人员花费在科技文献出版物上的时间为全部科研时间的 60%。如何从海量的数据中查找、获取到与研究课题相关度高的文献,并高效地阅读文献、消化文献也变得越来越重要。本节从以下三个方面,阐述了阅读文献的几个方法。

### 6.2.1 勤加练习,养成习惯

阅读文献应该成为科研人员的日常功课。对科研人员来说,不仅在学术研究期间,甚至人生过程中,都应该将阅读文献作为一种日常操练的科目。

培养阅读文献习惯的初期,甚至可强制自己阅读。科研人员可以通过订阅研究领域的权威期刊、关注学科领域权威学者的发文来主动给自己布置文献阅读"作业",充实自己的阅读材料。阅读范围可以放眼整个学科乃至跨学科的领域。在阅读中寻找研究思路,锻炼自己的科学鉴赏力,把握学术热点。

此外,积极与同行交流文献阅读心得也有助于养成阅读习惯。阅读文献中,遇到问题可以与同行进行交流,产生观点与思想的碰撞,容易获得研究灵感。交流的方式可以是非正式的聊天,也可以是撰写评述文章。

### 6.2.2 集中时间,研究经典

由于科学研究都有周期时间,阅读文献要集中时间,主要阅读与论文主题相关的文献。

一个有用的小技巧是：首先找出研究领域中那些最经典和研究前沿的文献。例如，可以通过万方数据库，就某个研究领域进行知识脉络分析。根据其检索出来的图示结果，可以看出以论文发表情况为代表的本领域历年来的研究趋势情况，本领域的经典文献和研究前沿文献，以及相关学者的情况（发文数、被引、H指数等）。

另外，还可以参考一些有用的书目，例如，导师推荐的阅读书目列表、相关专业课程表等，这些可以让科研人员对研究领域有一个初步的印象。如果对自己研究的某个子领域感兴趣，则可以向该领域的前辈或专家请教本领域最重要的几篇论文是什么，如果允许的话，可以向其要求获取相关的文献。回顾最近几年的出版物，将那些非常感兴趣的复制下来。这不仅是由于其中很多都是意义重大的论文，对于研究工作进展也是很重要的。定期到学校的图书馆，翻阅其他院校出版的以及自己相关领域的技术报告，并选出自己感兴趣的仔细加以阅读，并注意归纳、整理资料与数据。

### 6.2.3 阅读分析，注重技巧

一般来说，核心及重要期刊上的论文会有比较多的创新、创意，因此，虽然阅读起来比较累，但收获较多，值得花心思去阅读分析。在阅读文献的第一阶段，总是习惯于从头到尾地阅读文献，看论文中是否有感兴趣的内容，这样的做法浪费时间而且看多了会迷失当初的阅读目标。大多数论文完全可以通过查看题目和摘要来判断这篇论文和自己的研究有没有直接的关联，由此决定是否要把论文全部读完整。如果研究人员有能力只根据摘要和题目就能筛选出其中最密切相关的几篇论文，其学术研究及做事的效率就会比其他人高出好几倍。再者，论文主要内容也不需要完全看懂。除了其中两三个关键公式以外，其他公式都可以看不懂。公式之间的推导过程也可以完全忽略。如果要看公式，重点是要看明白公式推导过程中引入的假设条件，而不是恒等式的转换。甚至有些论文通篇都可以粗略地跳跃式阅读，阅读时只要把觉得有用的部分看明白，其他不需要的部分只要了解它的主要点就可以了。

在看了大约30～40篇文献后，将进入到下一个阶段——找出论文真正有价值的部分。也就是把文献读薄的过程，不少二十多页的论文可以重新整理后形成一页左右的篇幅。从文献中找出那些真正对研究有作用的地方。论文作者从其工作中所发现感兴趣的地方，未必是你感兴趣的，反之亦然。当然，如果觉得该论文确实有价值，则需要通篇甚至反复精读，务必理解论文。理解论文得到了什么结论并不等同于理解了该论文。理解论文，就要了解论文的目的，作者所做的选择，假设和形式化是否可行，论文指出了怎样的方向，论文所涉及领域都有哪些问题，作者的研究中持续出现的难点模式是什么，论文所表达的策略观点是什么，诸如此类。当阅读文献达到了对本研究领域的主要内容、主要方法、文献之间的关系等相当熟练之后，就表示已经基本掌握了本领域主要的论文。

## 6.3 管理文献

阅读文献入门之后，阅读数量与深度均有所增加，新的心得与灵感涌现，如何有序管理好手头的文献资料，及时记录和整理零散的灵感心得，是每一个科研人员在学术生涯中不可避免的问题。本节将对几款主流的思路整理和文献管理软件做简要介绍,帮助科研人员进行科研选题、思路整理、文献管理和论文撰写。

## 6.3.1 笔记工具

笔记工具可以帮我们克服时空障碍,随时随地记录和查看生活和科研中的体悟和心得。一款好的笔记工具可以极大地提升写作效率,方便文档的保存和查找。这里介绍印象笔记、有道云笔记、OneNote、为知笔记等几种笔记工具。这几款工具各有千秋,用户可以按个人使用习惯来选择使用。

**1. 印象笔记**

印象笔记源自于 2008 年正式发布的多功能笔记类应用——Evernote,是一款功能成熟、用户较多的经典笔记工具。印象笔记主界面如图 6.4 所示。

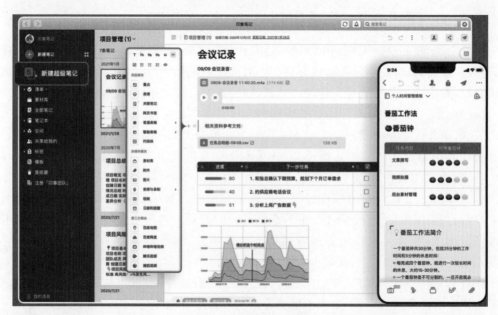

图 6.4 印象笔记主界面

印象笔记支持多个系统的设备,具有一键保存网页、管理任务清单、绘制思维导图、文档扫描识别、音频转写、智能搜索笔记、多人多屏协作编辑等多种功能。

**2. 有道云笔记**

有道云笔记是网易旗下的有道公司于 2011 年推出的笔记工具,其功能与印象笔记类似,操作起来更贴近中国人的习惯。有道云笔记主界面如图 6.5 所示。

有道云笔记全面兼容 Office、PDF 等办公常用文档,无须下载即可查看编辑。满足文档、手写、名片等多场景需求,支持 PDF 一键转 Word 功能。

**3. OneNote**

OneNote 是微软公司于 2002 年发布的一款适用于台式计算机、笔记本电脑和支持手写功能的平板电脑的笔记产品。OneNote 主界面如图 6.6 所示。

图 6.5 有道云笔记主界面

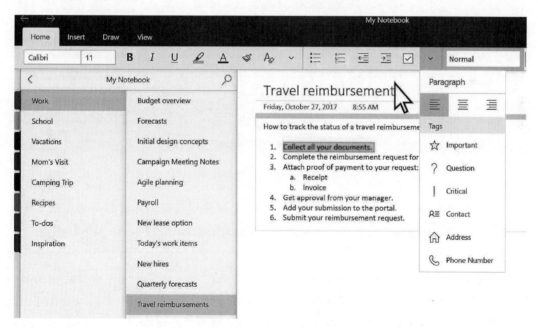

图 6.6 OneNote 主界面

OneNote 软件的界面实际上就是我们所熟悉的带有标签的三环活页夹的电子版本,可用于直接记录笔记,但也可用于收集打印的"页面",或由其他应用程序发送过来的页面。页面可以在活页夹内移动,同时可通过电子墨水技术添加注释,处理文字或绘图,并且其中还可内嵌多媒体影音或 Web 超链接。作为容器以及收集自不同来源的信息仓库，OneNote 笔记本非常适合用于整理来自某个课程或研究项目的大量信息。

### 6.3.2 文献生产和管理工具软件

文献生产和管理代表性工具软件包括 NoteExpress、NoteFirst、EndNote、CAJViewer 阅读器等，这几款软件各有特点。

**1. NoteExpress**

NoteExpress 是北京爱琴海软件公司开发的一款专业级别的文献检索与管理系统，其核心功能涵盖"知识采集、管理、应用、挖掘"的知识管理的所有环节，是学术研究、知识管理的必备工具，国内主流的文献管理软件。NoteExpress 主界面如图 6.7 所示。

图 6.7 NoteExpress 主界面

NoteExpress 通过题录（文献、书籍等条目）对文献进行管理。其核心功能包括知识采集、管理、应用、挖掘等知识管理的几乎所有环节，可以有效推进学术研究、知识管理。

**2. NoteFirst**

NoteFirst 在分析国内外文献管理、知识管理、协同工作、科学社区等软件功能的基础上，结合中国科研人员的文化特点和使用习惯，实现了团队科研协作和个人知识管理的统一，为科研人员提供文献、笔记、知识卡片、实验记录等资源的便捷管理，文献订阅，参考文献自动形成，电子书自动形成等功能。在此基础上，科研人员可以把个人资源一键分享给团队，实现团队资源的积累，达到科研协作的目的。NoteFirst 主界面如图 6.8 所示。

**3. EndNote**

EndNote 是由 Thomson Corporation 下属的 Thomson ResearchSoft 公司开发的一款

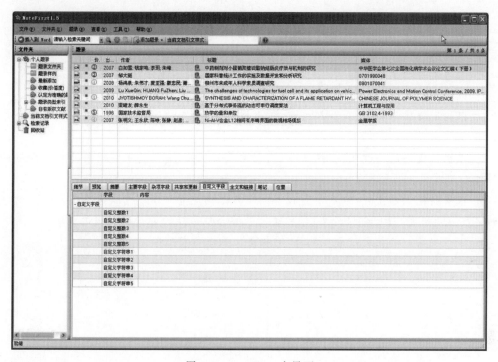

图 6.8　NoteFirst 主界面

文献管理软件,支持国际期刊的参考文献格式有 3776 种,写作模板数百种,涵盖各个领域的期刊,适用于需要撰写 SCI 论文的科研人员。EndNote 主界面如图 6.9 所示。

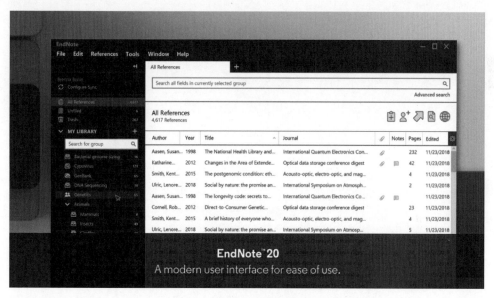

图 6.9　EndNote 主界面

EndNote 的应用不局限于投稿论文的写作,对于研究生毕业论文的写作也可起到很好的助手作用。

## 学 与 练

1. 简述常用的中外文期刊论文数据库的特点及其检索方法。
2. 查询对比免费专利数据库的优缺点并归纳出数据库使用条件。
3. 根据所提供的关键词(如人工智能、虚拟现实等)查询国内外相关课题的最新会议文献各10篇。
4. 根据所提供的关键词(如疫情防控、大学生云就业)查询并下载国内外相关课题的学位论文各5篇。
5. 根据所提供的主题(如疫情防控背景下人工智能的应用、虚拟现实在大学生云就业中的实践应用研究)进行会议论文、学位论文等综合性文献检索与下载阅读。
6. 下载安装一二款文献管理软件,对相关文献进行整理归纳。

# 第三篇

# 科研选题与论文写作

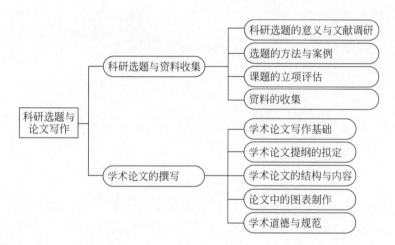

【本篇引言】

课题申报和论文写作是每个科研人员学习工作中最重要的任务,课题与论文的质量和数量是一个科研人员学术水平最直观的体现。课题申报、论文写作对科研人员的个人职业生涯成长和科技事业的发展进步都有着重要的意义。

本篇在前两篇的基础上介绍了科研选题的基本方法和步骤、程序和途径,以及中英文学术论文的写作规范,并强调了学术道德的重要性,帮助科研人员真正迈出学术研究的第一步。

【学习目标】

- 掌握科研的基本方法与步骤。
- 了解课题申报的基本流程,掌握科研选题的基本方法与步骤。
- 熟悉中英文论文的结构。
- 能独立进行学术论文的写作。
- 理解学术道德的含义。

# 第 7 章 科研选题与资料收集

据《社科查新与科技查新的比较分析》(刊于 2013 年 2 月《图书馆工作与研究》)一文作者张群论述分析:"当前的科学正处于后学院科学(产业科学)时代,这个时代的一个明显特征是:人文社会科学的个性化特征淡化,研究特点的共性因素增加,呈现出与自然科学趋同的发展倾向。科技查新与社科查新具有相似性和共通性,不仅体现在它们的研究内容都具有科学性,而且表现在它们的研究理论、观点和方法之间存在着相互影响、相互渗透,甚至一体化的趋势。社科研究正在更多地借鉴自然科学的研究方法,学科特点具有更强的相似性。"

科技论文是科学技术人员或其他研究人员在科学实验的基础上,对自然科学、工程技术科学以及人文艺术研究领域的现象或问题进行科学分析、综合研究和阐述,进一步地对一些现象和问题进行研究,总结和创新另外一些结果和结论,并按照各个科技期刊的要求进行电子和书面的表达。社科论文是学术论文的一种,是对社会科学领域中的某些问题进行比较系统、深入的讨论、研究,以探讨其本质特征及发展规律的理论性文章。一般来说,自然科学类的论文以定量分析为主,社会科学类的论文则主要采用定性分析的方法,前者是求证性的,后者则是探索性的,同时求证和探索也可能出现交叉的情况。归根到底,学术论文有其特点,主要表现为:专业性、学术性以及独创性。学术论文的写作过程主要包括如下几个基本步骤:科研选题、资料收集、课题研究与实验、选材、拟订提纲、撰写论文初稿、修改定稿。下面就科研选题、资料收集以及论文撰写几个与论文写作关联度最强的部分进行说明。

科研论文是以研究成果的产出为基础的,现在不少科研成果没有做到理论联系实际,坚持应用性、对策性的研究方向,针对性不强,导致一般性的泛泛而谈或纯理论的分析较多,也就直接影响了论文的层次和质量。这里将论文写作的内涵进行适当扩展,将科研工作的 4 个核心步骤——科研选题、资料收集、研究实验和论文撰写全部囊括到论文写作的过程中,即从科研选题开始,通过资料收集、研究实验取得满意的研究成果后,再进行具体的论文撰写工作。事实上,上述几个过程是不断往复、螺旋式展开的。研究实验阶段包含:实验方案的设计、设备的准备和调试、实验研究、实验结果的处理等环节。研究实验的具体方法和步骤随学科特点、研究对象和研究手段等的变化而变化,这里不便一概而论。以下将就其他三个步骤进行讨论。

## 7.1 科研选题的意义与文献调研

在论述选题问题时,首先应当把课题、论题、题名三个概念搞清楚。这三者同属于某一学科中的学术问题,但又有所区别。课题通常是指某一学科重大的科研项目;论题不同于课题,它的研究范围比课题小得多;论题也不同于题名,题名是指论文的标题,它的研究范围一般比论题要小。

所谓选题,顾名思义,就是选择论文的论题,即决定论文写什么和怎么写。选题是写好学术论文的关键,正确而又合适的选题,对撰写论文具有重要的意义。选好题目就相当于写好论文的一半。通过选题,可以大体看出作者的研究方向和学术水平。爱因斯坦曾经说过,在科学面前,"提出问题往往比解决问题要重要"。提出问题是解决问题的第一步,选准了论题,就等于完成论文写作的一半,题名选得好,可以起到事半功倍的作用。

### 7.1.1 选题的意义

选题的意义主要体现在以下三个方面。

(1) 选题能够决定学术论文的价值和实际效用。

鲁迅先生说过:"世界上本没有路,走的人多了也便成了路。"在科学研究中,要善于探索,敢于开拓新领域。论文的成果与价值,最终应当要由文章的最后完成情况和实际效用来评定,但选题对其有重要作用。选题不仅是给文章确定题名和简单划定范围,选择学术论文题名的过程,就是初步进行科学研究的过程。选择一个好的题名,需要经过作者多方思索、互相比较、反复推敲、精心策划的一番努力。题名一经选定,也就表明作者头脑里已经大致形成了论文的轮廓。论文的选题有意义,写出来的内容才有价值;如果选定的题名毫无意义,即使下了很多的功夫,文章的结构和语言也不错,也不会产生积极的效果和作用。

通过论文的题名,可以提前对文章的内容和框架做出基本的估计。期刊编辑在评审、选用文章时,也会用题名的新颖性和实用性来删选一部分的投稿文章。这是因为,从题名可以看出,在确定题名之前,文章作者所做的大量收集、整理和研究资料的工作,从对资料的分析、选择中确定自己的研究方向,直到定下题目,在这一研究过程中,客观事物或资料中所反映的对象与作者的思维活动不断发生冲撞以及产生共鸣。在这种对立统一的矛盾运动中,使作者产生了认识上的思想火花和飞跃。这种飞跃必然包含着合理的成分,或是自己的独到见解,或是对已有结论的深化,或是对不同观点的反驳等。总之,这种飞跃和思想火花对于将要着手写的论文来讲,是重要的思想基础。因此,从题名上基本能判断出文章的见解和层次。

(2) 选题可以规划文章的方向、角度和规模,同时弥补知识储备的不足。

人类创造力的强弱取决于知识存储的多寡、应用知识的技巧与想象力是否丰富。如果有渊博的知识和丰富的想象力,并且敢于从自己熟知的学科跨入到生疏的学科,敢于冲击所谓不可逾越的禁区,就可能有所创新有所突破,同时也可能获得新的知识和技能。研究人员在研究客观资料的过程中,随着资料的积累,思维的渐进深入,会有各种各样的想法纷至沓来,这期间所产生的思想火花和各种看法,对于研究人员来说都是十分宝贵的。但它们尚处于分散的状态,还难以确定它们对论文主题是否有用和用处的大小。因此,对它们必须有一个选择、鉴别、归拢、集中的过程。从对个别事物的个别认识上升到对一般事物的共性认识,从对对象的具体分析中寻找彼此间的差异和联系,从输入大脑的众多信息中提炼形成属于自己的观点,并使其确定下来。正是通过从个别到一般,分析与综合,归纳与演绎相结合的逻辑思维过程,使写作方向在作者的头脑中产生并逐渐明晰起来,对学术论文的着眼点、论证的角度以及大体的规模有了一个轮廓。

选题还有利于弥补知识储备不足的缺陷,使作者能有针对性地、高效率地获取知识,早出成果,快出成果。例如,在撰写综述性论文前,需要大量地阅读某方面的研究论文,无形中弥补了某些部分的知识不足。撰写学术论文,是先打基础后搞科研的过程,大学生在打基础阶段,学习知识需要广博一些;在做研究阶段,钻研资料应当集中一些,而选题则是广博和集中的有机结合。在选题过程中,研究方向逐渐明确,研究目标越来越集中,最后要紧紧抓住论题开展研究工作。爱因斯坦说过:"我不久就学会了识别那种能够导致深邃知识的东西,而把其他许多东西撇开不管,把许多知识充塞进脑袋,并把偏离主要目标的东西撇开不管。"要做到这一点,必须具备较多的知识积累。对于初写论文的人来说,在知识不够齐备的情况下,对准研究目标,直接进入研究过程,就可以根据研究的需要来补充、收集有关的资料,有针对性地弥补知识储备的不足。这样一来,选题的过程,也成了学习新知识,拓宽知识面,加深对问题理解的好时机。

(3) 合适的选题可以保证写作的顺利进行,提高研究能力。

对于大学生来说,由于没有经过正式的论文写作方面的培训与辅导,撰写毕业论文并不是一件轻松的事情。在选题时,需要根据研究人员的专业基础和时间及其他相关因素,如资料条件、经费等,综合考查以选择大小适当的题名。否则题名过大,问题难以研究深入,可能导致虎头蛇尾,草草收摊;题名过小,不能充分挖掘自己的潜力和才能,论文达不到应有的水平和深度。因此,选择一个难易程度和大小都适度的题名,可以保证写作的顺利进行。

选题有利于提高研究能力。通过选题,能对所研究的问题由感性认识上升到理性认识,加以条理化并使其初步系统化;对这一问题的历史和现状进行研究,找出症结与关键,不仅可以清楚地认识问题,而且也可以树立对研究工作的信心。科学研究要以专业知识为基础,但专业知识的丰富并不一定表明该人的研究能力很强。有的人读的书不少,可是忽视研究能力的培养,结果仍然写不出一篇像样的论文来。可见,知识并不等于能力,研究能力不会自发产生,必须在使用知识的实践中,即科学研究的实践中,自觉地加以培养和锻炼才能获得和提高。选题是研究工作实践的第一步,选题需要积极思考,需要具备一定的研究能力,在开始选题到确定题目的过程中,从事学术研究的各种能力都可以得到初步的锻炼和提高。选题前,需要对某一学科的专业知识下一番钻研的功夫,需要学会查阅、收集、整理资料等各项研究工作的方法。在选题的过程中,要对已学的专业知识反复认真地思考,并从一个角度、一个侧面深化对问题的认识,从而使自己的归纳和演绎、分析和综合、判断和推理、联想和发挥等方面的思维能力和研究能力得到锻炼和提高。

### 7.1.2 选题前的文献调研

选题是科研的第一步,也是科研工作中战略性的决策。选题充分体现了研究人员的科研思路、学术水平、实验能力及其预期目的。选题是贯穿科研全过程的主线,各环节工作都是围绕这条主线运行的,所以选题是事关科研成败与成果大小的决定性因素。

只有重视与课题相关的中外学术信息资源,熟悉它们的核心内容和检索方法,才能快速准确地获得高质量的文献,并从中筛选出与课题相关的关键性信息,如该领域的文献情况(文献数量、较早的文献、高被引文献、综述性文献、最新文献等)、研究人员情况(高产出、高影响力的作者等)、研究人员所属机构(高产出的高等院校、研究院所、企事业研究机构等)、研究机构地域分布(高产出的国家与地区等)、学科分布、基金资助机构、重要出版物等信息,从而促进科研工作的开展,达到事半功倍的效果。

在此,我们举例使用数据库进行选题阶段的信息检索操作。如表 7.1 所示为常见文献数据库收录出版类型。

表 7.1 常见文献数据库收录出版类型

| 数据库 | 期刊 | 图书 | 学位论文 | 会议论文 | 专利 | 标准 | 报告 | 报纸 | 学科 |
|---|---|---|---|---|---|---|---|---|---|
| 维普 | 全文 | | | | | | | | 全科 |
| 万方 | 全文 | 全文 | 全文 | 全文 | 全文 | 摘要 | | | 全科 |
| 中国知网 | 全文 | 全文 | 全文 | 全文 | 全文 | 全文 | 全文 | 全文 | 全科 |
| 超星图书 | | 全文 | | | | | | | 全科 |
| 中国国家知识产权局 | | | | | 全文 | | | | 专利 |
| Engineering Village | 摘要 | 摘要 | | 摘要 | | | | | 工程 |
| Web of Science | 摘要 | 摘要 | | | | | | | 全科 |
| EBSCO | 全文 | 全文 | | 全文 | | | 全文 | 全文 | 全科 |
| Wiley | 全文 | 全文 | | | | | | | 全科 |
| Springer | 全文 | 全文 | | | | | | | 全科 |
| IEEE | 全文 | 全文 | | 全文 | | 全文 | | | 机电 |

**1. 查找有关学科领域的高被引论文**

1) Web of Science

利用"排序方式",按照"被引频次"排序,即可找到高被引论文。Web of Science 检索结果如图 7.1 所示。这些论文是按照被引频次(降序)排列的,频次越高越靠前显示。

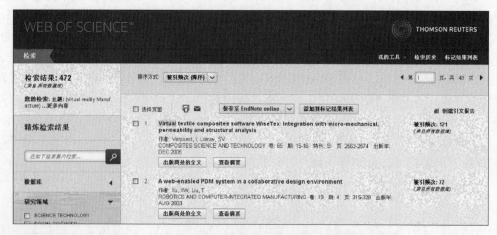

图 7.1 Web of Science 检索后按被引频次排序结果页面

一般情况下，要留意近几年的高被引论文，以把握热点研究方向。找到一些重要文献后，可以逐级追溯"参考文献"，了解课题的起源和基础；查看"施引文献"可以了解课题的发展和进步；查看"相关文献"，即有共同参考文献的文献，可以更加深入全面地了解该领域的文献，扩大视野，拓展思路。

2）中国知网 CNKI 数据库

对于某一检索结果按"被引频次"进行排序，可以找到相关高被引文献。中国知网CNKI 数据库按被引频次排序结果页面如图 7.2 所示。

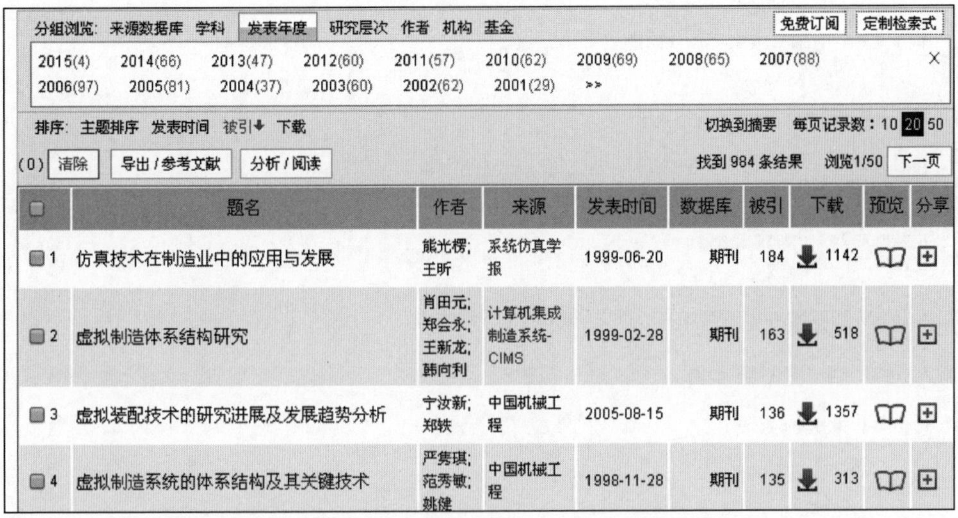

图 7.2 中国知网 CNKI 数据库检索后按被引频次排序结果页面

3）百度学术

利用百度学术搜索查找有关文献检索结果后，也可以按"被引量"排序文献，这样就可以很快查阅到高引用量的文献。

**2. 查找有关领域重要综述性文献**

1）Web of Science

查询到相关文献后，再利用检索结果，从"文献类型"选项中选中 REVIEW，可以快速检索到高影响力的综述文献。

2）EI Compendex

查询到相关文献后，可利用 EI Compendex 数据库对文献类型进行限定，如专题综述、综述报告，或者对文献处理类型进行限定，如文献综述等。可供选择的文献类型如图 7.3 所示。

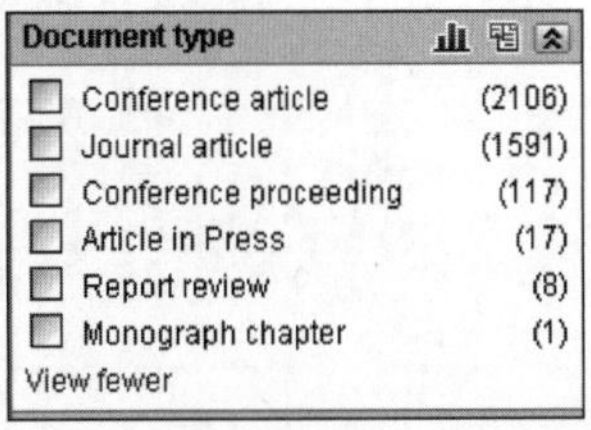

3）中国知网 CNKI 数据库

可在篇名或主题字段输入"综述"（或"研究进展""发展现状"等）以及与课题相关的关键词，如"人工智能"，则可找到该领域综述方面的文献。选择按时间排序检索结果，即可找到最新综述文献，也可以查看学位论文中有关综述方面的论述，来多渠道地获取信息。中国知网 CNKI 数据库检索人工智能

图 7.3 可供选择的文献类型

综述的结果页面如图 7.4 所示。

图 7.4 人工智能综述的检索结果页面

### 3. 了解课题的发展趋势

1) Web of Science

可以利用"分析检索结果"中"论文出版年排序"功能，了解课题的发展趋势，也可以通过这种排序方式找到该领域的最新文献、最早文献和文献量发生突变的时间；还可以通过引文报告查看每年出版的文献情况（如图 7.5 所示），从而进一步了解该课题的起源、发展、变化等情况，便于做进一步的研究。

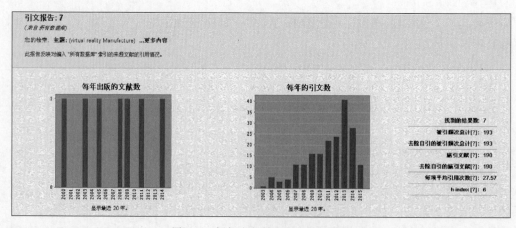

图 7.5 每年出版的文献/引文报告

2) EI Compendex

利用该数据库对检索结果按照出版年进行排序的功能。可了解某一领域的发展趋势，EI Compendex 对检索结果按照出版年进行排序的设定通过单击如图 7.6 所示区域完成。如图 7.7 所示为 EI Compendex 数据库对某一关键词的检索结果按出版年进行分析的页面。

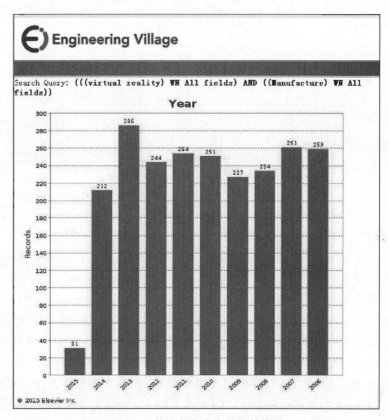

图 7.6　排序方式　　　　　　图 7.7　按出版年发表的文献情况

3）中国知网 CNKI 数据库知识元指数分析

目前，中国知网知识元指数分析服务（原知网 CNKI 数据库学术趋势搜索）仅对白名单用户和特定机构用户提供。在中国知网 CNKI 数据库知识元指数分析主界面中输入检索的关键词，单击检索标志符号后即可完成关键词相关研究的趋势搜索。如图 7.8 所示为以"虚拟现实"为关键词的趋势搜索结果页面（部分截图）。

系统在给出趋势图的同时，还给出了该领域的高频关注文献、文献所属学科分布情况、文献作者所在机构分布情况等。

利用检索系统提供的检索结果字段分析功能，可以找到更多值得关注的信息。如对"学科类别"字段进行分析，可以了解到某特定课题在不同学科的分布情况，找到所关注领域的文献，也可以在其他领域寻找新的研究突破口，展现新的研究思路；利用"机构名称"或"作者"分析，可发现该领域高产出的教育机构、研究机构及作者，有利于找到该研究课题中潜在的合作机构和合作者；利用"对比关键词"可以实现多个关键词相关文献发展趋势的横向对比等。

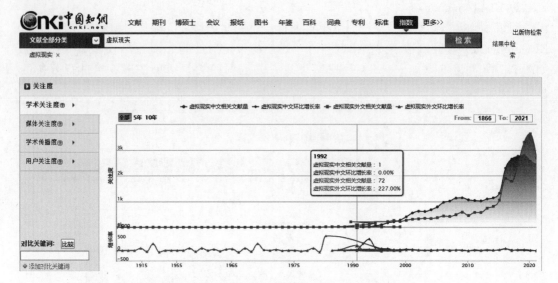

图 7.8 以"虚拟现实"为关键词的趋势搜索结果页面

**4. 文献传递**

文献传递,顾名思义,就是把用户需求的原始文献从文献源中提取出来,通过一定的途径提供给用户的一种服务。现代意义的文献传递是在信息技术的支撑下从馆际互借发展而来的,但又优于馆际互借的一种服务。具体来说,是用户将特定的已确定的文献需求告知图书馆,由图书馆通过传真、复印邮寄或 E-mail 电子文本等形式,将用户需要的文献或替代品以其有效的方式与合理的费用直接或间接传递给使用者的一种服务。文献传递包括期刊论文、会议文献、学位论文传递等,具有快速、高效、简便的特点。通过开展文献传递服务,不仅缓解了图书馆经费、资源不足与读者日益增长的文献需求之间的矛盾,也对教学科研起到了很好的支撑作用。文献传递服务发展到今天,出现了馆际互借和商业性文献传递服务并存的现状。英国国家图书馆文献提供中心(BLDSC)、美国联机计算机图书馆中心(OCLC)以及 CARL 公司的 Uncover 系统,都在全球的文献传递服务中发挥着十分重要的作用。

文献传递的类型可以按照不同方式进行分类。

(1) 按文献传递的发展分类,可以分为传统型文献传递服务和电子型文献传递服务两种类型。传统型文献传递服务通常是指非电子方式提供的,以传统的邮寄或专人、专车等方式进行的文献传递服务。电子型文献传递服务通常是指通过传真及计算机网络进行的文献传递服务。

(2) 按文献传递的执行者分类,可以分为由图书情报机构提供的文献传递服务和由商业公司提供的文献传递服务。

(3) 按文献传递的实施过程分类,可以分为中介性文献传递服务和非中介性文献传递服务。前者指在文献传递过程中,文献的最终用户,即使用者必须通过中介机构与文献的提供者建立联系,进而获取所需的文献;后者指在文献传递过程中,文献的最终使用者不经过中介机构便可直接向文献提供者索要并获得所需的文献。

(4) 按文献传递服务的性质分类,文献传递服务可以分为盈利性文献传递服务和非盈利性文献传递服务。

就具体使用来说,例如,针对在杭州电子科技大学图书馆所有的数据库中找不到的有关文献,可以通过全国图书馆参考咨询服务平台提交申请来获得需要的文献。在浙江商业职业技术学院图书馆获取不到的有关文献,可以通过在 ZADL 联合目录中,输入检索词,查找所需文献。如果在检索结果中锁定某篇文献,则单击题名进入详情页面,单击页面右侧的"邮箱接受全文",填写电子邮箱和验证码等必要信息并提交。通常文献传递申请在一个工作日内得到响应,三个工作日内送出文献。如果文献未能获取,邮箱里也会收到相关信息。在此期间,还可能会通过电子邮件与读者保持联系,就读者所关心的问题,如费用、服务等情况进行沟通。

## 7.2 选题的方法与案例

论文选题就是确定主攻的方向,明确需要解决的主要问题。选好题名,等于成功了一半,这也说明选题在学术论文写作中具有头等重要的意义。一个毫无意义的选题,即使论文写得再好,也是没有科学价值的。因此,选题不能单凭个人兴趣,或者一时热情,而要从实际出发,选择那些有价值的,能促进科学技术发展,或在生产和建设上、人民生活中,迫切需要解决的有重大效益的课题。那么,应该朝着什么方向来选题呢?

### 7.2.1 科研选题的方向

**1. 选择本学科亟待解决的课题**

在各个学科领域之中,都有一些亟待解决的课题。有些是关系到国计民生的重大问题,有的是该学科发展中的关键问题,有的是当前迫切需要解决的问题。因此,我们必须坚持为社会主义现代化建设服务的方向,选择这些亟待需要解决的课题。

**2. 选择本学科处于前沿位置的课题**

凡是科学上的新发现、新发明、新创造,都有重大科学价值,必将对科学研究的发展起到推动作用。因此,选题要敢于创新,选择那些在本学科的发展中,处于前沿位置,有重大科学价值的课题。经过苦心研究,取得独创性成果,为人类科学技术事业的发展做出新贡献。

**3. 选择具有学科渗透、交叉研究的课题**

学科渗透、交叉是科学在广度和深度上发展的一种必然趋势,事物都在普遍联系之中,各门学科也在普遍联系中,以往人们注意从学科相对独立性上进行研究,现代科学注意了学科相互渗透、交叉的研究,在学科渗透、交叉区域存在着大量的新课题可供选择。

**4. 选择预想获得理想效果的课题**

选题的原则:理论联系实际,注重现实意义、实用价值和理论价值;勤于思索,刻意求新,从观点、题目到材料直到论证方法全是新的,以新的材料论证旧的课题,从而提出新的或部分新观点、新看法,对已有的观点、材料、研究方法提出质疑,即便没有提出自己的新看法,但也应达到启发人们重新思考问题的效果;知己知彼,难易适中,要充分估计到自己的知识储备情况和分析问题的能力,要考虑到是否有资料或资料来源,题目的难易要适中,题目的大小要适度。选题的基本方法和思路可以总结为:背景性、调研性、规律性、以小见大性、冷门性、热点性、方向性、预测性。

**5. 选择意外获得的课题**

科学研究在探索着一个又一个的新课题,在这些研究的过程中,有时会出现意外的偶然现象或想到特别的想法,当这种现象发生后,不要轻易纠正它、排斥它,而应该去深入研究它。即使不是属于自己研究课题范围的内容和所从事的专业问题,也应该去深入地探讨它。这种意外的发现往往会给人新的启迪,如果追踪下去,往往会产生新的有价值的课题。

### 7.2.2 课题来源

选择各级各类科研管理部门规划中的课题,是选题的主要途径之一。国家、省、部、市及各种学术团体会定期提出许多科研课题及科研规划,这些课题一般都是在理论意义和现实意义上比较重要的课题,应当是科研人员选题的重要来源。这类课题属于指南性选题,其中许多课题的难度、规模很大,选题时,科研人员要从自己的优势出发,把课题加以具体化,以保证其可行性。具体来看,包括如下这些课题来源。

**1. 国家级课题**

国家级课题是指国家根据国民经济发展的需要,选择国民经济社会发展中长期需要解决的带有全局性、方向性、基础性的科研问题,引进重大技术和设备的消化、吸收、国产化问题,对行业的地方经济发展起关键作用的科学技术问题及国际科技合作项目等作为国家重点科技攻关项目。

**2. 省部级课题**

部委及省市级课题是指各部委或省市领导部门根据本部门和本地区经济、科技、生产发展规划的需要提出的,向科研机构或高等学校下达或招标的,需要解决的科技问题或新产品开发课题。

**3. 其他课题**

(1) 外单位委托课题即所谓的横向课题。

(2) 本单位需要开发的新产品课题。

(3) 自选课题即为在平时文献资料积累的过程中,若发现某一课题国外报道甚少,而且有一定的深度,可预计该课题有发展前途,而国内报导较少,则又说明国内在此领域的研究很少或刚刚起步,可根据情况决定作为自己的研究课题。这时,可通过深入企业,接触供销人员或生产人员,了解工厂或市场需求,最终决定课题。

### 7.2.3 选题的方法

**1. 浏览捕捉法**

将通过阅读所得到的方方面面的内容,进行分类、排列、组合,从中寻找问题、发现问题,将自己在研究中的体会与资料分别加以比较,找出哪些体会在资料中没有或部分没有;哪些体会虽然资料已有,但自己对此有不同看法;哪些体会和资料是基本一致的;哪些体会是在资料基础上的深化和发挥等。经过几番深思熟虑,就容易萌生自己的想法。把这种想法及时捕捉住,再做进一步的思考,选题的目标也就会渐渐明确起来。

**2. 追溯验证法**

即先有拟想,然后再通过阅读资料加以验证来确定选题的方法。这种选题方法要求作者有一定的观点储备,且在以下几方面进行验证后才能确定选题。

(1) 看自己的观点是否与前人的观点重复。若观点完全一致,则须另择观点,若观点相近,可以考虑缩小范围,在没有重读的方面进行深入研究。

(2) 看自己的观点是否对前人的研究成果有所补充,是否有被论及或论及较少。若为肯定的情况,作者又具备进行该观点研究的主客观条件,可以考虑该选题。

(3) 若作者的观点没有被前人谈及,但缺乏进行该项研究的条件,加以克服仍不能进行时,也应另作考虑。

### 7.2.4 确定选题的过程

一般来讲,主要有以下两种确定学术论文选题的过程。

(1) 关键词或领域(可以是学者或机构)确定初始文献集合—感兴趣的方向—分析缺点或空白点,设想新的方法或拟解决的空白点—查新—新方案(组内讨论、导师指导),概括来讲就是从关键词或领域开始,找研究选题。

(2) 学者(或机构)文献(初始文献集合)—感兴趣的文献(文献题录—重要文献原文—原文重要参考文献的原文)—阅读分析—瞄准空白点,选择方向(或者是瞄准缺陷,设想新的方法)—查新—新方案(组内讨论、导师指导),概括来讲就是从一篇重要的参考文献开始,找研究选题。

### 7.2.5 选题实例

撰写学术论文的过程就是发布研究成果或学术思想的过程,也是接受同行评价并接受同行建议的重要介质,因此撰写学术论文是科研人员的主要任务之一。当研究人员考虑申报相关课题项目前,一般都要花费大量的时间进行选题研究,最后的课题研究成果形成相关的学术论文。下面就举例说明如何使用万方知识服务平台的选题工具进行选题。

(1) 进入万方知识服务平台的选题服务。

访问万方知识服务平台首页,单击首页右下角的"万方选题",如图7.9所示。研究人员可以利用选题服务阅读经典文献,领悟学术精髓;查看最新文献,关注最新进展;跟踪领域大牛,预测未来方向;研习综述文献,把握发展脉络。

(2) 使用万方数据知识服务平台进行检索。

以"人工智能"为关键词检索,单击"搜论文"按钮,检索结果默认按照关注度从高到低进行排列。作者可以单击"新发表论文""综述性论文""优秀学位论文"更改排序标准。

(3) 从选择感兴趣的论文入手查找文献。

例如,研究人员对其中的一篇期刊论文《人工智能及其发展应用》的研究内容比较感兴趣,直接单击该文献下方的"下载"图标,即可下载 PDF 格式的论文。可以在检索文献界面下载专门的 CAJViewer 软件阅读,也可以在下载文件时选择 PDF 格式。

图 7.9　万方知识服务平台页面

单击图 7.10 中的论文标题,进入论文页面,可以看到该论文的知识网络,如图 7.11 所示,整体展示了这篇论文引文网络,包括参考文献和引证文献(也即施引文献),同时提供该数据库中收录的本文献的相关文献。研究人员在查阅时感觉哪些文献可以对其研究有帮助,可以一并下载全文。

图 7.10　在万方选题检索页面搜索论文

(4) 分析关键论文的参考文献。

通过上面几步之后,可以锁定几篇关键论文,随后还要仔细分析这些论文中有价值的参考文献。一般可以通过如下几种方式获取参考文献的原文:在知网、万方、维普等数据库中检索获得期刊论文、会议论文、学位论文等;在中国国家知识产权局中检索获得专利文献等。

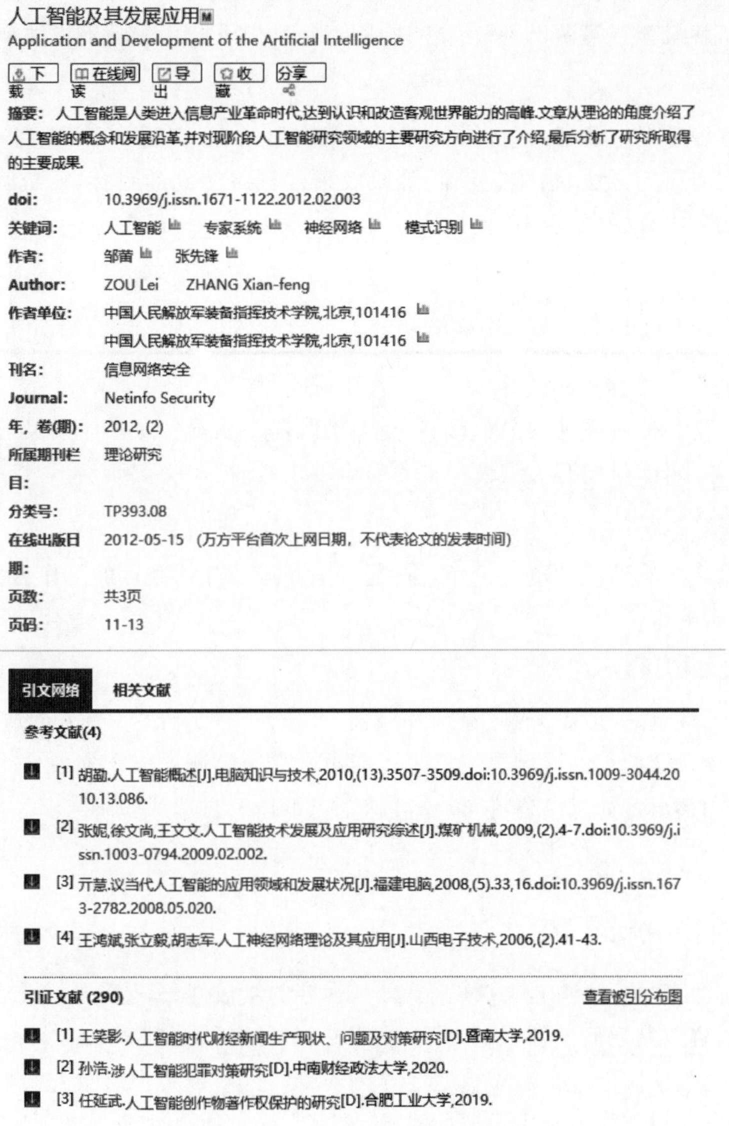

人工智能及其发展应用

Application and Development of the Artificial Intelligence

下载　在线阅读　导出　收藏　分享

摘要：人工智能是人类进入信息产业革命时代,达到认识和改造客观世界能力的高峰.文章从理论的角度介绍了人工智能的概念和发展沿革,并对现阶段人工智能研究领域的主要研究方向进行了介绍,最后分析了研究所取得的主要成果.

| | |
|---|---|
| doi: | 10.3969/j.issn.1671-1122.2012.02.003 |
| 关键词: | 人工智能　专家系统　神经网络　模式识别 |
| 作者: | 邹蕾　张先锋 |
| Author: | ZOU Lei　ZHANG Xian-feng |
| 作者单位: | 中国人民解放军装备指挥技术学院,北京,101416<br>中国人民解放军装备指挥技术学院,北京,101416 |
| 刊名: | 信息网络安全 |
| Journal: | Netinfo Security |
| 年，卷(期): | 2012, (2) |
| 所属期刊栏目: | 理论研究 |
| 分类号: | TP393.08 |
| 在线出版日期: | 2012-05-15（万方平台首次上网日期，不代表论文的发表时间） |
| 页数: | 共3页 |
| 页码: | 11-13 |

引文网络　相关文献

参考文献(4)

[1] 胡勤.人工智能概述[J].电脑知识与技术,2010,(13).3507-3509.doi:10.3969/j.issn.1009-3044.2010.13.086.

[2] 张妮,徐文尚,王文文.人工智能技术发展及应用研究综述[J].煤矿机械,2009,(2).4-7.doi:10.3969/j.issn.1003-0794.2009.02.002.

[3] 亓慧.议当代人工智能的应用领域和发展状况[J].福建电脑,2008,(5).33,16.doi:10.3969/j.issn.1673-2782.2008.05.020.

[4] 王鸿斌,张立毅,胡志军.人工神经网络理论及其应用[J].山西电子技术,2006,(2).41-43.

引证文献 (290)　查看被引分布图

[1] 王笑影.人工智能时代财经新闻生产现状、问题及对策研究[D].暨南大学,2019.

[2] 孙浩.涉人工智能犯罪对策研究[D].中南财经政法大学,2020.

[3] 任延武.人工智能创作物著作权保护的研究[D].合肥工业大学,2019.

图 7.11　某篇论文引文网络

（5）阅读文献并提出选题猜想。

基本掌握了上述锁定的关键文献后,可以尝试选题猜想。例如,“人工智能＋高等教育”与“人工智能＋图书馆”的选题,研究人员可以通过数据库进一步查询确认若相关开展的研究较少,同时这些文献与主题词关联度不高,则相关选题具有较高的价值,可以考虑采用。

# 7.3　课题的立项评估

科研选题实质上是一项综合性、系统性的研究工作,其结果有恰当、不妥、正确、错误之分,并不是一时的兴起,更不是随心所欲,特别是那些意义重大、难度大、代价高的课题。为了确保选题正确无误,需要认真对待。在课题选定之后,正式开题之前,尚需对选题做出科学论证和评估,就最佳方案做出决策。在评估决策中,以下几个步骤不可缺少。

**1. 开题报告**

开题报告(即项目申请书),包括课题来源、研究目的、意义、国内外研究现状、课题的创新性及难度、主要研究方法、措施、步骤、阶段成果及最终达到的目标、研究人员的素质、水平、研究结果的先进性、效益、经费预算等。

**2. 论证评估**

论证评估,通常采用以下方法:调查历史,比较现状,预测未来,综合分析,决策方法。

**3. 专家评审**

专家评审,这是能否立项的最关键、最重要的程序和依据。专家评审组主要评审项目申请书。对其中逐项评议,如有关键性条件不符合要求,即被淘汰。

**4. 主管审批**

主管审批,指主管部门的审批工作,主要是掌握方向、抓住重点的工作,也是一项综合平衡合理分配经费的工作。

**5. 未被批准的课题**

未被批准的课题,一般是开题条件不成熟、不符合要求的课题,尚需创造条件再次申报或重新申请其他符合要求的课题。当然也可能出现专家组评议不充分、领导水平不足、未能真正识别课题的情况。如果条件许可,这类课题仍可作为自选课题研究。

## 7.4 资料的收集

从写文章的角度看,资料是文章的血肉,是内容的组成部分,是论文论点的依托和支柱。如果只有论点,资料贫乏而论据不足,就不能明确、具体、有力地证明观点,论点会显得苍白无力。发现问题和解决问题的线索总是存在于资料之中,资料占有越充分,问题也会越清楚。资料是课题研究工作中一个重要的步骤,它贯穿研究的全过程。首先,资料提供了选题的依据。其次,当研究课题确定后,还必须围绕选题广泛地查阅资料,这是在继承前人研究成果基础上创新的起点,关系到研究的速度、质量以及研究成果的形成。最后,可以帮助研究人员全面正确地掌握所要研究问题的情况,为所研究的问题提供科学的论证依据和研究方法,避免重复劳动,提供科学研究的效益。

### 7.4.1 资料在课题研究中的应用

**1. 在选题、论证阶段的应用**

规律总是存在于大量的现象之中,借助资料有助于选准研究课题。开展课题研究时,科研人员必须借助资料、查阅资料,对课题研究背景状况做调查,了解所选课题的价值和意义,课题是否属于改革和发展中亟待解决的,是否具有普遍推广的意义等。科研人员必须从已有的有关文献资料中汲取营养,以一定的资料为基础,以研究前人或别人的成果为起始,让自己"站在巨人的肩膀上",选准突破口,选择好相应的研究方法和研究手段。

借助资料可以为课题的论证提供依据。论证阶段同样离不开对资料的查阅,只有通过查阅资料,借助资料,才能了解课题题目表达是否完善,是否具有科学性、可行性。

另外,在论证时,一些主管领导、有关专家、同行所发表的意见或提供的建议以及对课题研究设计的修改要求,签署的评审鉴定书等,同样是资料的一部分,俗称原始资料,具有极大的针对性与时效性,它为完善课题研究设计提供了极为可靠的依据。

**2. 在课题实施运行阶段的应用**

真谛总是蕴含在纷繁的资料之中,运用资料可以加速课题研究的进程。在这个过程中,调研人员要及时了解相关的学术期刊、专著中的最新研究成果,随时掌握有关学术会议的快报、研讨会的纪要、综述、述评或有关会议的报道等的最新的专业、学术研究动态与国外的发展趋向,密切注意同类课题研究的进展情况,要求调研人员重视搜集那些非公开于社会、非经过记录整理、非正式传递的直接作用于研究人员的原始资料,这样的资料大都以口头、书信、实物展示等形式进行,具有较高的时效性,也是调研人员快速获取第一手原始资料的重要来源。

**3. 在成果撰写、评价和推广阶段的应用**

只有详尽地占有资料,才有可能从对这些资料的分析研究中找出其固有的规律而不是臆造结论。引用资料有助于解释研究成果、撰写研究报告或论文。在课题研究后期,要进行成果的总结,撰写实验报告或研究论文。对于与课题有关的理论、有关研究的情况和结论了解得越多,那么对自己研究结果的解释分析和得出的结论就越恰当,就越易于充分显示研究结果的理论价值和应用价值。

通过资料有助于成果的鉴定、评价和推广。在成果鉴定时,首先是对前面阶段积累、分析研究所取得各种资料、数据等实验结果进行归纳整理,与此同时,还要借鉴、运用有关的理论、原理;有关的研究结论、动态等资料来阐述本研究的结果与结论,然后在此基础上进行解释和讨论,进行自我鉴定。成果的社会评价与推广同样需要依靠各种资料载体,调研人员只有通过各种渠道、方法和媒体才能捕捉到社会对该成果的评价,以及传播、推广的动向信息反馈等。

## 7.4.2 资料收集的主要方法

收集资料要求必要(必不可少)而充分,真实(不虚假,来自客观实际)而准确,典型(材料能反映事物的本质特征)而新颖。资料收集的主要方法包括如下几种,如图 7.12 所示。

(1) 参加有关实验、调查研究,获取第一手资料。这些第一手资料是真实而准确的。

(2) 参加学术报告会、技术鉴定会、学术交流会、技术研讨会、项目论证会等有关会议,并索取相关资料。

(3) 利用计算机在网络上查阅资料。计算机互联网上的信息量大,内容方法,信息传递快,在网上可以查找与自己的科研方向有关的材料和信息,了解国内外新动态。但这些资料可以为科研提供参考,而不能作为依据。

(4) 查看全国新书目并到书店选购有关著作及期刊。

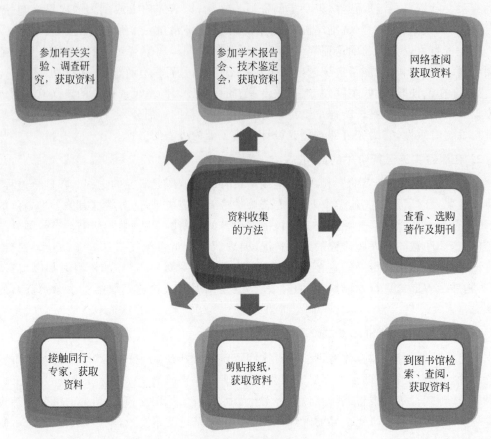

图 7.12　资料收集的主要方法

(5) 到图书馆检索、查阅、复印并索取或借阅有用的资料。

(6) 对报纸上有关的文章进行剪贴、归类整理。

(7) 从能够接触到的同行、专家等人士那里借阅、复印有关方面的书籍或资料,并及时购买新出版的有关书籍。

# 第8章 学术论文的撰写

若要使论文写得条理清晰、脉络分明,必须要使全文有一条贯穿线,这就是论文的主题。主题是一篇学术论文的精髓,用来体现作者的学术观点、学术见解。论文对作者的影响主要就是靠其主题来实现的。因此,下笔写论文前,谋篇构思就要围绕主题,构思要为主题服务。在对一篇论文进行构思时,有时需要按时间顺序编写,有时又需要按地域位置顺序编写,但更多的还是需要按逻辑关系编写,即要求符合客观事物的内在联系和规律,符合科学研究和认识事物的逻辑。但不管属于何种情形,都应保证论文合乎情理、连贯完整。有时,会构思出多种写作方案,这就需要进行比较,在比较中,随着思考的不断深入,写作思路又会经历一个由庞杂到单纯,由千头万绪到形成一条明确线索的过程,此时,应适时抓住顿悟之机,确定一种较好的方案。

撰写并发表任何一篇科技文章,其最终目的都是让别人阅读,因此,构思时要求做到"心中装着读者",多做读者分析。有了清晰的读者对象,才能有效地展开构思,也才能顺利地确定立意、选材以及表达的角度。一般说来,读者可分为专业读者、非专业读者、主管领导或科技工作主管机构负责人等,不同的群体对科技文章的要求与评估标准各异。对于学术论文来说,其读者对象为同行专业读者,因此,构思要从满足专业需要与发展的角度去思考,确定取舍材料与表达的深度与广度,明确论文的重点。如果一篇论文包含重要性不同的几个论题,作者应分清主次,考虑如何由次要论题向主要论题过渡,以此引起专业读者的兴趣。那么,如何提高文章的构思能力?很难想象,一个思维不清晰的作者会写出条理清晰、脉络分明的论文来。因此,问题的关键在于通过写作实践训练思维能力,思维能力提高了,构思论文的能力将随之提高。在正式撰写学术论文之前,先拟定写作提纲,可以极大地帮助作者锻炼思想,提高构思能力,这一办法是被长期实践证明的有效办法之一。据资料报道,世界上先编制写作提纲,然后按提纲进行写作的科技人员,约占总数的95%。

## 8.1 学术论文写作基础

据国家教育部官网数据显示,2019年全国各类高等教育在学总规模达4002万人,其中全国在学研究生286.4万人,在校本专科生3031.5万人,专任教师为174.0万人;每年约有超过 1000 万篇学术论文被撰写出来，等待期刊发表。僧多粥少，发表论文难。那么，论文写作到底是怎么一回事呢？

一般来说，学术论文写作的流程为：选题—获取资料—提炼观点—列提纲—拟草稿—修改—定稿。可见，作为"获取资料"的重要方式—文献信息检索，是论文选题和写作过程中不可或缺的阶段。另外，文献信息检索与学术论文写作也是相辅相成的关系：文献信息检索（沉浸在文献中）的最终目的包括发现选题、撰写学术论文等，论文的写作与发表过程有助于作者在文献中找到自己所需要的东西，提升学识，再者还可以继续延伸出新的选题，通向新的课题研究与论文写作，这是一个循环的学术圈。

学术论文的撰写与投稿行为可以反映一个人的科研能力、学识水平、写作功底和信息检索素养等方面的综合能力。同时学术论文的撰写与投稿必须遵循一定的规范与约定，否则即使是一篇优秀论文也有被期刊编辑部退稿的可能。因此，掌握学术论文撰写的基本规范，了解论文投稿的相关要求，是一名科研工作者取得成功，获得同行认可的前提。

## 8.1.1　学术论文概述

**1. 学术论文的定义**

学术论文又称学术文本或研究论文，是讨论某种问题或研究某种问题的文章，是作者向社会描述自己研究成果的工具。我国国家标准《科学技术报告、学位论文和学术论文的编写格式》(GB 7713—1987)将它定义为："某一学术课题在实验性、理论性或观测性上具有新的研究成果或创新见解和知识的科学记录；或是某种已知原理应用于实际中取得新的进展的科学总结，用以提供在学术会议上宣读、交流或讨论；或在学术刊物上发表；或者其他用途的书面文件。"

**2. 学术论文的特征**

与其他文章不同，学术论文有其学术方面的特殊特性，也即具有科学性、学术性和创新性的特征。其中，创新性是学术论文的基本特征，是世界各国衡量科研工作水平的重要标准，是决定论文质量高低的主要标准之一，也是反映它自身价值的标志。

**3. 学术论文的种类**

学术论文的种类包括期刊论文、会议论文和学位论文等。另外，文献综述、专题述评和可行性报告（开题报告）三种类型的情报调研报告也属于学术性论文的范畴。

**4. 学术论文的格式**

国际上主要有 MLA 格式（主要用于人文科学）、ACS 格式（主要用于化学领域）、AMA 格式（主要用于生物医学领域）、APA 格式（主要用于心理、教育等社会科学领域）、CMS（芝加哥）格式（应用于图书、杂志、报纸以及人文科学领域）、CSE 格式（主要用于自然科学领域）、温哥华(Vancouver)格式（主要用于生物医学期刊）、哈佛(Harvard)格式（也叫作者-日期体系，应用于各学科）。

国内在 1988 年 1 月 1 日起实施的国家标准《GB 7313—1987 科学技术报告、学位论文和学术论文的编写格式》对学术论文的撰写和编排格式做了规定。

即使是同类别的期刊,在论文格式上也会有所不同,因此要遵循所要投稿的期刊对于论文的格式要求。关于期刊的论文格式要求,可以通过文献数据库查询获得,一般期刊会在每年的第一期,刊出该刊论文及参考文献的格式要求。

### 8.1.2 学术论文写作步骤

一般来说,学术论文的写作要经历以下几个步骤,如图 8.1 所示。

作者在按照上述步骤进行论文写作时,还需要注意以下几点。

图 8.1 学术论文写作的基本步骤

**1. 掌握相关理论**

选好了论文的题目后,必须进行理论准备,否则积累资料、形成论点和论据都会迷失方向。毕业论文撰写前的理论准备是积累资料的向导,是形成论点和论据的必要条件。以经济学论文为例,在论文撰写前,首先要掌握经济学原理,还要掌握应用经济学知识,包括工业经济学、农业经济学、商业经济学、财政学、外贸经济学、金融学、企业管理学等,还要掌握研究经济现象必须具备的方法论知识,主要指经济数学、统计学、会计学、电子计算机的应用技术等有关数量分析方法的基本知识,撰写经济学论文却没有掌握数量分析的基本方法是很难取得成功的。

**2. 积累数据资料**

论文写作要积累几个方面的材料——统计材料、典型案例、经验总结等;国内外对有关该课题学术研究的最新动态;边缘学科的材料;名人的有关论述、有关政策文献等;收集论文作者当时所处的社会、政治、经济等背景材料。积累的资料要满足:适用性、全面性、真实性、新颖性、典型性。

**3. 拟定结构提纲**

在拟定论文结构提纲时,要有全局观念,从整体出发去检查每一部分在论文中所占的地位和所起到的作用;从中心论点出发,决定材料的取舍,把与主题无关或关系不大的材料毫不吝惜地舍弃,要考虑各部分之间的逻辑关系。

**4. 形成论点和论据**

由于人的认识不可能一次性完成,即使一种新观点在当时看来是完善的,但随着时间的推移和人们认识水平的提高,总会发现原有观点的不足之处。所以可以说,绝大部分已有的研究成果都给后世留下了补充性的研究课题。补充性论点是对前人研究成果的肯定与发展,而匡正性论点则是对已有研究成果的否定与纠正。这种匡正性论点包括两个方面:一方面是对通舆论,即对流行的说法或观点的纠正,另一方面是对新出现的某种观点的不足之处的纠正。

## 8.2 学术论文提纲的拟定

### 8.2.1 编写提纲的作用

在正式撰写学术论文之前,一般先拟定一个论文写作提纲,然后按提纲写作。提纲实际上是作者对论文的总体设计,是作者思路外部形态的一种体现。编写提纲可以保证一篇文章结构合理、层次清晰、前后照应、内容连贯、重点突出、比例协调。提纲不能凭空捏造,而是在对材料和主题深入思考研究的基础上,对论文的整体进行全面设计。构思谋篇非常重要,所以必须编制写作提纲,以便有条理地安排材料、展开论证。一个好的提纲,利于纲举目张、提纲挈领,掌握全篇论文的基本骨架,使论文的结构完整统一;利于分清层次;明确重点,周密地谋篇布局,使总论点和分论点有机地统一起来;也利于按照各部分的要求安排、组织、利用资料,决定取舍,最大限度地发挥资料的作用。

有些学生不愿意写提纲,喜欢直接写初稿。如果没有在头脑中已把全文的提纲想好,如果心中对于全文的论点、论据和论证步骤还是混乱的,那么编写一个提纲是十分必要的,其好处至少有如下三个"有利于"。

(1) 有利于体现作者的总体思路。提纲是由序码和文字组成的一种逻辑图表,是帮助作者考虑文章全篇逻辑构成的写作设计图。其优点在于,使作者易于掌握论文结构的全局,使论文层次清楚,重点明确,简明扼要,一目了然。

(2) 有利于论文前后呼应。提纲可以帮助我们树立全局观念,从整体出发,检验每一个部分所占的地位、所起的作用,相互间是否有逻辑联系,每部分所占的篇幅与其在全局中的地位和作用是否相称,各个部分之间的比例是否恰当和谐,每一字、每一句、每一段、每一部分是否都为全局所需要,是否都丝丝入扣、相互配合,成为整体的有机组成部分,是否都能为展开论题服务。经过这样的考虑和编写,论文的结构才能统一而完整,才能很好地为表达论文的内容服务。

(3) 有利于及时调整,避免大返工。在毕业论文的研究和写作过程中,作者的思维活动是非常活跃的,一些不起眼的材料,从表面看来不相关的材料,经过熟悉和深思,常常会产生新的联想或新的观点,如果不认真编写提纲,动起笔来就会被这种现象所干扰,不得不停下笔来重新思考,甚至推翻已写的重新来写。这样,不仅增加了工作量,也会极大地影响写作情绪。毕业论文提纲犹如工程的蓝图,只要动笔前把提纲考虑得周到严谨,就能形成一个层次清楚、逻辑严密的论文框架,从而避免许多不必要的返工。另外,初写论文的学生,如果把自己的思路先写成提纲,再去请教他人,人家一目了然,较易提出一些修改补充的意见,便于自己得到有效的指导。

### 8.2.2 编写提纲的步骤、原则与方法

**1. 编写提纲的步骤**

论文提纲是论文写作的设计图,是全篇论文的框架,它起到疏通思路、安排材料、形成机构的作用。论文的提纲可以分为简单提纲和详细提纲两种。不管是哪一种提纲类型,其编

写提纲的步骤基本是类似的。

编写提纲的步骤一般包括如下几点。

(1) 确定论文提要,再加进材料,形成全文的概要。

论文提要是内容提纲的雏形。一般的书籍,包括教学参考书都有反映全书内容的提要,以便读者对书的大概内容有初步了解。写论文也需要先写出论文提要。在执笔前把论文的题目和大标题、小标题列出来,再把选用的材料插进去,就形成了论文内容的提要。

(2) 文章篇幅的安排。

写好论文的提要之后,要根据论文的内容考虑篇幅的长短,文章的各个部分大体上要写多少字。有了安排分配便于资料的配备和安排,能使写作更有计划。

(3) 编写各章节提纲。

提纲可分为简单提纲和详细提纲两种。简单提纲是高度概括的,只提示论文的要点,如何展开则不涉及。这种提纲虽然简单,但由于它是经过深思熟虑构成的,能够保证写作的顺利进行。详细提纲是将文章的主要内容叙述出来,在大小标题下列出所探讨的问题,这样就可看出文章的逻辑系统,把握各章节大意,在写作时可以按提纲一层层来写。

**2. 论文提纲的拟定原则**

要有全局观念,从整体出发去检查每一部分在论文中所占的地位和作用。看看各部分的比例分配是否恰当,篇幅的长短是否合适,每一部分能否为中心论点服务。

在撰写论文的过程中,应从中心论点出发,决定材料的取舍,把与主题无关或关系不大的材料毫不吝惜地舍弃。有所失,才能有所得。必须时刻牢记材料只是为形成自己论文的论点服务的,偏离了这一点,无论是多好的材料都必须舍得抛弃。

另外,还应考虑各部分之间的逻辑关系。初学撰写论文的人常犯的毛病,主要有论点和论据没有必然联系,有的只限于反复阐述论点,而缺乏切实有力的论据;有的材料一大堆,论点不明确;有的各部分之间没有形成有机的逻辑关系。这样的毕业论文都是不合乎要求的,是没有说服力的。为了使论文有说服力,必须做到有论点有例证,理论和实际相结合,论证过程有严密的逻辑性,拟提纲时特别要注意这一点。

**3. 编写论文提纲的方法**

(1) 先拟定标题,以最简洁、最鲜明的语言概括论文内容。

(2) 写出总论点,确定全文的中心论点。

(3) 考虑全篇总体上的安排:从几个方面,以什么顺序来论证总论点,这是论文结构的骨架。

(4) 大的项目安排妥当之后,再逐个考虑每个项目的下位论点,最好考虑到段一级,写出段的论点句,即段旨。

(5) 依据考虑各个段落的安排,把准备使用的材料按顺序编码,以便写作时使用。

(6) 全面检查写作提纲,做必要的增、删、改。

**4. 编写论文提纲的注意事项**

撰写学术论文提纲有两种方法:一是标题式写法,即用简要的文字写成标题,把这部分的内容概括出来。这种写法简明扼要,一目了然,能清晰地反映文章的结构和脉络,是最常用的一种形式,但这种形式只有作者自己看得明白。学术论文提纲可以采用这种方法编写,但是毕业论文提纲一般不能采用这种方法编写。二是句子式写法，即以一个能表达完整意思的句子形式把该部分内容概括出来，这种形式的标题对文章每一部分的意思表达得比较详细。具体而明确，别人看了也能明了，但费时费力。毕业论文的提纲编写要交与指导教师阅读，所以要求采用这种编写方法。

提纲写好后，还有一项很重要的工作不可疏忽，即提纲的推敲和修改，具体过程要把握如下两点：一是推敲题目是否恰当，是否合适；二是推敲提纲的结构是否合理。先围绕所要阐述的中心论点或者说明的主要议题，检查划分的部分、层次和段落是否可以充分说明问题，是否合乎道理；各层次、段落之间的联系是否紧密，过渡是否自然。然后再进行客观总体布局的检查，再对每一层次中的论述秩序进行"微调"。最后，就可以按照提纲一层一层地进行论文的写作。

## 8.3　学术论文的结构与内容

### 8.3.1　中文学术论文的结构与内容

按照国家标准《科学技术报告、学位论文和学术论文的编写格式》（GB 7313—1987）中的定义，"学位论文是表明作者从事科学研究取得创造性的结果或有了新的见解，并以此为内容撰写而成，作为提出申请相应学位时评审的学术论文。"学位论文也称毕业论文，可分为学士论文、硕士论文、博士论文三种。学术论文是某一学术课题在实验性、理论性或观测性上的具有新的科学研究成果或创新见解和知识的科学记录；或是某种已知原理应用于实际中取得新进展的科学总结，用以提供在学术会议上宣读、交流或讨论；或在学术刊物上发表；或做其他用途的书面文件。

学术论文一般由三个部分：前置部分、主体部分和附录部分组成。前置部分包括题名、论文作者、中英文摘要、关键词、中国图书馆分类法分类号等；主体部分包括前言、材料和方法、对象和方法、结果、讨论、结论、致谢、参考文献等；附录部分包括插图和表格等。

**1. 章、条的编号**

参照国家标准《标准化工作导则第 1 部分：标准的结构和编写规则》（GB/T 1.1—2000）第 5 章第 2 节"层次的描述和编号"的有关规定，学术论文的章、条的划分、编号和排列均应采用阿拉伯数字分级编写，即一级标题的编号为 1，2，…；二级标题的编号为 1.1，1.2，…，2.1，2.2，…；三级标题的编号为 1.1.1，1.1.2，…，等等。详细参见《标准化工作导则第 1 部分：标准的结构和编写规则》（GB/T 1.1—2000）和《科学技术报告、学位论文和学术论文的编写格式》（GB 7713—1987）。

上述规定的这一章、条编号方式对著者、编者和读者都具有显著的优越性，便于期刊文章的阅读、查询与管理。

**2. 题名**

题名又称题目、标题或篇名，它是学术论文的必要组成部分。题名要求用最恰当、最简洁的词组反映文章的特定内容，把论文的主题准确无误地告诉读者，恰当反映所研究的范围和深度，并且使之具有画龙点睛、启迪读者兴趣的功能。一般情况下，题名中应包括文章的主要关键词。总之,题名的用词十分重要,它直接关系到读者对文章的取舍态度,务必字字斟酌。据称,期刊论文编辑会根据论文题名确定是否进入下一轮论文评审。题名像一条标签,切忌用冗长的主、谓、宾语结构的完整语句逐点描述论文的内容,以保证达到"简洁"的要求;而"恰当"的要求应反映在用词的中肯、醒目、好读好记上。当然,也要避免过分笼统或哗众取宠,缺乏可检索性,以至于名实不符或无法反映出每篇文章应有的主题特色。

题名用词应精选,字数要少,尽管题名的字数多少并无统一的硬性规定,但一般来说,对于我国的科技期刊,论文题名用字不宜超过 20 个汉字,外文题名不超过 10 个实词。国际上不少著名期刊都对题名的用字有所限制。使用简短题名而语意未尽时,或系列工作分篇报告时,可借助副标题名以补充论文的下层次内容。题名应尽量避免使用化学结构式、数学公式、不太为同行所熟悉的符号、简称、缩写以及商品名称等。

题名实例:《艺术类高职院校计算机基础课程教学改革与实践》

例如,论文题名为《艺术类高职院校计算机基础课程教学改革与实践》,观其题名,发现比较笼统,缺乏新颖性,再看摘要部分,发现实际上撰写的内容是计算机基础"1+X"模块化教学改革与实践。因此,如果能够突出主要内容,将论文题名改为《计算机基础"1+X"模块化教学在艺术类高职实践教学中的应用》将会更清楚明白。

同时,与《机关公文智能办理系统》比较,相对而言,论文题名《基于汉语多类文本分类的机关公文智能办理系统》表述更恰当、简洁、到位。

### 3. 著者

著者署名是学术论文的必要组成部分,主要体现责任、成果归属以及便于研究人员追踪研究。著者指在论文主题内容的构思、具体研究工作的执行及撰稿执笔等方面的全部或局部上做出主要贡献的人员,能够对论文的主要内容负责答辩的人员,是论文的法定主权人和责任者。文章的著者应同时具备三项条件:课题的构思与设计,资料的分析和解释;文稿的写作或对其中重要学术内容做重大修改;参与最后定稿,并同意投稿和出版。

著者的排列顺序应由主要作者共同决定,每位作者都应该能够就论文的全部内容向公众负责。论文的执笔人或主要撰写者应该是第一作者;对于贡献相同的作者,可用"共同第一作者""通讯作者"来表达。应避免随意"搭车"署名,不能遗漏应该署名的作者,不可擅自将知名人士署为作者之一以提高论文声誉和影响。对于不够署名条件,但对研究成果却有贡献者,可以"致谢"的形式列出,作为致谢的对象通常包括:协助研究的实验人员;提出过指导性意见的人员;对研究工作提供方便(仪器,检查等)的机构或人员;资金资助项目或类别(但不宜列出得到经费的数量);在论文撰写过程中提出建议,给予审阅和提供其他帮助的人员(但不宜发表对审稿人和编辑的过分热情的感谢)。行政领导人一般不署名。著者的姓名应给出全名。学术论文一般均有著者的真实姓名,不用变化不定的笔名。同时还应给出著者所在的工作单位、通信地址或电子邮件,以便读者在需要时可与著者联系。

### 4. 摘要

摘要是现代学术论文的必要附加部分,只有极短的文章才能省略。摘要是对论文内容不加注释和评论的简短陈述,其作用是读者不用阅读论文全文即能获得论文的必要信息。

根据国家标准《文摘编写规则》(GB 6447—1986)的定义,摘要是以提供文摘内容梗概为目的,不加评论和补充解释,简明确切地记述文献重要内容的短文。摘要的分类如下。

（1）按摘要内容的不同分为报道性摘要、指示性摘要和报道指示性摘要。

报道性摘要也常称为信息型摘要或资料型摘要。其特点是全面、简要地概括论文的目的、方法、主要数据和结论。学术期刊论文一般常用报道性摘要，EI收录文章大部分属于报道性摘要。通常这种摘要可以部分地取代阅读全文。

指示性摘要也常称为标题型摘要、说明型摘要、描述型摘要或论点摘要。适用于创新内容较少的论文（如综述）、会议报告、学术性期刊的简报、问题讨论等栏目以及技术类期刊等，一版只用两三句话概况论文的主题，而不涉及论据和结论，此类摘要可用于帮助潜在的读者决定是否需要阅读全文。

报道指示性摘要是以报道性摘要的形式表达一次文献中信息价值较高的部分，以指示性摘要的形式表述其余部分。

（2）按编写的形式可分为传统的摘要和结构式摘要。

传统的摘要多为一段式，在内容上大致包括引言、材料与方法、结果和讨论等主要方面，即 IMRAD(Introduction，Methods，Results and Discussion)结构的写作模式。

结构式摘要是20世纪80年代中期出现的一种摘要文体，实质上是报道性摘要的结构化表达，即以分层次、设小标题的形式代替原来传统的编写形式。结构式摘要一般分为4层次：目的(Objective)、方法(Methods)、结果(Result)、结论(Conclusion)，但各期刊在具体操作上仍存在细微的差异。

摘要应包含如下这些内容：从事这一研究的目的和重要性；研究的主要内容和完成了哪些工作；获得的基本结论和研究成果；突出论文的新见解；结论或结果的意义等。其基本要素如下所述。

① 目的——研究、研制、调查等的前提、目的和任务，所涉及的主题范围。

② 方法——所用的原理、理论、条件、对象、材料、工艺、结构、手段、装备、程序等。

③ 结果——实验的、研究的结果，数据，被确定的关系，观察结果，得到的效果、性能等。

④ 结论——结果的分析、研究、比较、评价、应用，提出的问题，今后的课题，假设，启发，建议，预测等。

⑤ 其他——不属于研究、研制、调查的主要目的，但就其见识和情报价值而言也是重要的信息。

一般地说，对于报道性摘要，方法、结果、结论宜写得详细，目的、其他可以写得简单，根据具体情况也可以省略；对于指示性摘要，目的宜写得详细；方法、结果、结论、其他可以写得简单，根据具体情况也可以省略。

摘要的详简度。摘要虽然要反映上述内容，但文字必须简明，内容需充分概括，它的详简程度取决于文献的内容。通常中文摘要以不超过400字为宜，纯指示性摘要可以简短一些，应控制在200字上下《文摘编写规则》(GB 6447—1986)规定：报道性摘要和报道-指示性摘要一般以400字为宜；指示性摘要一般以200字左右为宜。《科学技术报告、学位论文和学术论文的编写格式》(GB 7713—1987)规定：中文摘要一般不宜超过200～300字；外文摘要不宜超过250个实词。如遇特殊需要字数可以略多。对于使用英、俄、德、日、法等外文书写的一次文献，它们的摘要可以适当详尽一些。学位论文等文献具有某种特殊性，为了评审，可写成变异式的摘要，不受字数的限制。摘要的编写应该客观、真实，切忌掺杂进编写者的主观见解、解释和评论。

摘要应具有独立性和自明性，并拥有与一次文献同等量的主要信息，即不阅读文献的全文，就能获得必要的信息。因此摘要是一种可以被引用的完整短文。

编写摘要的注意事项如下。

① 除在本学科领域方面已经成为常识的内容。

② 不得简单地重复文章篇名中已经表述过的信息。

③ 要求结构严谨，语义确切，表达简明，一气呵成，一般部分力求少分段落；忌发空洞的评语，不做模棱两可的结论。没有得出结论的文章，可在摘要中做扼要的讨论。

④ 要用第三人称，不要使用"作者""我们"等作为摘要陈述的主语。

⑤ 要采用规范化的名词术语。尚未规范化的，以采用一次文献所采用的为原则。如新术语尚未有合适的中文术语译名，可使用原文或译名后加括号注明原文。

⑥ 不要使用图、表或化学结构式，以及相邻专业的读者尚难以清楚理解的缩略语、简称、代号。如果确有必要，在摘要首次出版时必须加以说明。

⑦ 不得使用一次文献中列出的章节号、图号、表号、公式号以及参考文献号等。

⑧ 必要提及的商品应加注学名。

当然，应该使用法定计量单位以及正确地书写规范字和标点符号。

摘要的书写要求详见国家标准《文摘编写规则》(GB 6447—1986)、《科学技术报告、学位论文和学术论文的编写格式》(GB 7713—1987)。

摘要实例：《基于汉语多类文本分类的机关公文智能办理系统》

例如，论文题名《基于汉语多类文本分类的机关公文智能办理系统》的摘要为："为了提高党政机关公文办理的自动化、科学化程度，尝试将已成熟的汉语多类文本分类技术应用于机关公文办理系统中，并加入专家评估和反馈模块，使该系统具备'渐进式学习'的能力，将公文办理的经验积累在数据库中，不断提高输出结果的准确度。经过实验证实了文本分类技术在党政机关公文办理中的应用价值。"写得较为妥当，囊括研究目的、研究的主要内容、基本结论等摘要的基本要素，并清楚地表达了研究方法和论文的新见解。

**5．关键词**

关键词是为了满足文献标引或检索工作的需要而从论文中萃取出来的，表示全文主题内容信息条目的单词、词组或术语，可参照《汉语主题词表》列出3～8个。关键词作为论文的一个组成部分，列于摘要段之后。在科学技术信息迅猛发展的今天，全世界每天有几十万篇论文发表，学术界早已约定利用主题概念词去检索最新发表的论文。作者发表的论文不标引关键词或叙词，文献数据库就不会收录此类文章，读者就检索不到。关键词选得是否恰当关系到该文被检索和该成果的利用率。

1）关键词分类

关键词包括叙词和自由词。叙词指收入《汉语主题词表》、MeSH等词表中可用于标引文献主题概念的即经过规范化的词或词组。自由词反映该论文主题中新技术、新学科尚未被主题词表收录的新产生的名词术语或在叙词表中找不到的词。

2）关键词标引

关键词的标引应按《文献主题标引规则》(GB 3860—1983)的规定，在审读文献题名、前言、结论、图表，特别是在审读文献的基础上，逐篇对文献进行主题分析，然后选定能反映文献特征内容，通用性比较强的关键词。首先要从综合性主题词表(如《汉语主题词表》)和专业性主题词表(如 NASA 词表、INIS 词表、TEST 词表、MeSH 词表)中选取规范性词(称叙词或主题词)。对于那些反映新技术、新学科而尚未被主题词表录入的新产生的名词术语,也可用非规范的自由词标出,以供词表编纂单位在修订词表时参照选用。要强调的一点是:一定不要为了强调反映文献主题的全面性,把关键词写成一句句内容"全面"的短语。有英文摘要的论文,应在英文摘要的下方著录与中文关键词相对应的英文关键词(Key Words)。

**6. 引言**

论文的引言又叫绪论、前言、导言、序言、绪论等。它是一篇论文的开场白,写引言的目的是向读者交代本研究的来龙去脉,其作用在于唤起读者的注意,使读者对论文先有一个总体的了解。

(1) 引言的主要内容。

① 简要说明研究工作的主要目的和范围,即为什么写这篇论文和要解决什么问题。

② 前人在本课题相关领域内所做的工作和尚存的知识空白,即做简要的历史回顾和现在国内外情况的横向比较。

③ 研究的理论基础、技术路线、实验手段和方法,以及选择特定研究方法的理由。

④ 预期研究结果、作用及其意义。

(2) 引言的写作要求。

① 引言应言简意赅,内容不得烦琐,文字不可冗长,应能吸引读者。学术论文的引言根据论文篇幅的大小和内容的多少而定,一般为 200～600 字,短则不足 100 字,长则达 1000 字左右。

② 引言要开门见山,不绕圈子。比较短的论文可以不单列引言一节,在论文正文前只写一小段文字即可起到引言的效果。

③ 引言不可与摘要雷同,不要写成摘要的注释。一般教科书中的知识,不要在引言中赘述。

④ 为了反映作者确已掌握了坚实的理论基础和系统的专门知识,具有开阔的科研视野,对研究方案做了充分论证,引言部分需要如实评述前人工作,并引出自己写的论文内容,但要防止吹嘘自己和贬低别人。

引言实例:《基于汉语多类文本分类的机关公文智能办理系统》

例如,论文《基于汉语多类文本分类的机关公文智能办理系统》的引言部分为:"自从 20 世纪 90 年代电子政务提出以来,各类办公软件纷纷出版,我国各级党政机关的办公信息化程度迅速提高。然而,作为党政机关最重要的日常工作之一的公文办理工作却仍然沿袭着原始的凭借办报人员个人经验的办法。至多只是把'写在纸上'改为'打在电脑上'而已。笔者将汉语多类文本分类技术应用于机关公文办理工作,把市政府和市直机关各部门作为类别,公文的批办过程变成了将公文分类的过程。这样,积累在办报人员大脑中的经验就能存放在数据库中。对于同一份公文,即使是不同的办报人员来办理,其结果也是一样的;即使是毫无经验的人也能又好又快地办理公文,从而确保公文办理的一致性和高效性。"该论文引言部分言简意赅,突出重点;开门见山,不绕圈子;尊重科学,不落俗套;如实评述。

**7. 正文**

正文是学术论文的核心组成部分,是用论据经过论证证明论点而表述科研成果的核心部分,也即主要回答"怎么研究"这个问题。正文应充分阐明论文的观点、原理、方法及具体达到预期目标的整个过程,并且突出一个"新"字,以反映论文具有的首创性。根据需要,论文可以分层深入,逐层剖析,按层设分层标题。

正文通常占有论文篇幅的大部分,可分为几个段落来写。它的具体陈述方式往往因不同学科、不同文章类型而有很大差别,不能牵强地做出统一的规定。一般应包括材料、方法、结果、讨论和结论等几个部分。

实验与观察、数据处理与分析、实验研究结果的得出是正文的最重要成分,应该给予极大的重视。要尊重事实,在资料的取舍上不应该随意掺入主观成分,或妄加猜测,不应该忽视偶发性的现象和数据。

教科书式的撰写方法是撰写学术论文的第一大忌。对已有的知识应避免重复描述和论证,尽量采用标注参考文献的方法;不泄密,对需保密的资料应做技术处理;对用到的某些数学辅佐手段,应防止过分注意细节的数字推演,需要时可采用附录的形式供读者选阅。

**8. 结论和建议**

结论又称为结束语、结语,它是在理论分析和实验验证的基础上,通过严密的逻辑推理而得出的富有创造性、指导性、经验性的结果描述。它又以自身的条理性、明确性、客观性反映了论文或研究成果的价值。结论与引言相呼应,同摘要一样,其作用是便于读者阅读和为二次文献作者提供依据。

结论不是研究结果的简单重复,而是对研究结果更深入一步的认识,是从正文部分的全部内容出发,并涉及引言的部分内容,经过判断、归纳、推理等过程,将研究结果升华成新的总观点。其内容要点主要包括:本研究结果说明了什么问题,得到了什么规律性的东西,解决了什么理论或实际问题;对前人有关本问题的看法做了哪些检验,哪些与本研究结果一致,哪些不一致,作者做了哪些修正、补充、发展或否定;本研究的不足之处或遗留问题。

对结论部分写作的要求有以下几点。

(1) 应做到准确、完整、明确、精炼。结论要有事实、有根据,用语斩钉截铁,数据准确可靠,不能含糊其辞、模棱两可。

(2) 在判断、推理时不能离开实验、观测结果,不做无根据或不合逻辑的推理和结论。

(3) 结论不是实验、观测结果的再现,也不是文中各段的小结的简单重复。

(4) 对成果的评价应公允,恰如其分,不可自鸣得意。证据不足时不要轻率否定或批评别人的结论,更不能借故贬低别人。

(5) 结论写作应十分慎重,如果研究虽然有创新但不足以得出结论的话,宁可不写也不妄下结论,可以根据实验、观测结果进行一些讨论。

**9. 致谢**

现代科学技术研究往往不是一个人能单独完成的,而是需要他人的合作与帮助,因此,当研究成果以论文形式发表时,作者应当对他人的劳动给以充分肯定,并对他们表示感谢。致谢的对象是，凡对本研究直接提供过资金、设备、人力，以及文献资料等支持和帮助的团体和个人。

致谢一般单独成段，放在文章的最后面，但它不是论文的必要组成部分。致谢也可以列出标题并贯以序号。

### 10. 参考文献

对于一篇完整的论文来说，参考文献著录是不可缺少的。参考文献即文后参考文献，据新的《文后参考文献著录规则》(GB/T 7714—2005)，是指："为撰写或编辑论文和著作而引用的有关文献信息资源。"按规定，在学术论文中，凡是引用前人（包括作者自己过去）已发表的文献中的观点、数据和材料等，都要对它们在文中出现的地方予以标明，并在文末（致谢段之后）列出参考文献。这项工作叫作参考文献著录。

参考文献著录的原则为只著录最必要、最新的文献；只著录公开发表的文献；采用标准化的著录格式。被列入的参考文献应该只限于那些著者亲自阅读过和论文中引用过，而且正式发表的出版物，或其他有关档案资料，包括专利等文献。私人通信、内部讲义及未发表的著作，一般不宜作为参考文献著录，但可用脚注或文内注的方式，以说明引用依据。

文后参考文献的著录方法有"顺序编码制"和"著者-出版年制"。前者根据正文中引用参考文献的先后，按著者、题名、出版事项等顺序逐项著录；后者首先根据文种（按中文、日文、英文、俄文、其他文种的顺序）集中，然后按参考文献著者的姓氏笔画或姓氏首字母的顺序排列，同一著者有多篇文献被参考引用的，再按文献出版年份的先后依次给出。其中，顺序编码制为我国学术期刊所普遍采用。

### 11. 附录

附录是论文的附件，不是必要组成部分。它在不增加文献正文部分的篇幅和不影响正文主体内容叙述连贯性的前提下，向读者提供论文中部分内容的详尽推导、演算、证明、仪器、装备或解释、说明，以及提供有关数据、曲线、照片或其他辅助资料如计算机的框图和程序软件等。附录与正文一样，编入连续页码。附录段置于参考文献表之后，依次用大写正体A,B,C,…编号，如"附录 A"作为标题前导词。

附录中的插图、表格、公式、参考文献等的序号与正文分开，另行编制，如编为"图 A1""表 B1""式(A1)""文献[A1]"等。插图必须精炼、清晰、规范，尽量用计算机作图；图序号和图名称必不可少；一般插图规格为 $5cm \times 7cm$ 或 $10cm \times 15cm$。表格必须有表序号、表标题；无线表、文字表、系统表、卡线表、三线表均可使用，但须省去两侧竖线。

### 12. 注释

解释题名项、作者及论文中的某些内容，均可使用注释。能在行文时用括号直接注释的，尽量不单独列出。

不随文列出的注释叫作脚注。用加半个圆括号的阿拉伯数字1),2)等，或用圈码①,②等作为标注符号，置于需要注释的词、词组或句子的右上角。每页均从数码1)或①开始，当页中只有一个脚注时，也用1)或①。注释内容应置于该页底脚，并在页面的左边用一短细水平线与正文分开，细线的长度为版面宽度的1/4。

中文学术论文撰写实例：《合作项目课程开发研究与实践——高职艺术设计网页设计与制作课程为例》

经过对中澳合作主题词的检索与分析，考虑论文写作从学校相关专业的中澳合作教学的项目课程入手，勾勒出实际教育教学过程中的模式、方式、方法和措施，提出若干中澳合作项目课程中所出现的问题及相应的解决方法，为其他相关院校的中外合作办学提供借鉴与参考。在正式论文写作前将基本思路绘制成图，如图8.2所示。

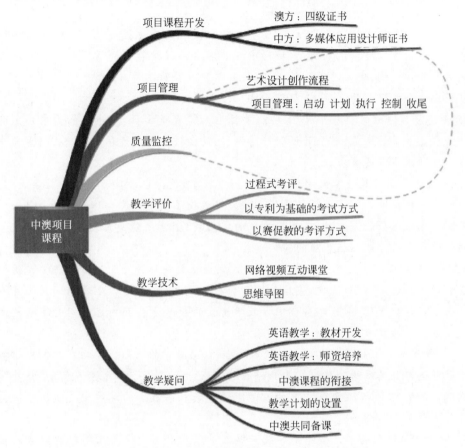

图8.2　合作项目课程开发研究与实践论文的基本思路

从图8.2可知，论文将从中澳合作项目课程开发、课程项目管理、课程质量监控、课程教学评价、所涉及的教学技术、教学建议等方面进行论述。考虑到论文篇幅及论文的写作重点，在具体论文撰写过程时，删减了诸如课程教学评价中的以专利为基础的考评方法、以赛促教的考评方法等内容。另外，考虑到课程质量监控是一块重要而庞杂的体系，应单独成文详细叙述，因此将在后续的论文中重新撰写。如下为《合作项目课程开发研究与实践——高职艺术设计网页设计与制作课程为例》论文的摘要和部分正文内容。

摘要：

以高职艺术设计网页设计与制作课程为例，探索中澳合作项目课程的开发研究与实践。就开发理念、开发目标、教学内容的选取与组织及中澳职业资格的对接等进行项目课程的开发，通过项目管理、思维导图、网络视频互动课堂等教学方法和技术运用于中澳合作项目课程的实践,同时建立一套开放式的中澳合作高职项目课程的考核评价体系,并提出若干中澳合作衔接过程中所出现问题的可行性建议。

部分正文:

三、中澳合作高职项目课程的若干衔接问题

随着教育国际化教学进程的推进,中外合作办学的过程中出现的问题逐渐被破解,实践经验越来越丰富,中外合作教学的质量将不断递增,师生的国际化视野和高技能水平将促使教育水平、教育技术、教育管理不断提升。

中澳合作教学的课程中有1/3的内容由澳方特派教师讲授,2/3是由中方教师讲授。教学大纲统一由澳方提供,并由澳方协助中方共同实施教学管理和质量评估。针对由澳方统一制定的教学大纲,中方再进行教学计划、教学资源等的撰写与编排。

针对中澳合作课程的流程,有如下一些衔接点需要协调解决:

1. 中澳合作课程的动态开放性,即这些课程的设置是由社会、市场的需求决定的。如果市场需要这些工作岗位,则应开设相应的课程,反之则不再开设该课程。同时课程中选取的项目也要紧跟市场的需求。

2. 中澳合作课程的教学大纲的制/修订周期较长,使得中方教师接收到教学大纲后,备课的时间相对非中澳合作课程的要紧张一些。这促使了从事中澳合作教学的教师每学期都需要不断地吸收迅猛的先进知识,掌握更多的实用技能,使之能更好地从事职业教育,当然这样的教学也是符合职业教育观的。

3. 中澳合作课程中使用的教学资料和内容,有很大一部分是由澳方引进。但是没有经过中方教师的筛选、整理和消化,直接拿这些资料来授课,容易使学生学到的东西没有用武之地。需要强调本土化,剔除不符合中方教学情景的教学资料和内容。同时有必要积极探索中澳双方共同开发教材等先进学习资源。

4. 中澳合作课程中有中澳双方的教师,涉及双语教学的问题。学生在接触双语教学过程中是渐进适应并熟悉的。建议在专业课程之前,设置一门实用口语强化课,在这个实用口语强化课程的缓冲中,学生包括中方的教师能进入到双语教学的环境中。随后再进行后续中澳合作课程就更为顺畅。

5. 中澳合作课程的中方教师是有效开展教学活动的关键。为了衔接好澳方的授课指导及持续性支持,每年都有计划地选派中方的专业教师到西澳洲中央技术学院进修。同时,也不能缺少对澳方教师在中方教学过程中的相关指导与培训工作,这样使其更快、更好地融入中方的教学氛围中,提高中澳合作教学质量。

基本上,在撰写与发表中文核心期刊5篇之后,在中文学术论文的撰写和发表上就有了一定的经验和体会。然后就要考虑在更大范围内分享科研成果、获得学术平台并得到相关领域研究人员的认同,有机会共同集结研究探索。

### 8.3.2 英文学术论文的结构与内容

英文学术论文的撰写主要面向国外专业英语期刊和国际会议两种。一般而言,发表在专业英语期刊上的学术论文的文章结构和文字表达上都有其特定的格式和规定,只有严格遵循国际标准和相应刊物的规定,才能投其所好,获得较高的投稿录用率。

## 1. IMRAD 格式

尽管英文科技论文的形式并非千篇一律,但是基本上还是有一个常用的规范或相对固定的格式,即引言、材料和方法、结果、讨论。因此,对于撰写国外英文科技论文的第一步就是确定论文的框架结构。最规范并且有效的方法即采用 IMRAD 形式(Introduction, Materials and Methods, Results, and Discussion),这是英文科技论文最通用的一种结构方式。IMRAD 格式的基本要求如下。

(1) Introduction(引言):研究的是什么问题?

又称前言、序言。主要简明介绍学术论文的目的、背景和理论依据,主要方法,主要成果,阐述论文的价值和意义。引言部分需要高度概括、画龙点睛、言简意赅、点明主旨。

(2) Materials and Methods(材料和方法):如何研究这个问题?

材料部分包括样本、检测材料、受检者以及相关搜集到的资料,主要是描述材料的标准化、可靠性、可比性、均衡性及随机性;方法部分包括的内容是测量仪器、测定方法、计算机方法等,主要是说明方法的精密度和准确性等。

(3) Results(结果):发现了什么?

论文的主体或核心部分。详细论述研究中所获得的实验数据、观察结果,且要与材料和方法中的内容相对应,并经过分析归纳及统计学处理,用文字结合统计表、统计图、照片等分别表述出来。要求指标明确,数据准确,内容真实,尊重事实,如实表达研究结果。

(4) Discussion(讨论):这些发现意味着什么?

主要是从理论上对实验和观察结果进行分析和综合,加以阐明、推理和评价。讨论的内容要从研究结果出发,紧紧围绕研究题目的设想。简明扼要,有的放矢,不能面面俱到,分量不宜太大。讨论得当,会使论文增辉。

在此基础上,英文科技论文的基本格式包括以下内容。

| | |
|---|---|
| Title | 论文题目 |
| Author(s) | 作者姓名 |
| Affiliation(s) and address(es) | 联系方式 |
| Abstract | 摘要 |
| Keywords | 关键词 |
| Body | 正文 |
| Acknowledgements | 致谢,可空缺 |
| References | 参考文献 |
| Appendix | 附录,可空缺 |
| Resume | 作者简介,视刊物而定 |

其中,正文为论文的主体部分,可分为若干章节。按照 IMRAD 格式要求,一篇完整的英文科技论文的正文部分可由以下内容构成。

| | |
|---|---|
| Introduction | 引言/概述 |
| Materials and Methods | 材料和方法 |
| Results | 结果 |
| Discussion | 讨论 |
| Conclusions | 结论/总结 |

**2. 英文科技论文主要构成部分的写法与注意事项**

(1) 英文稿件题名：Title。

英文题目以短语为主要形式，尤以名称短语最常见，即题名基本上由一个或几个名称加上其前置和(或)后置定语构成。短语型题名要确定好中心词，再进行前后修饰。各个词的顺序很重要，词序不当，会导致表达不雅。题名一般不应是陈述句，因为题名主要起标示作用，而陈述句容易使题名具有判断式的语义；且陈述句不够精练和醒目，重点也不易突出。少数情况(评述性、综述性和驳斥性)下可以用疑问句作题名，疑问句可有探讨性语气，易引起读者兴趣。

题名不应过长。国外科技期刊一般对起名字数有所限制。例如，英国数学会要求题名不超过 12 个词。总的原则是，题名应确切、简练、醒目，做到文题相符，含义明确。在能准确反映论文特定内容的前提下，题名词数越少越好。同一篇论文，其英文题名与中文题名内容上应一致，但不等于说词语要一一对应。在许多情况下，个别非实质性的词可以省略或变动。题名字母的大小写有三种格式：全部字母大写；每个词的首字母大写，但三个或四个字母以下的冠词、连词、介词全部小写；题名第一个词的首字母大写，其余字母均小写。此外，标题应反映论文所属的学科，题目大小要合乎分寸，切忌华而不实。不要使用过于笼统、夸张或是太大的题目，使人看了不知道研究的究竟是什么问题。醒目的标题，其含义能让人一望即知，而且能立刻引起人们的阅读兴趣。同时，尽量在标题中使用论文中的关键词语，一方面有助于概括论文的基本思想并减少标题中的词语数量，另一方面可增加论文的被检次数，从而可能增加被引次数，因为用机器检索时，机器只显示标题中的关键词语而不是整个标题。就此而言，标题中关键词语的使用问题应该引起论文作者和学刊编辑的重视。如果想在标题中表达较多的内容，例如，既想概括地表达出文章的论述范围，又想表明自己对问题的看法或者对某一问题的评论，这时标题就会写得太长，而且一个标题也难以表达两层意思。解决的办法是在主标题下加一副标题。副标题作为主标题意思的补充和引申。但有的期刊明确不要加副标题，所以在投稿前需看该期刊的投稿须知。另外，缩略词、代号与数字在标题中使用时，也易出现错误，但掌握这些内容，相对比较容易。

(2) 英文稿件作者：Author(s)。

作者中最重要的自然是第一作者，其次是通讯作者，通讯作者有时是第二作者，有时也可以放在最后。一般来说，导师充当第二作者或通讯作者。有些期刊当稿件被录用并在检查修改——校稿时，容许将作者顺序改一下，当然，这个改动不引起纠纷才好。

在作者的英译过程中，中国人名按汉语拼音拼写。作者单位名称要写全(由小到大)，并附上地址和邮政编码，确保联系方便。

(3) 英文稿件摘要：Abstract。

如果不是综述性文章，文章的摘要可以按照结构式摘要去写，结构式摘要是指按照 Objective(目的)、Methods(方法)、Results(结果)以及 Conclusions(结论)逐一阐述论文的梗概。其中，研究目的部分要准确描述该研究的目的，说明提出问题的缘由，表明研究的范围和重要性；研究方法部分要简要说明研究课题的基本设计，结论是如何得到的；结果部分要简要列出该研究的主要结果，有什么新发现，说明其价值和局限；结论部分要简要地说明经验，论证取得的正确观点及理论价值或应用价值，是否还有与此有关的其他问题有待进一步研究，是否可推广应用等。

英文摘要时态的运用则以简练为佳。以下几种时态适用于不同的情况。

① 一般现在时：用于说明研究目的、叙述研究内容、描述结果、得出结论、提出建议或讨论等；涉及公认事实、自然规律、永恒真理等，也要用一般现在时。

② 一般过去时：用于叙述过去某一时刻的发现、某一研究过程（实验、观察、调查等过程）。用一般过去时描述的发现、现象，往往是尚不能确认为自然规律、永恒真理，只是当时情况；所描述的研究过程也明显带有过去时间的痕迹。

③ 现在完成时和过去完成时：完成时要少用。现在完成时把过去发生的或过去已完成的事情与现在联系起来，而过去完成时可用来表示过去某一时间已经完成的事情，或在一个过去事情完成之前就已完成的另一过去行为。

作为一种可阅读和检索的独立使用的文体，摘要一般只用第三人称而不用其他人称来写。有的摘要中出现了"我们""作者"作为陈述的主语，这会减弱摘要表述的客观性，有时也会出现逻辑上讲不通。由于主动语态的表达更为准确，且更易阅读，因而目前大多数期刊都提倡使用主动态，国际知名科技期刊 *Nature*，*Cell* 等尤其如此。主动语态表达的语句文字清晰、简洁明快，表现力强，动作的执行者和动作的承受者一目了然，往往给人一种干净利落、泾渭分明的感觉。再者，摘要一定要避免出现图表、公式和参考文献的序号。如图 8.3 所示为英文实例摘要。

摘要实例：Research on official documents intelligent processing system on the basis of multi-categories document classification of chinese text

**Abstract:** This study aims to improve the party and government organs for document processing automation and scientific levels, to change their empirical doctrines on document processing. Trying to make use of multi-categories document classification of Chinese text for official documents processing system, and Join expert assessment and feedback module. It enables the system to a "lifelong learning" capability, witch can improve the accuracy of the output. Finally, the experiments confirmed that the application of multi-categories document classification of Chinese text in the party and government documents processing is valuable.

**Key words:** E-government; document classification; machine learning; document

图 8.3 英文学术论文摘要示例

(4) 关键词：Keywords。

关键词是为了满足文献标引或检索工作的需要而从论文中取出的词或词组。国际标准和我国标准均要求论文摘要后标引 3～8 个关键词。关键词既可以作为文献检索或分类的标识，它本身又是论文主题的浓缩。读者从中可以判断论文的主题、研究方向、方法等。关键词包括主题词和自由词两类：主题词是专门为文献的标引或检索而从自然语言的主要词汇中挑选出来的，并加以规范化了的词或词组；自由词则是未规范的即还未收入主题词表中的词或词组。关键词以名词或名词短语居多，如果使用缩略词，则应为公认和普遍使用的缩略语，如 IP、CAD、CPU，否则应写出全称，其后用括号标出其缩略语形式。

关键词或主题词的一般选择方法为：由作者在完成论文写作后，纵观全文，选出能表示论文主要内容的信息或词汇，这些词汇可以从论文标题中去找和选，也可以从论文内容中去找和选，从论文内容中选取出来的关键词，可以补充论文标题所未能表示出的主要内容信息，也提高了所涉及的概念深度。

(5) 引言：Introduction。

引言作为学术论文的开场白，应以简短的文字介绍写作背景和目的，以及相关领域内前人所做的工作和研究的概况，说明本研究与前人工作的关系，目前研究的热点和存在的问题,以便读者了解该文的概貌,起导读的作用。引言也可点明本文的理论依据、实验基础和研究方法,简单阐述其研究内容、结果、意义和前景,不要展开讨论。应该注意的是,对前人工作的概括不要断章取义,如果有意歪曲别人的意思而突出自己方法的优点就更不可取了。

引言第一句话很重要,应当明确提出这篇文章的目的,并且表示目的很重要。引言包含的要素:文章的目的;对目的的证实;背景,其他人已经做了的,怎样去做的,我们以前已经做的;指导作者;读者应该在文章中看到什么;概括和总结。

论文引言部分写作要求如下。

① 尽量准确、清楚且简洁地指出所探讨问题的本质和范围,对研究背景的阐述做到繁简适度。

② 在背景介绍和问题的提出中,应引用"最相关"的文献以指引读者。要优先选择引用的文献包括相关研究中的经典、重要和最具说服力的文献,力戒刻意回避引用最重要的相关文献(甚至是对作者研究具有某种"启示"性意义的文献),或者不恰当地大量引用作者本人的文献。

③ 采取适当的方式强调作者在本次研究中最重要的发现或贡献,让读者顺着逻辑的演进阅读论文。

④ 解释或定义专门术语或缩写词,以帮助编辑、审稿人和读者阅读稿件。

⑤ 适当地使用"I""We"或"Our",以明确地指示作者本人的工作。叙述前人工作的欠缺以强调自己研究的创新时,应慎重且留有余地。可采用类似如下的表达:To the author's knowledge…;There is little information available in literature about…;Until recently, there is some lack of knowledge about…,等等。

⑥ 引言的时态运用:叙述有关现象或普遍事实时,句子的主要动词多使用现在时,如 "little is known about X"或"little literature is available on X"。描述特定研究领域中最近的某种趋势,或者强调表示某些"最近"发生的事件对现在的影响时,常采用现在完成时,如 "few studies have been done on X"或"little attention has been devoted to X"。在阐述作者本人研究目的的句子中应有类似 This paper,The experiment reported here 等词,以表示所涉及的内容是作者的工作,而不是指其他学者过去的研究。

英文学术论文引言实例:Research on A FLASH Card Production and Test System Based on PC LPT

### 1. Introduction

FLASH Memory is a kind of semi-conductor memory based on Fowler-Nordheim tunneling[1]. Intel Corporation put out its new quickly-erasable nonvolatile mass storage on the market in 1988, which is what we call Flash memory (called FLASH for short). FLASH Memory is nonvolatile storage developing on the basis of EPROM and EEPROM, it has the merits as EPROM and EEPROM have; such as higher density of integration, less cost than DRAM, flexible and easy reading/writing and quick visit speed, and it doesn't need to store condenser and it's not easy to lose information because of sudden power-off. With these above characteristics, FLASH is very popular with users and semiconductor manufactures.

FLASH includes many different types. Structurally, there are AND, NAND, NOR and DiNOR, etc. among those types NAND and NOR are the most common. NOR is the kind of FLASH which has been most used and it has the similar storage format and Reading/Writing method to that of the commonly used memory card that supports random accessing with quick speed, which makes it suitable to store procedures and relative data, so NOR can be used in mobile phone. But the great drawback of NOR is low capacity. Compared to NOR, NAND's capacity is very high and the chip with capacity of 8GB is very common. But NAND operates slowly because it has less I/O ports than NOR. As it just has 8 ports, it had to take turns to transmit signals to finish transmitting address and data. Obviously, this kind of serial transmission is slower than parallel transmission of NOR and other memory chips. Nevertheless, the storage and transmission of NAND is measured in page and block (one page includes several bytes, and several pages constitute one block), which is very suitable for continuously transmitting huge data and partly makes up a deficiency of serial transmission. So the most suitable work for NAND is to store high capacity data and be used as mass storage device.

There is a co-existence of many standards of FLASH card in recent years. The SD card and MMC card enjoy promising market outlooks and the standards of these two will become the main ones. Relatively, MS and XD enjoy a stable market while PC, SM and CF occupy a decreasing market share. So, it is of practical value and significance to research into the production and testing system of SD and MMC card.

At present, there are companies specializing producing FLASH card production and testing system in the world. These products are suitable to be produced in a large amount because they have powerful product function and good performance function, and it is fast to realize sequence with hardware. But is has to be based on mature standards, it's not convenient to update system and the developing cost is very large. Actually in the early period of developing products, there isn't any mature standard. Considering performance price ratio and flexibility, it's necessary to develop producing and testing system with low cost and high performance function. With the rapid development of computer technology and abundant software/hardware of PC, it has offered many good methods and measures for FLASH producing and testing system and it also bring a change to the technology of producing and testing.

This paper puts out solutions to producing and testing FLASH card both in hardware and software for small and medium-size customers, which is of practical value and application prospect.

（6）材料和方法：Materials and Methods。

材料和方法这个部分如果是以介绍实验为主，需要文字配合图表介绍实验流程，按实验步骤写出实验过程和方法，实验所用的材料和其特征、一些工艺条件也需简单或重点介绍，当然属于重要或保密的细节可以略过。另外，还要叙述测量设备和测量方法，应该包括设备名称、型号、测试参数、测量量程或范围等。这个部分应该属于最好写的内容。不过在实验时要注意做实验笔记，记下实验过程、实验条件、实验方法和材料，如果条件容许，在某个重要步骤对所制作的东西即行拍照。论文材料和方法部分具体要求如下。

① 对材料的描述应清楚、准确。材料描述中应该清楚地指出研究对象(样品或产品、动物、植物、病人)的数量、来源和准备方法。对于实验材料的名称,应采用国际同行所熟悉的通用名,尽量避免使用只有作者所在国家的人所熟悉的专门名称。

② 对方法的描述要详略得当、重点突出。应遵循的原则是给出足够的细节信息以便让同行能够重复实验,避免混入有关结果或发现方面的内容。如果方法新颖且不曾发表过,应提供所有必需的细节;如果所采用的方法已经公开报道过,引用相关的文献即可(如果报道该方法期刊的影响力很有限,可稍加详细的描述)。

③ 力求语法正确、描述准确。由于材料和方法部分通常需要描述很多的内容,因此通常需要采用很简洁的语言,故使用精确的英语描述材料和方法是十分重要的。需要注意的方面通常有:不要遗漏动作的执行者;在简洁表达的同时要注意内容方面的逻辑性;如果有多种可供选择的方法能采用,在引用文献时提及一下具体的方法。

④ 时态与语态的运用:若描述的内容为不受时间影响的事实,采用一般现在时。若描述的内容为特定、过去的行为或事件,则采用过去式。方法章节的焦点在于描述实验中所进行的每个步骤以及所采用的材料,由于所涉及的行为与材料是讨论的焦点,而且读者已知道进行这些行为和采用这些材料的人就是作者自己,因而一般都习惯采用被动语态。如果涉及表达作者的观点或看法,则应采用主动语态。

(7) 结果:Results。

结果部分描述研究结果,它可自成体系。对结果的叙述也要按照其逻辑顺序进行,使之既符合实验过程的逻辑顺序,又符合实验结果的推导过程。该部分还可以包括对实验结果的分类整理和对比分析等。同时,确定结果用图或表来表达。对图表进行编排,例如横向或者纵向,顺序,大小等,使之简洁,并且特别注意单位用国际单位制度(SI)。结果中的图一般来说最多不要超过 8 个,以免显得累赘。在结果和讨论分开写的情况下,结果部分尽量不要涉及对结果的评论,最多是总结的陈述结果就可以了。论文结果部分写作要求如下。

① 对实验或观察结果的表达要高度概括和提炼,不能简单地将实验记录数据或观察事实堆积到论文中,尤其是要突出有科学意义和具代表性的数据,而不是没完没了地重复一般性数据。

② 对实验结果的叙述要客观真实,即使得到的结果与实验不符,也不可略而不述,而且还应在讨论中加以说明和解释。

③ 数据表达可采用文字与图表相结合的形式。如果只有一个或很少的测定结果,在正文中用文字描述即可;如果数据较多,可采用图表形式来完整、详细地表述,文字部分则用来指出图表中资料的重要特性或趋势。切忌在文字中简单地重复图表中的数据,而忽略叙述其趋势、意义以及相关推论。

④ 适当解释原始数据,以帮助读者理解。尽管对于研究结果的详细讨论主要出现在"讨论"章节,但"结果"中应该提及必要的解释,以便让读者能清楚地了解作者此次研究结果的意义或重要性。

⑤ 文字表达应准确、简洁、清楚。避免使用冗长的词汇或句子来介绍或解释图表。为简洁、清楚起见,不要把图表的序号作为段落的主题句,应在句子中指出图表所揭示的结论,并把图表的序号放入括号中。

⑥ 时态的运用:指出结果在哪些图表中列出,常用一般现在时。叙述或总结研究结

的内容为关于过去的事实,所以通常采用过去时。对研究结果进行说明或由其得出一般性推论时,多用现在时。不同结果之间或实验数据与理论模型之间进行比较时,多采用一般现在时(这种比较关系多为不受时间影响的逻辑上的事实)。

(8) 讨论:Discussion。

讨论部分涉及的内容主要包括:回顾研究的主要目的或假设;解释表和图的含义,图表表现的规律;概述重要结果;对结果的分析,解释为什么研究工作重要和吸引人;研究的意义和使用前景;未解答的问题及今后的研究方向等。论文讨论部分的写作要求如下。

① 对结果的解释要重点突出,简洁、清楚。为有效地回答研究问题,可适当简要地回顾研究目的并概括主要结果,但不能简单地罗列结果,因为这种结果的概括是为讨论服务的。

② 推论要符合逻辑,避免实验数据不足以支持的观点和结论。根据结果进行推理时要适度,论证时一定要注意结论和推论的逻辑性。在探讨实验结果或观察事实的相互关系和科学意义时,无须得出试图去解释一切的巨大结论。如果把数据外推到一个更大的、不恰当的结论,不仅无益于提高作者的科学贡献,甚至现有数据所支持的结论也将受到怀疑。

③ 观点或结论的表述要清楚、明确。尽可能清楚地指出作者的观点或结论,并解释其支持还是反对早先的工作。结束讨论时,避免使用诸如"Future studies are needed."之类苍白无力的句子。

④ 对结果科学意义和实际应用效果的表达要实事求是,适当留有余地。避免使用"For the first time"等类似的优先权声明。在讨论中应选择适当的词汇来区分推测与事实。例如,可选用"prove""demonstrate"等表示作者坚信观点的真实性;选用"show""indicate""found"等表示作者对问题的答案有某些不确定性;选用"imply""suggest"等表示推测;或者选用情态动词"can""will""should""probably""may""could""possibly"等来表示论点的确定性程度。

⑤ 时态的运用:回顾研究目的时,通常使用过去时。如果作者认为所概述结果的有效性只是针对本次特定的研究,需用过去时;相反,如果具有普遍的意义,则用现在时。阐述由结果得出的推论时,通常使用现在时。使用现在时的理由是作者得出的是具有普遍有效的结论或推论(而不只是在讨论自己的研究结果),并且结果与结论或推论之间的逻辑关系为不受时间影响的事实。

(9) 结论:Conclusions。

结论也叫结束语,是文章的总结,其主要内容是对研究的主要发现和成果进行概况总结,让读者对全文的重点有一个深刻的印象。需要简洁地指出如下几点。

① 由研究结果所揭示的原理及其普遍性。
② 研究中有无例外或本论文尚难以解决的问题。
③ 与以前已经发表的论文的异同。
④ 在理论与实践上的意义。
⑤ 对研究的前景和后续工作的展望。

需要注意的是,撰写结论时不应涉及前文不曾指出的新事实,也不能在结论中重复论文中其他章节中的句子,或者叙述其他不重要或与自己研究没有密切联系的内容,以故意把结论拉长。同时,结论也不是摘要简单的复述。

(10) 致谢:Acknowledgements。

论文作者可以在论文末尾对他人给予自己的指导和帮助表示感谢即致谢,一般置于结论之后,参考文献之前。其基本形式如下:致谢者＋被致谢者原因。例如:XX. Lou is very grateful to the National Science Foundation of China（NNSFC）for the support. 也可以是作者具体指出某人做了什么工作使研究工作得以完成,从而表示谢意。如果作者既要感谢某机构、团体、企业或个人的经济资助,又要感谢他人的技术、设备的支持,则应按惯例先对经济资助表示感谢,再对技术、设备支持表示感谢。致谢的文字表达要朴素、简洁,以显示其严肃和诚意。

(11) 参考文献:References。

关于参考文献的内容和格式,建议作者在把握参考文献注录基本原则的前提下,参阅所投刊物的"投稿须知"中对参考文献的要求,或同一刊物的其他论文参考文献的注录格式,使自己论文的文献列举和标注方法与所刊物相一致。这里只对基本规则做简单介绍。

《科学技术报告编写格式》(ISO 5966—1982)中规定参考文献应包含以下三项内容:作者/题目/有关出版事项。其中,出版事项包括:书刊名称、出版地点、出版单位、出版年份以及卷、期、页等。

参考文献的具体编排顺序有以下两种。

① 按作者姓氏字母顺序排列(alphabetical list of references)。

② 按序号编排(numbered list of references),即对各参考文献按引用的顺序编排序号,正文中引用时只要写明序号即可,无须列出作者姓名和出版年代。

目前常用的正文和参考文献的标注格式有以下三种。

① MLA 参考文献格式:MLA 参考文献格式由美国现代语言协会(Modern Language Association)制定,适合人文科学类论文,其基本格式为:在正文标注参考文献作者的姓和页码,文末间列参考文献项,以 Works Cited 为标题。

② APA 参考文献格式:APA 参考文献格式由美国心理学会(American Psychological Association)制定,多适用于社会科学和自然科学类论文,其基本格式为:正文引用部分注明参考文献作者姓氏和出版时间,文末单列参考文献项,以 References 为标题。

③ Chicago 参考文献格式:该格式由芝加哥大学出版社(University of Chicago Press)制定,可用于人文科学类和自然科学类论文,其基本格式为:正文中按引用先后顺序连续编排序号,在该页底以脚注(Footnotes)或在文末以尾注(Endnotes)形式注明出处,或在文末单列参考文献项,以 Bibliography 为标题。

## 8.4 论文中的图表制作

图表泛指可直观展示统计信息属性(时间性、数量性等),对知识挖掘和信息直观生动感受起关键作用的图形结构,是一种很好的将对象属性数据直观、形象地"可视化"的手段。规范、美观的图表,可以让你的论文如虎添翼,更好地被审稿人理解,达到事半功倍的效果。

### 8.4.1 Word 软件

**1. 目录的制作**

智能办公软件 Microsoft Office 中最核心的组件之一 Word,是文字处理软件。它具有界面美观、操作方便、实用性强等特点,利用它可以创建和编排各式各样的文档,如公文、报告、论文、试卷、手册、备忘录、日历、名片、简历、杂志和图书等,还可以制作各种图文并茂的文档以及网页,是现代企业办公中处理文档的首选软件。在此以 Microsoft Office 为例,对 Word 制作目录、图标和格式的自动编号、参考文献的编号和引用等的使用方法进行介绍。不同版本的 Microsoft Office 软件在操作细节及功能上略有差别。

目录是用来列出文档中的各级标题及标题在文档中相对应的页码。首先介绍 Microsoft Word 的一个概念:大纲级别。Word 使用层次结构来组织文档,大纲级别就是段落所处层次的级别编号,Word 提供 9 级大纲级别,对一般的文档来说足够使用了。Word 的目录提取是基于大纲级别和段落样式的,模板中已经提供了内置的标题样式,命名为"标题 1""标题 2"…"标题 9",分别对应大纲级别的 1~9。也可以不使用内置的标题样式而采用自定义样式,操作步骤会较内置模式更多。下面讲述的目录制作方法直接使用 Word 的内置标题样式,关于自定义样式的方法请参阅 Word 的帮助文档。以 Microsoft Word 2016 为例,目录的制作分为以下三步进行。

(1) 修改标题样式的格式。通常 Word 内置的标题样式不符合论文格式要求,需要手动修改。在菜单栏的"样式"方框中选择相应的标题样式,并右击标题样式,在弹出的菜单中选择"修改",即可进入修改样式界面,单击相应的标题样式,然后单击"更改"。可修改的内容包括字体、段落、制表位和编号等,按论文格式的要求分别修改标题 1~3 的格式。如图 8.4 所示为修改样式界面。

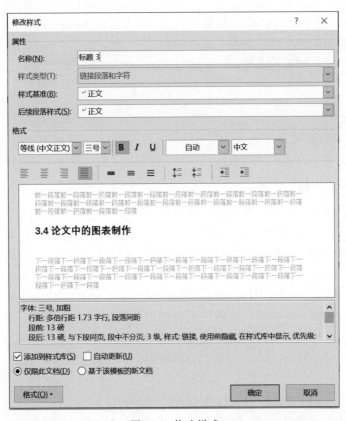

图 8.4 修改样式

(2)在各个章节的标题段落应用相应的格式。章的标题使用"标题1"样式,节标题使用"标题2",第三层次标题使用"标题3"。使用样式来设置标题的格式还有一个优点,就是更改标题的格式非常方便。假如要把所有一级标题的字号改为小三,只需更改"标题1"样式的格式设置,然后勾选"自动更新",所有章的标题字号都会变为小三号,不用手工去一一修改,既麻烦又容易出错。关于如何应用样式和自动更新样式,请参考 Word帮助。

(3)提取目录。按论文格式要求,目录放在正文的前面。在正文前插入一新页(在第1章的标题前插入一个分页符),光标移到新页的开始,添加"目录"二字,并设置好格式。新起一段落,在菜单栏中选择"引用"→"目录",打开"自定义目录"选项卡,设置"显示级别"为3级,其他不用改,确定后 Word 就自动生成目录了。若有章节标题不在目录中,肯定是没有使用标题样式或使用不当,不是 Word 的目录生成有问题,请去相应章节检查。此后若章节标题改变或页码发生变化,只需更新目录即可。如图8.5所示为提取索引和目录设置界面。

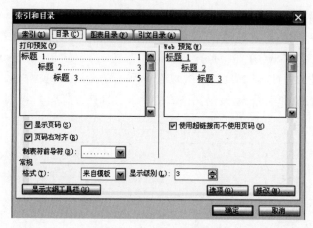

图 8.5　索引和目录设置

注:目录生成后有时目录文字会有灰色的底纹,这是 Word 的域底纹,打印时是不会打印出来的。在"工具"→"选项"的"视图"选项卡中可以设置域底纹的显示方式。

**2. 图表和公式的自动编号**

在论文写作过程中,图文结合能较清晰地表达内容。图表和公式要求按在章节中出现的顺序分章编号,例如,图1-1,表2-1,公式3-4等。在插入或删除图、表、公式时编号的维护就成为一个大问题,比如若在第2章的第一张图(图2-1)前插入一张图,则原来的图2-1变为图2-2,图2-2变为图2-3,……,更糟糕的是,文档中还有很多对这些编号的引用,比如"流程图见图2-1"。如果图很多,引用也很多,想象一下,手工修改这些编号是一件多么费劲的事情,而且还容易遗漏。表格和公式存在同样的问题。如果能让 Word 对图表公式自动编号,在编号改变时自动更新文档中的相应引用,那就太好了。

下面以 Microsoft Word 2016 为例,对以图的编号为例说明具体的做法。自动编号可以通过 Word 的"题注"功能来实现。按论文格式要求,第1章的图编号格式为"图1-X"。将图插入文档中后,选中新插入的图,在菜单栏"引用"下选择"插入题注",新建一个标签"图1-",编号格式为阿拉伯数字(如果不是单击"编号"修改),位置为所选项目下方,单击

"确定"按钮后 Word 就插入了一个文本框在图的下方，并插入标签文字和序号，此时可以在序号后输入说明，如"运动规律示例"，还可以移动文本框的位置，改动文字的对齐方式等。再次插入图时题注的添加方法相同，不同的是不用新建标签了，直接选择就可以了。Word 会自动按图在文档中出现的顺序进行编号。在文档中引用这些编号时，如"如图 1-1 所示"，分两步做。插入题注之后，选中题注中的文字"图 1-1"，在"插入"菜单中选择"书签"，输入书签名，单击"添加"按钮。这样就把题注文字"图 1-1"制作成了一个书签。在需要引用它的地方，将光标放在插入的地方（上例中是"如"字的后面），在"插入"菜单中选择"交叉引用"，在弹出对话框中引用类型选择"书签"，"引用内容"为"书签文字"，选择刚才输入的书签名后单击"插入"按钮，Word 就将文字"图 1-1"插入到光标所在的地方。在其他地方需要再次引用时直接插入相应书签的交叉引用就可以了，不用再次制作书签。如图 8.6 和图 8.7 所示为设置题注界面。

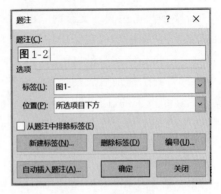

图 8.6　设置题注(1)　　　　　　　　图 8.7　设置题注(2)

至此就实现了图的编号的自动维护，当在第一张图前再插入一张图后，Word 会自动把第一张图的题注"图 1-1"改为"图 1-2"，文档中的"图 1-1"也会自动变为"图 1-2"。表格编号的做法与图相同，唯一不同的是表格的题注在表格上方，且要求左对齐。

公式的编号略有不同，插入公式后，将公式单独放在一个段落，版式为"嵌入式"（Word 默认），光标放在公式之后，不要（注意是"不要"）选中公式，在"插入"菜单中选择"题注"，由于没有选中项目，所以"位置"一项为灰色，新建标签"公式 1-"，单击"插入"按钮，Word 就将标签文字和自动产生的序号插入到光标所在位置。在文档中引用公式编号的方法与图相同，此处不再赘述。

这里顺便说一下，交叉引用、书签和题注都是 Word 的域。域是文档中可能发生变化的内容，Word 使用域来进行文档自动化。多个域的联合使用可以实现更复杂的功能，各个域的具体使用方法请参考 Word 的帮助。

注：①题注中新建标签时，Word 会自动在标签文字和序号之间加一个空格，看起来不那么舒服，可以在插入题注后将空格删除，然后再将文字制作成书签。②书签名最好用图（表、公式）的说明文字，尽量做到见名知"图"。③图（表、公式）的编号改变时，文档中的引用有时不会自动更新，可以右击引用文字，在弹出的快捷菜单中选择"更新域"命令。关闭文档再打开 Word 会更新所有的域。

**3. 参考文献的编号和引用**

在论文写作过程中,需要添加参考文献,同时参考文献的添加需要和正文结合对应。纯粹简单地标注参考文献并不是一件麻烦的事情,只要在论文后罗列参考文献即可。但是对参考文献编号后就成了一件麻烦的事情,产生的问题和图表公式编号的问题是一样的。手工维护这些编号是一件费力而且容易出错的事情,我们都希望能让 Word 自动维护这些编号。实际上,参考上面图表公式的做法,这些也是可以做到的。

具体做法为:将光标移动至引用参考文献的地方,在菜单栏上选择"引用"→"插入尾注"选项卡,在弹出的对话框中选择"尾注",单击"选项"按钮修改编号格式为阿拉伯数字,位置为"文档结尾",确定后 Word 就在光标的地方插入了参考文献的编号,并自动跳到文档尾部相应编号处,请输入参考文献的说明,在这里按参考文献著录表的格式添加相应文献。参考文献标注要求用中括号把编号括起来,目前 Word 手动添加中括号还是比较方便的。在文档中需要多次引用同一文献时,在第一次引用此文献时需要制作尾注,再次引用此文献时在菜单栏单击"引用"→"交叉引用","引用类型"选择"尾注",引用内容为"尾注编号(带格式)",然后选择相应的文献,插入即可。

到目前为止,离最后成功还差一步。论文格式要求参考文献在正文之后,参考文献后还有发表论文情况说明、附录和致谢,而 Word 的尾注一般是在文档的结尾,有些是在"节"的结尾,这两种都不符合现在的要求。

解决的方法说明如下。首先删除尾注文本中所有的编号(不需要它,因为它的格式不对),然后选中所有尾注文本(参考文献说明文本),单击"插入"→"书签",命名为"参考文献文本",添加到书签中。这样就把所有的参考文献文本制作成了书签。在正文后新建一页,标题为"参考文献",并设置好格式。光标移到标题下,选择菜单栏"引用"→"交叉引用","引用类型"为"书签",单击"参考文献文本"后插入,这样就把参考文献文本复制了一份。选中刚刚插入的文本,按格式要求修改字体字号等,并用项目编号进行自动编号。

到这里,离完美还差一点点。打印文档时,尾注页同样会打印出来,而这几页是不需要的。当然,可以通过设置打印页码范围的方法不打印最后几页。

### 8.4.2 LaTeX 软件

LaTeX(LATEX,音译"拉泰赫")是一种基于 TeX 的排版系统,由美国计算机学家莱斯利·兰伯特(Leslie Lamport)在 20 世纪 80 年代初期开发。即使使用者没有排版和程序设计的知识也可以充分发挥由 TeX 所提供的强大功能,能在几天甚至几小时内生成很多具有书籍质量的印刷品。对于生成复杂表格和数学公式,这一点表现得尤为突出。因此它非常适用于生成高印刷质量的科技和数学类文档。LaTeX 同样适用于生成从简单的信件到完整书籍的所有其他种类的文档。

LaTeX 编辑和排版的核心思想在于,通过\section 和\paragraph 等语句,规定了每一句话在文章中所从属的层次,从而极大方便了对各个层次批量处理。LaTeX 在使用体验方面,最不易被 Word 替代的有 4 个方面:方便美观的数学公式编辑,不会乱动的退格对齐,非所见即所得因此可以在编辑的时候用退格和换行整理思路但生成 PDF 后不影响美观,部分导师和刊物不接受 Word 排版的文章。

**1. LaTeX 软件的安装和使用**

读者可以在 LaTeX 的官网（https://www.latex-project.org/）下载免费的 LaTeX 软件并安装。目前 LaTeX 官网发布的最新版本是 2021 年 6 月版，适用于 Linux、iOS、Windows 系统，也支持在线使用。

**2. 新建第一个文档**

打开 WinEdt，建立一个新文档，将以下内容复制进入文档中，保存，保存类型选择为 UTF-8。

```
\documentclass{article}
\begin{document}
    hello, world
\end{document}
```

然后在 WinEdt 的工具栏中找到"编译"按钮，在下拉菜单中选择 XeLaTeX，并单击编译。如果顺利的话，就可以顺利生成出第一个 PDF 文件，单击工具栏中的放大镜按钮就可以快速打开生成的 PDF 文件。

**3. 标题、作者和注释**

建立一个新文档，将以下内容复制进入文档中，保存，保存类型选择为 UTF-8，编译并观察现象。

```
\documentclass{article}
\author{My Name}
\title{The Title}
\begin{document}
\maketitle
hello, world % This is comment
\end{document}
```

％表示本行右边所有内容被注释掉，在生成的 PDF 中不会显示。块注释也有专门的语句，更方便的方式是选中一块区域单击鼠标右键，选择 comment。

**4. 章节和段落**

建立一个新文档，将以下内容复制进入文档中，保存，保存类型选择为 UTF-8，编译并观察现象。

```
\documentclass{article}
    \title{Hello World}
\begin{document}
    \maketitle
\section{HelloChina} China is in East Asia.
\subsection{HelloBeijing} Beijing is the capital of China.
\subsubsection{Hello Dongcheng District}
\paragraph{Tian'anmen Square}is in the center of Beijing
\subparagraph{Chairman Mao} is in the center of Tian'anmen Square
\subsection{HelloGuangzhou}
\paragraph{SunYat-sen University} is the best university in Guangzhou.
```

\end{document}

编译后,章节和段落格式生成,视觉效果规整有序。

**5. 加入目录**

建立一个新文档,将以下内容复制进入文档中并保存,保存类型选择为UTF-8,编译并观察现象。

```
\documentclass{article}
\begin{document}
\tableofcontents
\section{HelloChina} China is in East Asia.
\subsection{HelloBeijing} Beijing is the capital of China.
\subsubsection{Hello Dongcheng District}
\paragraph{HelloTian'anmen Square} is in the center of Beijing
\subparagraph{Hello Chairman Mao} is in the center of Tian'anmen Square
\end{document}
```

**6. 换行**

建立一个新文档,将以下内容复制进入文档中,保存,保存类型选择为UTF-8,编译并观察对比现象。

```
\documentclass{article}
\begin{document}
Beijing is
the capital
of China.

New York is

the capital

of America.

Amsterdam is \\ the capital \\
of Netherlands.
\end{document}
```

空一行为另起一段,\\为段内强制换行。

**7. 数学公式**

建立一个新文档,将以下内容复制进入文档中并保存,保存类型选择为UTF-8,编译并观察对比现象。

```
\documentclass{article}
    \usepackage{amsmath}
    \usepackage{amssymb}
\begin{document}
The Newton's second law is F = ma.
```

The Newton's second law is $ F = ma $ .

TheNewton's second law is
$ $ F = ma $ $

The Newton's second law is
\[ F = ma \]

Greek Letters $ \eta $ and $ \mu $

Fraction $ \frac{a}{b} $

Subscript $ a_b $

Derivate $ \frac{\partial y}{\partial t} $

Vector $ \vec{n} $

Bold $ \mathbf{n} $

To time differential $ \dot{F} $

Matrix (lcr here means left, center or right for each column)
\[
    \left[
    \begin{array}{lcr}
    a1 & b22 & c333 \\
    d444 & e555555 & f6
    \end{array}
    \right]
\]

Equations(here \& is the symbol for aligning different rows)
\begin{align}
    a + b& = c\\
    d& = e + f + g
\end{align}

\[
\left\{
    \begin{aligned}
        &a + b = c\\
        &d = e + f + g
    \end{aligned}
\right.
\]

\end{document}

$…$是开启行内数学模式,用于和文本合在一起使用。

$ $…$ $和\[…\]是另起一行居中开启数学模式。通常用起来差别不是很大,不过

$$会修改默认的公式行间距,有时可能会对文章的整体效果有影响。

### 8. 插入图片

将待插入的图片先命名为 figure1.jpg。

建立一个新文档,将以下内容复制进入文档中,保存,保存类型选择为 UTF-8,放在和图片文件同一个文件夹里,编译并观察现象。

```
\documentclass{article}
    \usepackage{graphicx}
\begin{document}
    \includegraphics[width = 4.00in, height = 3.00in]{figure1.jpg}
\end{document}
```

在老版本的 LaTeX 中是只支持 eps 图片格式的,现在的 LaTeX 对 jpg、bmp、png 等常见图片都可以支持。

### 9. 简单表格

建立一个新文档,将以下内容复制进入文档中,保存,保存类型选择为 UTF-8,编译并观察对比现象。

```
\documentclass{article}
\begin{document}
    \begin{tabular}{|c|c|}
    aaa & b \\
    c & ddddd\\
\end{tabular}

    \begin{tabular}{|l|r|}
    \hline
    aaaa & b \\
    \hline
    c & ddddd\\
    \hline
\end{tabular}

\begin{center}
    \begin{tabular}{|c|c|}
        \hline
        a & b \\ \hline
        c & d\\
        \hline
    \end{tabular}
\end{center}
\end{document}
```

注意观察有无\hline 和有无\begin{center} 的区别。注意观察\begin{tabular} 后的 lcr 的区别,分别是 left 对齐,center 对齐和 right 对齐。

### 10. 结尾

到目前为止,已经可以用 LaTeX 自带的 article 模板来书写一篇基本的论文框架了,至少已经能够借助搜索然后复制粘贴这些命令来开始用 LaTeX 编辑了。

在论文从框架到完整的过程中,必然还存在许多的细节问题,如字体字号、图片拼合、复杂的表格等。读者可以通过搜索引擎或查阅 LaTax 相关书籍解决相应问题。再者,TeX 在国内的普及率并不高,因此许多时候如果搜英文关键词,会获得更好的效果。

## 8.4.3 PPT 软件

**1. PPT 的快捷方式**

(1) 快速放映:Microsoft PowerPoint 无须单击菜单栏中的"观看放映"选项,直接按 F5 键,幻灯片就开始放映。

(2) 快速停止放映:除了按 Esc 键外还可以按"-"键,快速停止放映。

(3) 任意前进或后退到第 $n$ 张幻灯片:在放映中如果想回到或前进到第 $n$ 张幻灯片,怎样操作能快速实现?此时只要按数字 $n$ 键,再同时按"+"和回车键,就可以实现。

(4) 快速显示黑屏或从黑屏返回到幻灯片放映:在放映中如果想显示黑屏,此时只要按 B 键或者"."键,就可以实现。此时再重复按一下 B 键或者"."键,又可从黑屏返回到幻灯片放映。

(5) 显示白屏或从白屏返回到幻灯片放映:按 W 键或者","键,就可以从放映状态切换到显示白屏,再重复按一下 W 键或者","键,又可从白屏返回到幻灯片放映。

(6) 隐藏和显示鼠标指针:放映时鼠标指针总是出现在画面上可能会让人感觉不舒服,此时按 Ctrl+H 组合键就可以隐藏鼠标指针;反过来按 Ctrl+A 组合键隐藏的鼠标指针又会重现。

(7) 返回到第一张幻灯片:只要同时按住鼠标的左右键 2s 以上,就可以从任意放映页面快速返回到第一张幻灯片。

(8) 暂停或重新开始自动幻灯片放映:对于自动放映的幻灯片,如果想暂停或者重新开始自动放映,此时只要按 S 键或者"+"键就可以实现。

(9) 放映过程中在幻灯片上书写:在幻灯片的放映过程中,有可能要在幻灯片上写写画画,例如,画一幅图表或者在字词下面画线加注重号,这时可以利用 PowerPoint 所拥有的虚拟注释笔,在演示的同时也可以在幻灯片上做标记。

使用注释笔方法:首先在幻灯片放映窗口中单击鼠标右键,再依次选择"指针选项"→"绘图笔"命令即可,用画笔完成所需动作之后,再按 Esc 键退出绘图状态。

(10) 在幻灯片放映过程中显示快捷方式:在放映 PowerPoint 幻灯片时如果忘记了快捷方式,只需按下 F1 键(或 Shift+? 组合键),就会出现一个帮助窗口,参照其中的内容。

**2. 从已有 PPT 文档中提取母版**

(1) 用 PowerPoint 打开已有的 PPT 文档。

(2) 单击"视图"→"幻灯片母版"命令,如图 8.8 所示。

(3) 单击"文件"→"另存为"命令,在"保存类型"中选择"演示文稿设计模板"(文件后缀名为.pot)。

图 8.8　设置幻灯片母版

### 3. 有关 PPT 模板设计

一个成功 PPT 演示文稿制作的关键因素之一是选择恰当的模板，一个清新有个性模板的运用，可以让演讲者一出场就赚足眼球，让整个演示报告从一开始就成功一半了。

因此，千篇一律地运用已被人们运用成千上万遍的 MS Office 自带的那几款模板，肯定不会吸引人们的眼球；但是不恰当地追求华丽、炫目、奇异及动感，效果可能会适得其反。

可以从以下几方面考虑 PPT 封面模板、背景模板以及正文中图表模板在封面模板中的设计：①所讨论的主题特点；②所处的行业特点；③所面向的受众群体。始终要清楚该 PPT 所使用的场合，例如严肃的学术报告等。

背景模板应尽量简洁流畅，色彩选择能突出演讲者的内容。需要注意的是，好背景是为了突出演讲者报告的内容。如果 PPT 里有过多的美丽图片、动感动画，会给人喧宾夺主的感觉，分散听众的精力，将他们的注意力从关注演讲者的报告内容到接收琳琅满目的美丽图片。

正文图表模板的选择要注意：现在是读图时代，需要注意图文结合。好的 PPT 绝对不能整篇都是文字。然而，不少演讲者贪图简便省事，录入文字就完成 PPT 了，这样的 PPT 报告就会逊色不少。注意应尽可能地把可以变为图表的文字都转变为图表，当然也千万不要滥用模板中的图表。

### 4. Flash 动画在 PowerPoint 中的 3 种方法

Flash 是大名鼎鼎的美国 Macromedia 公司推出的一款优秀的矢量动画制作软件，它简单易学，功能强大，能制作出声图文并茂的多媒体文件，并且文件体积小，所以深受广大用户的欢迎。那么如何将 Flash 动画（*.swf）应用在为广大用户所熟悉的 PowerPoint 中，让这两款各有所长的优秀软件联袂打造出一种摄人心魄的效果？下面通过让一个保存在"我的文档"中的名为"我的文件"的 Flash 动画实现在 PowerPoint 2016 中的播放为例，介绍 Flash 动画在 PowerPoint 中应用的几种方法。

1) 使用 Shockwave Flash Object 控件法

步骤 1：运行 PowerPoint 2016，切换到要插入 Flash 动画的幻灯片。

步骤 2：单击菜单"开发工具"，在其下拉菜单中单击"其他控件"，在控件列表中找到 Shockwave Flash Object 并单击，此时系统会自动关闭控件窗口。

步骤 3：将光标移动到 PowerPoint 的编辑区域中，光标变成"十"字形，按住鼠标左键并拖动，画出适当大小的矩形框，这个矩形区域就是播放动画的区域。

步骤 4：右击矩形框，在出现的快捷菜单中单击"属性"命令，出现"属性"窗口。

步骤 5：单击"属性"窗口中的"自定义"一栏，此栏右端便出现一按钮。单击该按钮，出现"属性页"窗口，在"影片 URL"文本框中输入 Flash 动画的完整路径（如果 Flash 动画与

PowerPoint 文件处于同一目录中,也可以只输入 Flash 动画文件名),且必须带后缀名".swf"。别的项目采用系统默认的即可,最后单击"确定"按钮返回 PowerPoint。

步骤6:放映该幻灯片,所期待的画面就出现了。

**提示**:使用该方法的前提是系统中须有 Shockwave Flash Object 控件,此控件绝大多数机器中都已安装。

设定的矩形框的大小就是放映时动画窗口的大小,当然它的大小是可以通过拖动矩形框的句柄随意改变的。Flash 动画播放时,如果鼠标处在 Flash 播放窗口中,响应 Flash 的鼠标事件;如果处在 Flash 播放窗口外,响应 PowerPoint 的鼠标事件。

2) 插入超级链接法

步骤1:运行 PowerPoint 2016,切换到要插入 Flash 动画的幻灯片。

步骤2:在其中建立任意一个对象(如一段文字、一张图片等)。选中这个对象,单击"插入"菜单,在弹出的下拉菜单中单击"超级链接"(以上操作也可以换为右击对象,从弹出的快捷菜单中选择"超级链接"),此时会弹出"插入超级链接"对话框,系统默认链接到的对象是对话框左侧上部的"原有文件或 Web 页"。

单击右侧的"文件"按钮,在出现的"链接到文件"对话框中从"我的文档"中找到"我的文件"并双击,Flash 动画的路径便自动出现在"插入超级链接"对话框中,最后单击"确定"按钮返回 PowerPoint。

步骤3:放映该幻灯片,当单击设置了超级链接的对象时,会出现一询问框,单击"确定"按钮,系统便会调用 Flash 程序来播放动画。

3) 动作设置法

步骤1:运行 PowerPoint 2016,切换到要插入 Flash 动画的幻灯片。

步骤2:在其中建立任意一个对象(如一段文字、一张图片等),在菜单栏单击"插入",选择"动作",出现"操作设置"对话框。

步骤3:激活对象的方式可以为"单击鼠标",也可以是"鼠标移动",本例采用系统默认的"单击鼠标"。再选中"超级链接到",单击右侧朝下的小黑箭头,弹出一个下拉列表,单击最下端的"其他文件",在出现的"超级链接到其他文件"对话框中从"我的文档"中找到"我的文件"并双击,Flash 动画的路径便自动出现在"动作设置"对话框中,单击"确定"按钮返回 PowerPoint。

步骤4:放映该幻灯片,当单击设置了动作设置的对象时,会出现一询问框,单击"确定"按钮,系统便会调用 Flash 程序来播放动画了。

上述方法各有优缺点。方法1虽然设置较烦琐,但是动画直接在 PowerPoint 窗口中播放,便于控制,流程显得紧凑;后面两种方法虽然设置简单,但是在播放 Flash 文件时,须启动 Flash 程序,播放完还要关闭 Flash 程序,流程显得松散。

**5. PowerPoint 中插入和处理视频的方法**

步骤1:为了插入、处理和播放的流畅性,建议读者尽量将需要插入的视频文件下载至本地。运行 PowerPoint 程序,在菜单栏选择"插入"→"此设备",单击"此设备",在弹出的对话框中选择需要插入视频文件的幻灯片。

步骤2:将鼠标移动到菜单栏中,单击其中的"播放"选项,如图8.9所示,即可对视频进行处理。

图 8.9　在 PowerPoint 中处理视频

此处可以对插入视频的尺寸、播放方式、音量、题注、字幕等进行修改。

步骤 3：完成视频的处理后，可以单击左侧播放预览进行预览。

### 8.4.4　Excel 软件

1985 年 Microsoft Excel 问世，被公认为是功能最完整、技术最先进和使用最简便的电子表格软件。Excel 可以创建和修改工作表、三维图表，以及分析管理数据。

Excel 工作簿是运算和存储数据的文件，每个工作簿都包含多个工作表。工作表是 Excel 2016 完成一项工作的基本单位，可以用于对数据进行组织和分析。在多个工作表中可以同时进行数据的输入与编辑，依据多个工作表进行汇总计算，还可以用图表图形化工作表数据。Excel 2016 通常都是使用数据清单来实现数据管理的，数据清单实际上就是 Excel 的数据库。建立数据清单，要先定义其中的列和列标题，列标题相当于字段名。Excel 强大的数据排序和筛选功能是通过数据清单实现的。

**1. 排序工作表数据**

排序功能，可以使数据按照某一列或某些列内容的顺序来排列，使表格数据更有条理。Excel 2016 中的数据排序有默认排序和自定义排序两种。

（1）默认排序就是按照 Excel 2016 默认的排序规则排列，通常是进行升序或降序排序。具体操作如下。

单击数据清单中任意一个单元格，然后选择"数据"→"排序"命令。通过"主要关键字"下拉列表框，选择排序关键字，确定"升序"或"降序"。如果"主要关键字"所在列有重复关键字，可再通过"次要关键字"下拉列表框，选择进一步排序的关键字。保持"我的数据区域"选项组中默认选中的"有标题行"按钮，然后单击"选项"，出现"排序选项"对话框，单击"确定"按钮，返回"排序"对话框，再单击"确定"按钮，即可按照指定方式对数据进行排序。如图 8.10 所示为 Excel 默认排序界面。

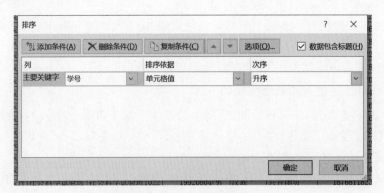

图 8.10　Excel 默认排序

(2)自定义排序。用户也可以自定义排序规则,按照自己的需要来排列数据。具体操作如下。

选择"文件"→"更多"→"选项",在"选项"对话框中单击左侧"高级"标签,在"常规"栏目中选择"编辑自定义列表",弹出"自定义序列",在"输入序列"文本框中依次输入甲、乙、丙、丁(每输入一个字就回车一次),输入完成单击"添加"和"确定"按钮。

接着单击"数据",在"排序和筛选"组中单击"排序",弹出"排序"对话框,勾选"数据包含标题",单击"选项",选择"按列排序",单击"确定"按钮。单击"主要关键字"后的三角按钮,选择甲乙丙丁列的标题,单击"次序"下方小三角选择"自定义序列",弹出"自定义序列"对话框,选择刚刚添加的自定义序列"甲、乙、丙、丁",单击"确定"按钮,即可得到按照自定义序列排序的结果。

**2. 筛选**

Excel 有数据筛选功能,经过筛选后的数据清单将只列出符合指定条件的数据行。筛选方法有两种:自动筛选和高级筛选。

1)自动筛选

自动筛选的具体操作步骤如下。

单击需要筛选的数据清单中的任一单元格,然后选择菜单栏中"数据"→"排序和筛选"→"筛选"命令,数据清单的列标题将全部变成下拉列表框。选择需要的列,从该下拉列表框中选择需要的数据,则只显示该数据所在的数据行。选择下拉列表框中"数字筛选"的"前10个"选项,可打开"自动筛选前10个"对话框,可从数据清单中筛选出最大或最小的几项。选择下拉列表框"数字筛选"中的"自定义筛选"选项,可打开"自定义自动筛选方式"对话框,自定义筛选条件。选择"数据"→"筛选"→"自动筛选"或"全部显示"命令,可将自动筛选后的数据清单恢复为筛选前的显示方式。

2)高级筛选

使用高级筛选功能,必须先建立一个条件区域,用于指定筛选条件。条件区域的第一行是所有作为筛选条件的字段名,它们必须与数据清单中的字段名完全一样。条件区域和数据清单不能连接,中间至少有一行空行。

具体操作步骤如下。

在需要筛选的数据清单中建一条件区域,然后单击数据清单中的任一单元格。选择"数据"中"排序和筛选"中的"高级",弹出"高级筛选"对话框。在"方式"选项组中,如果要通过隐藏不符合条件的数据行来筛选数据清单,选中"在原有区域显示筛选结果";如果要通过符合条件的数据行复制到工作表的其他位置来筛选数据清单,选中"将筛选结果复制到其他位置",接着在"复制到"编辑框中单击,然后单击粘贴区域的左上角。在"条件区域"编辑框中输入条件区域的引用范围。单击"确定"按钮,数据记录按设定的筛选条件筛选并显示在工作表上。要恢复为筛选前的显示方式,选择"数据"→"排序和筛选"→"清除"命令即可。

**3. 使用图表分析数据**

使用图表,可以形象地显示出表格数据之间的关系。

利用图表向导创建图表:选定需要生成图表的单元格区域,选择"插入"→"图表"中相应的命令,选择图表类型,即可生成相应样式的图标。在图表上单击右键,在弹出选项卡上单击"选择数据",可以重新指定要创建图表的数据区域,以及数据系列产生在行还是列。单击"图例项(系列)"标签,在此选项卡中可添加或删除用于创建图表的数据系列。单击"下一步"按钮,打开"…图表选项"对话框,根据需要输入图表标题、分类轴和数值轴的标志。其余选项卡可根据需要进行更改。

更改图表类型:在要修改类型的图表上单击右键,在弹出的选项卡上选择"更改图表类型"命令,重新选择。单击"确定"按钮即可。

#### 4. 分类显示数据

1) 创建分类汇总

要插入分类汇总,要先对数据清单进行排序,以便将进行分类汇总的数据行组合在一起。具体的操作步骤如下。

按照需要进行分类汇总的字段排序。单击数据清单中的任一数据单元格,选择"数据"→"分类汇总"命令,打开对话框。在"分类字段"下拉列表框中选择分类汇总的字段名;选择汇总方式和汇总项,下方复选框采用默认,单击"确定"按钮。

2) 分级显示数据

在创建分类汇总后,可以分级显示数据清单中的数据。每一级的数据都被分为若干组。单击代表级数的数字,可指定显示到该级的明细数据,每一组分类数据的左侧都有一个隐藏或显示明细数据的按钮。单击"隐藏明细数据"按钮,即可隐藏该组的明细数据;单击"显示明细数据"按钮,即可显示。

3) 清除分类汇总

选择"数据"→"分类汇总"命令,打开对话框,单击"全部删除"即可。

### 8.4.5 Origin 软件

Origin 系列软件是美国 Origin Lab 公司推出的数据分析和制图软件,是公认的简单易学、操作灵活、功能强大的软件。该软件定位于基础级和专业级之间,既可以满足一般用户的制图需要,也可以满足高级用户数据分析、函数拟合的需要。Origin 是国际科技出版界公认的标准作图软件,是科学和工程研究人员的必备软件之一,当前发布了两个版本:标准版本(Origin 9.1)以及价格稍高的专业版本 OriginPro 9.1。后者新增了一些数据分析功能,例如,曲面拟合、短时傅里叶变换以及一些更加高级的统计功能。

目前,Origin 仅支持在 Microsoft Windows 下运行。Origin 支持各种各样的 2D/3D 图形。Origin 中的数据分析功能包括统计、信号处理、曲线拟合以及峰值分析。Origin 中的曲线拟合是采用基于 Levernberg-Marquardt 算法(LMA)的非线性最小二乘法拟合。Origin 强大的数据导入功能,支持多种格式的数据,包括 ASCII、Excel、NI TDM、DIADem、NetCDF、SPC 等。图形输出格式多样,如 JPEG、GIF、EPS、TIFF 等。内置的查询工具可通过 ADO 访问数据库数据。

Origin 最突出的优点是使用简单,它采用直观的、图形化的、面向对象的窗口菜单和工具操作,全面支持鼠标右键操作、支持拖放式绘图等,甚至在完成一项任务时不需要用户编写任何代码,它带给用户的是最直观、最简单的数据分析和绘图环境。下面使用 Origin 9.0

简单说明其制图过程。

(1) 双击启动 Origin 9.0 软件。如图 8.11 所示为 Origin 9.0 的软件界面。

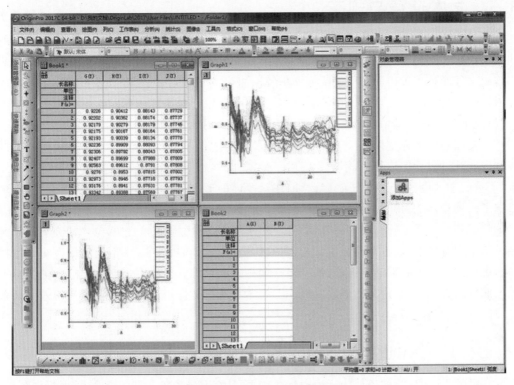

图 8.11　Origin 9.0 的软件界面

(2) 在软件中输入数据获得散点图。在实验中测试获得一组数据，只需输入到 Origin 的 Data 对话框中，选中数据，然后单击左下角的 Scatter 按钮即可得到散点图。连接点获得趋势图。如果只需要将各点以折线连接起来，则在获得散点图时就可直接单击 Scatter 按钮右边的 Line+symbol。

删除趋势线的方法为：右击鼠标，选择 Change plot to→Scatter 命令。

如果想获得的不是折线图，而是希望用平滑的曲线表示趋势，则只需在折线基础上进一步处理即可：双击折线后，选择 Line 选项卡，在 Connect 选项中选择相应的曲线类型后，单击 Apply 按钮即可。

(3) 图形处理。

① 平滑处理数据。这种处理只需要表现趋势的图形为平滑。操作方法为：单击 Analysis 菜单，选择 Smoothing 下面的 FFT Filer 即可。

② 线性拟合。操作方法：单击 Analysis 菜单中的 Fit Linear 命令。

(4) 图形美化。在线或点上双击后，可以调节点的大小，改变曲线颜色及宽度等。图形美化中移动点要注意不要移动幅度过大。

(5) 图形输出时可以复制、粘贴到 Word 文档中，再附上拟合参数。

## 8.5 学术道德与规范

2019年2月8日,影视演员翟天临因在直播中回答网友提问时,不知知网为何物,他的博士学位真实性受到质疑。随后,有网友通过社交媒体爆料称查出了翟天临在博士期间的一篇论文涉嫌抄袭黄山学院文学院黄立华教授2006年刊登在《黄山学院学报》的《一个有灵魂深度的人物——〈白鹿原〉之白孝文论》。翟天临学术不端事件的影响在短时间内迅速扩大,引发了教育部对学术道德的重视,也引起了中国学术教育界的震荡。

理想的科学研究工作是一个求真、求善、求美的过程,是不断努力探索推动人类社会进步和发展的过程。但近年来,不论是国内还是国外,学术造假、学术道德失范的事件屡有发生,严重的学术道德失范损失了高等学府庄重严谨的形象,阻碍了学术事业的繁荣发展,更影响了民族创新能力和社会经济的发展。

什么是学术道德呢?简单而言,学术道德就是指在科学研究过程中,学术研究者应当遵循的基本规范和准则,包括严谨治学、诚实守信、不弄虚作假、不剽窃、不侵犯他人知识产权等诸多要素。倘若缺乏学术道德,那么轻则其科学成果没有公信力,自毁名誉,重则会损害国家的尊严,阻碍学术研究的健康发展。因此学术道德是每一位从事科学研究的人所必须遵守的基本行为准则。

### 8.5.1 学术道德问题的表现

在科学界,违反学术道德的行为大量存在,而且有上升趋势。在我国,这种现象也存在,主要表现如下。

(1) 科学研究的粗制滥造。一些人不去关注当前学术界在某一学科的进展状况,对于一些已经取得突破的问题,依然局限于原有层次上,简单地重复前人所做过的工作,造成不必要的浪费。另外,在研究过程中,不深入研究,采用"剪刀加糨糊"的操作方式,制造毫无学术价值的垃圾文本。

(2) 篡改和伪造研究数据。主要是指按照某种科学假说和理论演绎出的期望值伪造虚假的观察与实验结果,从而支持理论的准确性或者确认实验结果的正确性。它包括编造数据,根本未进行任何观察与实验,从而捏造不存在的数据、篡改数据,以一些实验结果为基础来推测实验结果,对另一些与推测结果不同的实验结果和数据进行修改、拼凑,按期望值任意组合实验结果,或者把与期望值不符的实验结果删除,只保留与期望值一致的实验结果。数据的不真实导致了科学论文的质量低下。

(3) 抄袭和剽窃他人劳动成果。例如,从抄袭学术观点,到整节、整段、整篇照搬;剽窃范围从国内到国外;抄袭剽窃者不仅有一般科学人员和学生,而且还有极少数知名专家。

(4) 根据我国《著作权法》的规定,署名权是作者经智力活动创作后,在所形成的作品(含复印件)上标示姓名的权利。署名权作为著作权中的一项人身权利,既表明作品的作者身份,又反映作者与作品的内在联系。享有署名权的主体是真正的作者。法律禁止在他人作品上随意署名,即使作者本人在自己的作品上署示他人姓名,也系无效法律行为。不正当署名包括无端侵占他人成果,使该署名者不能署名;无功者在作品中"搭便车";擅自在作品上标示知名作者的姓名,抬高自己作品或者出版物的声誉。

(5) 学术腐败现象严重。例如,受不良风气的影响,在研究成果鉴定、项目评审以及学校评估、学位授予审核等工作中出现了一些弄虚作假,或试图以不正当手段影响评审结果的现象。有的人利用权力为自己谋取学位、文凭,有些学校在利益驱动下降低标准乱发文凭。有的学者把这种学术腐败现象归结为"学钱交易、权钱交易或学权钱交易"。这些现象会对那些勤恳为学的人们造成很大的震荡和冲击,严重影响了学术界的正常秩序,造成了学术界的信任危机。

上述问题,有的已经长期存在且比较严重,还在继续蔓延和泛滥;有的尚处于潜伏状态。这些行为和现象严重损害了科学工作者、科研机构和高等院校的形象,给科学事业带来了不良影响。如果听任其发展下去,将会严重污染学术环境,影响学术声誉,阻碍学术进步,进而影响科学的健康发展。

### 8.5.2 学术道德教育

学术道德问题已不容忽视,因此必须引起重视并予以杜绝,而要杜绝和防止科学道德及学术研究中不端行为的出现,最重要的还是教育。特别是加强对青年一代,尤其是高等院校、科研院所在读研究生的科学道德和学术规范教育,将科学道德和学术规范教育作为研究生教育的一项重要内容,与学术培养同步进行。因此高校在实施教学活动的过程中,必须重视并加强科学道德和学术规范教育工作。

(1) 加强道德教育,不仅要倡导教师要认真上好"邓小平理论"课和"品德教育"课,而且要结合社会活动宣传"为人民服务"的思想,宣传"三个代表"的根本理念,让学生分清什么是对,什么是错,什么是好,什么是坏。只有充满正气的学习氛围,洋溢着精神文明的生活环境,才是健康的校园环境。

(2) 教育者要以身作则。身教胜于言教,各级领导和教师首先要洁身自好,为学生树立榜样,使学生对高尚品质的认识不只局限在理论上,而是在自己身边就有可学习的榜样。

(3) 建立一支学术评论队伍,有如影评、书评家一样,专门评论学术界的各种优良品质和不良行为。

(4) 建立诚信档案,对于有不良行为者要记录在案,这样对于不良行为也可以起到制约的作用。

(5) 建立健全学术规范制度,明确什么可为,什么不可为,并规定道德与违法的界限,使违反规定者有所顾忌。

(6) 学校还应有专门的管理机构予以监督,或纳入纪检部门进行管理。

学术不端行为不仅给国家造成了大量的资金浪费,而且严重破坏了以求真务实为基本精神的学术研究规则,损害了知识分子在人们心中的形象,污染了学术环境,阻碍了学术进步和科研创新,而且危害到了下一代科研人员的诚信观念,进而对整个科研领域的发展产生深远的不良影响。因此,高校必须重视道德教育,创造人才辈出的活跃局面,才能为国家培育出大量可用之才。

### 8.5.3 查重原理与降重技巧

自2008年中国知网检测系统被各大高校开始使用后,每年面临毕业的大学生们在写完论文后都要进行论文查重,重复率控制在一定范围内才能获得答辩资格。随后,万方、维普等数据厂商相继推出查重服务。本节以知网为例,对查重原理进行简要介绍,并给出了一些降重的方法技巧。

**1. 中国知网查重原理**

知网学术不端文献检测系统采用基于数字指纹的多阶快速检测方法,对用户指定的文档做数字指纹,与相关文档指纹比对,按照文档类型与内容特征不同,支持从词到句子、篇章级别的数字指纹。相似字符串检测阈值根据用户需求可调,以获得用户希望的最佳检测结果。

中国知网收录了期刊、学位论文、会议论文、报纸、年鉴、工具书、专利、外文文献、学术文献引文等与科学研究、学习相关的海量资源,平均日更新 20 000 条记录。这些资源形成了一个规模巨大、不断更新的对比库,为学术不端文献检测系统提供了资源支持。

目前,中国知网仅对机构用户提供查重检测服务,该服务暂未对个人用户开放。用户在知网检测系统上传待检测的文档后,可获取如图 8.12 所示的检测结果。

图 8.12　知网学术不端检测系统检测结果

**2. 降重技巧**

(1) 多篇引用,每篇引用的总字数要少。毕业论文查重检测系统的阈值设置就是一条警戒线。我们在引用文献的时候,内容总数只要在阈值之内,就是安全的。一般地,毕业论文查重检测系统的阈值设置为 1%。也就是说,10 000 字的论文,单篇引用的字数在论文的 1%,即 100 字以内,引用是不会被检测出来的。

(2) 将引用的文字适当进行重新组织。避免整段、整句的原文引用,尽量将引用的文字进行重新组织,归纳整理为自己的语言。

(3) 适当参考外文文献。检测系统对比库中的资源以中文文献为主,适当多引用外文文献,可以在一定程度上规避重复率过高的风险。

（4）巧妙利用图表。若引用的篇数和内容数量较多，可以尝试用图表对引用内容进行梳理和再现，既能降低重复率，也能使论文内容更具条理。

1. 简述科研选题的方向和来源。
2. 参照本章的选题实例，在专业范围内选取感兴趣的领域，完成一套完整的科研选题方案。
3. 梳理上述专业领域学者的排名情况、学科机构的排名情况、按学科领域查找地区排名情况、本学科的研究前沿、本学科的高被引论文、本学科的热点论文等研究领域情况并寻找出 2～3 个相关研究选题。
4. 根据所提出的研究选题，架设合适的论文框架并丰富观点进而写出一篇 5000 字以上的中文论文。
5. 选取一篇具有国际视野的中文论文，增加其趣味性与学术性等标准后翻译为符合国际期刊发表要求的英文论文。

# 第四篇

# 论文的投稿

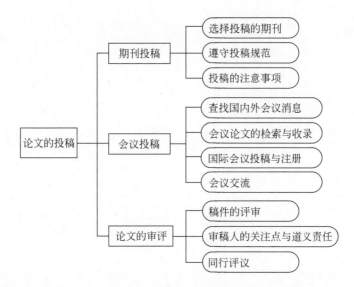

**【本篇引言】**

  论文的写作既是学术研究的结束也是开始——它标志着一项研究取得了成果,也意味着成果即将进入学术界进行广泛交流。一篇学术论文的发表,通常要经历投稿、审稿、修改、录用、排版校对、印刷出版等环节。科研人员只有公开发表论文,其研究成果才能在学术界中得到交流和认可。

  本篇梳理了期刊投稿和会议投稿的方法和注意事项,并对论文的评审环节进行了介绍。经过本篇的学习,相信读者已经具备了独立进行学术研究的能力,不妨选一篇自己满意的论文进行修改,尝试向合适的期刊或者会议投稿,迈出逐梦学术圈的第一步。

**【学习目标】**
- 掌握选择投稿期刊的方法,熟悉期刊投稿的注意事项。
- 掌握查找会议信息的方法,熟悉会议注册投稿的流程。
- 了解论文评审的各个环节。

# 第 9 章 期刊投稿

目前期刊投稿主要有三种方式，分别是在线投稿、E-mail 投稿和纸质投稿。国内外的期刊投稿方式主要有两种，即 E-mail 投稿和网上投稿。期刊要求纸质投稿的比较少。从当前趋势来看，随着信息管理系统的不断发展，E-mail 投稿也将会逐渐被网上投稿所取代。

网上投稿是通过期刊的在线投稿系统进行投稿，在线投稿已经成为当前学术期刊征集稿件的主流方式。在线投稿系统除了征集稿件之外，往往还具有专家审稿功能、编辑审稿功能、编辑交流功能、编辑信息发布功能、稿件信息统计功能等，将学术期刊投稿、审稿、录用等流程集中在一个系统内处理，提高了工作效率，降低了作者、编辑、审稿人的协作成本。

纸质投稿就是将论文稿件打印出来后，邮寄到期刊编辑部（有的期刊还要求邮寄刻录好论文的光盘）。纸质投稿是学术期刊最早的投稿方式，目前国内外已不多见。

## 9.1 选择投稿的期刊

期刊投稿主要要考虑以下四个方面：稿件内容和质量，找到适合的期刊，熟悉投稿要求和流程，经验的积累。稿件的内容自然和作者研究方向有关，但与稿件质量相关联的分为多种，比如研究方向冷与热、实验结果成与败、文章表达优与劣、图形处理好与坏，当中有些还是可有作为的。在投稿前，科研人员需要找到合适、对口的学术期刊，因此了解学术期刊评价指标就很有必要了。

### 9.1.1 根据动态指标选期刊

学术界为了评价期刊的质量，以指导相关领域人员选择领域内的高质量期刊，制定了一系列的期刊评价指标。这些指标都随着年份的不同而不同，具有很强的动态性，也即学术期刊具有动态评价指标。本节主要介绍总被引次数、年被引次数、影响因子、即年指标、被引半衰期、非自引指标 6 个动态评价指标。

**1. 总被引次数**

总被引次数（Cites to Year）指自创刊以来所登载的全部论文直至统计当年被引用的总

次数。这是一个非常客观实际的评价指标,可以显示该期刊被使用和受重视的程度,以及在科学交流中的作用和地位。

**2. 年被引次数**

年被引次数(Cites Per Year)指自创刊以来所登载的全部论文在统计当年被引用的总次数。年被引次数体现了该期刊在近期被使用和受重视的程度,一定程度上揭示了期刊在学术界地位的变化。

**3. 影响因子**

影响因子(Impact Factor)计算方法:某统计年 $N$ 的影响因子=该刊 $N-2$ 年和 $N-1$ 年登载的论文在 $N$ 年的总被引次数/该刊 $N-2$ 年和 $N-1$ 年登载的论文总数。影响因子是一个相对统计量,现已成为国际上通用的期刊评价指标,它不仅是一种测度期刊有用性和显示度的指标,而且也是测度期刊的学术水平乃至论文质量的重要指标。

**4. 即年指标**

即年指标(Immediacy Index)计算方法:某统计年 $N$ 的即年指数=该刊 $N$ 年登载的论文在 $N$ 年的总被引次数/该刊 $N$ 年登载的论文总数。即年指标是一个表征期刊即时反应速率的指标,主要表述期刊发表的论文在当年被引用的情况。

**5. 被引半衰期**

被引半衰期(Cited Half-life)指某期刊在统计当年被引用的全部次数中,较新一半的引用数是在多长一段时间内累计达到的。即最新的文献比旧的文献更容易被其他论文引用,旧的文献的受重视程度就降低,显得"老化"。被引半衰期是测度期刊老化速度的一种指标,一般用来测度某个学科领域的期刊老化速度,半衰期越小,老化越快。

**6. 非自引指标**

非自引指标指上述总被引次数、年被引频次、影响因子、即年指数、被引半衰期等指标中引用的被引次数均以去除本刊论文引用的情况之后计算的指标值。非自引指标都比原指标要小一些,但差距不会太大。

### 9.1.2　根据稿件与期刊特征选期刊

动态指标在一定程度上客观地揭示了期刊在学术界的地位,是科研人员选择期刊的"硬指标"。同时,科研人员也应考量期刊的"软指标",根据论文内容、期刊特色、读者群等特征,选择对口的期刊,增加稿件录用的可能性。

**1. 稿件的主题是否适合期刊所规定的范围**

为确认哪些期刊能够发表自己的论文,作者首先应根据自己的阅历进行初步判断,必要时可征询一下同行的意见;其次,要认真阅读准备投稿期刊的"作者须知"或"征稿简则",尤其是注意其中有关刊载论文范围的说明;此外,还应仔细研读最近几期拟投稿期刊的目录和相关论文,以确认其是否与自己稿件的内容相适应。

由于不同学科期刊的影响因子存在很大差异,因此,选择拟投稿的期刊时应注意避免过于看重期刊影响因子的大小。有时尽管某期刊的影响因子很高,作者所投稿件的质量也比较高,但因为期刊与稿件的主题不适合,从而使得稿件难以得到录用和发表。

**2. 期刊的读者群和显示度如何**

作者欲使自己的研究成果与同行进行最有效地交流,使论文达到被"目标"读者关注的目的,就需要考虑将论文发表在最合适的期刊中,最简单的途径是将论文投寄作者本人经常阅读和引用的期刊,因为这些期刊通常也可能最适合发表作者本人的论文。

确定读者群后,还应确定读者能够较容易地获取这份期刊,简单而有效的判断方法是检索一下期刊的网上信息是否丰富、期刊是否被主要检索系统收录等。在其他条件近似的情况下,应尽可能将稿件投向显示度相对较高的期刊。

**3. 期刊的学术质量和影响力**

作者可根据自己的科学交流经历来判断期刊的学术质量和影响力。例如,作者本人所在研究领域的重要论文有哪些是在该期刊上发表的,该期刊的总被引频次和影响因子如何。期刊的总被引频次和影响因子越高,则表明期刊被读者阅读和使用的可能性越大。

**4. 期刊的编辑技术和印刷质量**

稿件自被接受至发表的时滞在选择期刊时也需要适当地考虑。通常可通过查询最新出版的拟投稿期刊中论文的收稿日期和接受日期及期刊的出版日期来推算。如果论文的首发时间与同行存在竞争关系,就更需要认真考虑出版时滞问题。

期刊中图片的印刷质量也十分重要,尤其是稿件中有精细的线条图或彩色图片时,就更需要考虑拟投稿的期刊能否保证其印刷质量。

期刊是否收取版面费或彩版制作费。有些期刊甚至还需要作者支付一定的审稿费或抽印本制作费。如果想在征收出版费的期刊上发表论文且不想支付这些费用,可以给编辑部发 E-mail 或写信询问能否减免。

**5. 期刊对不同国家或地区的来稿是否有区别对待的现象**

尽管期刊大都不承认在稿件录用时对某些作者群存在倾向性,但实际上某些国际性期刊对不同国家或地区来稿的录用率存在数倍甚至数十倍的差别,尤其是少数欧、美期刊对于欠发达国家或非英语国家的来稿可能有一定程度低估的倾向性或歧视,对这些国家或地区来稿的录用率尤其偏低。因此,在不能确定拟投稿期刊在稿件录用中是否具倾向性时,最好查询并简略统计一下该期刊中论文作者的国家来源。如果该期刊在近一年来所发表的论文中基本没有非英语国家或中国作者的稿件,就最好不要尝试向该刊投稿。

## 9.1.3 了解我国核心期刊遴选体系

我国科研院所在对科研人员的成果进行考核时,通常会以论文是否在核心期刊遴选体系内的期刊发表为标准。作者在向期刊投稿前,需对我国核心期刊遴选体系有一定的了解。

目前国内有七大核心期刊遴选体系,分别是中国科学院文献情报中心"中国科学引文数据库(CSCD)来源期刊"、南京大学"中文社会科学引文索引(CSSCI)来源期刊"、北京大学图书馆"中文核心期刊"、中国科学技术信息研究所"中国科技论文统计源期刊"(又称"中国科技核心期刊")、中国社会科学院文献中心"中国人文社会科学核心期刊"、中国人文社会科学学报学会"中国人文社科学报核心期刊"和万方数据库股份有限公司"中国核心期刊遴选数据库"。

其中受到国内目前三大学术界普遍认可的核心期刊体系，分别是南京大学"中文社会科学引文索引(CSSCI)来源期刊"、北京大学图书馆"中文核心期刊"和中国科学院文献情报中心"中国科学引文数据库(CSCD)来源期刊"。

**1. 北大核心**

北京大学图书馆"中文核心期刊"是北京大学图书馆联合众多学术界权威专家鉴定，国内几所大学的图书馆根据期刊的引文率、转载率、文摘率等指标确定的。北大核心期刊定量评价，采用了被索量、被摘量、被引量、他引量、被摘率、影响因子、获国家奖或被国内外重要检索工具收录、基金论文比、Web下载量等9个评价指标，选作评价指标统计源的数据库及文摘刊物达80余种，统计文献量达32 400余万篇次（2003—2005年），涉及期刊12 400余种。

**2. 南大核心**

南京大学"中文社会科学引文索引(CSSCI)来源期刊"是国家、教育部重点课题攻关项目。CSSCI遵循文献计量学规律，采取定量与定性评价相结合的方法从全国2700余种中文人文社会科学学术性期刊中精选出学术性强、编辑规范的期刊作为来源期刊。目前收录包括法学、管理学、经济学、历史学、政治学等在内的25大类的500多种学术期刊（http://cssci.nju.edu.cn/cssci_qk.htm），现已开发CSSCI(1998—2017年)20年度数据，来源文献150余万篇，引文文献1000余万篇。

**3. CSCD**

中国科学院文献情报中心"中国科学引文数据库(CSCD)来源期刊"每两年遴选一次。每次遴选均采用定量与定性相结合的方法，定量数据来自于中国科学引文数据库，定性评价则通过聘请国内专家定性评估对期刊进行评审。定量与定性综合评估结果构成了中国科学引文数据库来源期刊。中国科学引文数据库(CSCD)收录我国数学、物理、化学、天文学、地学、生物学、农林科学、医药卫生、工程技术和环境科学等领域出版的中英文科技核心期刊和优秀期刊千余种。

以上三种核心期刊体系收录的期刊普遍质量较高，在业界拥有良好的声誉和较大的影响力，是科研人员投稿时重要的目标期刊。以上三种核心期刊目录均有一定的更新周期，科研人员在投稿前应注意查看其最新版本的目录，避免误投、漏投。

## 9.2 遵守投稿规范

科研人员在选定投稿的期刊后、投稿之前，须对投稿规范进行查阅，以确保投稿符合期刊规定，减少不必要的麻烦。

几乎所有的期刊都有自己的作者须知或投稿指南，有些期刊每一期都会刊登简明的"作者须知"，有些则只登在每卷的第一期上。不同期刊作者须知的细节可能不尽相同，但目的都是为了给读者提供准备稿件的指南，从而使得稿件更容易、快捷和正确地发表。

作为期刊投稿须知的一般性了解，作者可阅读一些具有广泛代表性的投稿要求。即使拟投稿的期刊是作者经常阅读的，并且作者也熟知该期刊所包括的研究领域和论文类型，但还是必须在投稿前阅读该期刊的"作者须知"。由于编辑方针和具体措施是不断地逐步形成的,因此必须查阅最新版本的作者须知。尽管有些期刊作者的某些部分可能过于详细,不能逐一细读,但还是应该浏览一遍。

### 9.2.1 通过"作者须知"可以了解的信息

(1) 刊物的宗旨和范围,不同栏目论文的长度,主要章节的顺序安排等。

(2) 投稿要求,如是否必须在线投稿,采取何种体例格式(如论文的机构要求、文献标注与引用方式等),采用何种录排软件,图表如何准备和投寄等。

(3) 如何履行同行评议。如果期刊采用的是双盲形式的同行评议,应如何避免在稿件中出现可识别作者身份的信息等。

(4) 如果稿件中涉及对人或动物所做的实验,则需要清楚拟投稿期刊在伦理方面有哪些具体要求。有关人和其他动物研究的基本伦理原则是一致的,但是不同国家对于某些细节方面的规定不尽相同,因此,尽管作者的实验可能与本国的习惯做法相符,但是如果把描述这些实验的文章投向具有不同规定的国家的期刊,就有可能被拒绝。

(5) 采用国际计量单位制(SI)。对于某些特殊单位(如货币单位)或某些非 SI 的单位(如英制单位),如果对某些读者有帮助,也可在圆括号里附注有相关单位所表示的数值。

(6) 其他。如对于语言的要求(采用英国英语拼写还是美国英语拼写),所推荐的词典或文体指南,有关缩写和术语方面的规定等。

上述内容中大部分是作者在稿件准备和投寄时必须要了解的,否则,稿件有可能被简单地退回,理由是"不符合本刊的要求"。

### 9.2.2 作者须知实例

下面以《计算机工程与科学》期刊投稿相关说明为例,对投稿须知进行解读。《计算机工程与科学》是由国防科技大学主管、国防科技大学计算机学院主办的中国计算机学会会刊,是国内外公开发行的计算机类综合性学术刊物。该刊已先后被列为中文核心期刊、中国科技核心期刊、中国科技论文统计分析源期刊、中国科学引文数据库(CSCD)扩展期刊、中国学术期刊(光盘版)全文入编期刊、中国学术期刊综合评价数据库来源期刊、中国期刊网全文入编期刊、万方数据库全文入编期刊、英国《科学文摘》(INSPEC)、美国《史蒂芬斯全文数据库》(EBSCO host)、美国《乌利希期刊指南(网络版)》、《日本科学技术振兴机构数据库(中国)》(JSTChina)。以下是《计算机工程与科学》在网站上登载的作者须知。

**1. 征稿范围**

本刊刊登具有创新性、高水平、有重要意义的原始性研究学术论文以及反映学科最新发展状况的文献综述和信息性文章。来稿应观点明确,论据充分,数据可靠,层次分明,文理通顺。

**2. 投稿要求和注意事项**

(1) 文题、作者姓名(一般不超过 6 人)、作者单位及所在城市和邮编、摘要、关键词均需中英文对照。论文如果获得有关研究基金或课题资助,需提供基金名称及编号(亦需中英文对照),并提供第一作者的姓名、性别、民族(汉族不写)、出生年、职称、学位以及联系人姓名、职称、电话、传真及 E-mail 地址。

（2）论文题目应简洁、准确，不宜使用缩略词；摘要（中文）字数一般在 200～300 字，内容应包括论文的研究目的、方法及研究结果等；英文摘要字数在 300～400 个单词（对中文摘要内容进行扩展），简要地介绍研究背景、研究内容、研究成果。关键词的个数为 3～8 个。正文版面不得低于 6 个版面。

（3）文中量、单位及符号的使用应符合国际标准和国家标准。注意容易混淆的外文字母的文种、大小写、正斜体及上下角标的正确书写。文中外国人名、术语统一为英文，不宜采用中文译法。

（4）图、表和公式应通篇分别编号，图题、表题应有中英文对照。表格应采用三线表形式，内容以英文表述。

（5）稿件具体格式：正文请按照五号宋体、通栏式排版。

### 3. 投稿约定

（1）原稿必须是在中外文正式刊物上未发表的论文。本刊严禁一稿多投、重复内容多次投稿、不同文种重复投稿。一旦发现上述情况，稿件将按退稿处理，并将通知作者单位及材料冶金领域有关期刊。作者本人的稿件今后将不被录用。

（2）稿件审查结果在三个月内通知作者，在此期间，作者不得将稿件投往他处。个别稿件可能送审时间较长。稿件外审超过三个月的，作者可以自行处理，如果决定改投他刊或退稿，请通知编辑部撤销后，再进行处理。通过外审的被录用的稿件，编辑部会及时通知作者。

（3）学术研究必须真实，投稿必须合法，即不存在抄袭、剽窃、侵权等不良行为。如发现上述不良行为，本刊将据实通知作者所在单位的最高领导层，并不再接受第一作者的投稿。作者文责自负，本刊不承担连带责任。来稿应未在任何正式出版物上刊载过，且不允许一稿多投。本刊不接受任何语种的翻译稿。

（4）外审：送两名专家进行外审。

（5）终审：主编终审，结合外审意见给出最终结果：录用，改后再审，退稿。

（6）编辑：对录用稿件进行编辑、加工、出版。欲对投稿事宜进一步了解者，可向编辑部询问。

（7）在稿件的修改过程中，若超过稿件修改时限 30 日，编辑部将以作者返回修改稿日期作为投稿日期；超过 30 日，编辑部有权对稿件做出退稿处理。

（8）文责自负，编辑部有权对稿件做技术性、文字性修改，在征得作者同意后可以进行实质内容的修改。

（9）论文发表后，版权即属于编辑部所有（包括上网的版权），同时赠寄当期杂志两册。

### 4. 稿件流程

（1）投稿：网络远程投稿，请登录本刊网站；投稿成功后 E-mail 回执。

（2）收稿：编辑收稿，为稿件分配稿号，并由 E-mail 发送稿号信息。

（3）初审：编辑初审，通过后送外审；否则直接退稿。

从《计算机工程与科学》的投稿须知可以看出，该刊对稿件的结构、格式、篇幅均有明确的要求，与作者就学术道德、审稿流程形成了清晰的约定，并对投稿的流程进行了说明。作者在投稿前阅读投稿须知，再进一步确定是否向该刊投稿，有助于减少沟通成本，让投稿过程更简单、顺利。

## 9.3 投稿的注意事项

在按照投稿须知进行投稿的同时,作者还应在以下几个方面多加注意。

### 9.3.1 投稿前需要检查的项目

(1) 邮件中是否包括期刊所要求足够份数的原件和复印件(包括正文、表格和插图)。如果是在线或 E-mail 投稿,应尽可能遵从期刊的相关要求,如应使用的软件、正文和图表是作为同一个文件名存储还是分别存储等。

(2) 题名页中是否注明了通讯作者详细的通信地址、E-mail 地址。

(3) 论文题名的字数、摘要的格式等是否符合刊物的特定要求。

(4) 表格分别单独打印(最好一页一张表),并按其在论文中出现的先后顺序连续编号;确认各表格的表题,使读者在不参阅正文的情况下能够理解表格的内容,检查正文中提及表格的地方,以保证每张表格都已提及,并符合表的内容;在表格出现的位置预留一定的空白并标注表序和简明的表题。

(5) 插图是否按其论文中出现的先后顺序连续编号;每张插图都至少在正文中提及一次,而且正文中每一提及处都符合插图的内容;在插图出现的位置预留一定的空白并标注图序和简明的图题。

(6) 表题和图题应是简短、准确的短语,最好不超过 15 个字,必要时可附表注或图注;图题和表题需另页打印。

(7) 对照参考文献的原文检查参考文献目录中的各著录项,确保所有参考文献的著录项准确且完整无缺;参考文献的序号应正确、连续并且在正文中分别有引用标注;正文中的脚注(在期刊允许使用的前提下)是否在正文中都有提及。

(8) 确保已满足期刊有关体例方面(编写格式和组织形式)的要求,如是否从标题页开始给论文连续编页码,打印稿的行距(通常是隔行打印),各行的右端是否要求对齐(通常不允许使用连词符来分隔单词换行),研究项目的资金资助信息是以首页脚注的形式还是以致谢的形式标注等。

(9) 确保已满足期刊有关需要说明或声明的要求,如是否要注明正文的字数;是否要附寄所有作者签名的声明信,以声明各作者的责任、贡献,并说明已获得所有致谢人的书面同意;是否需要附寄所有引用的个人通信和未出版资料的书面同意函、出版商或版权人书面同意复制或改变的图表的函件等。

(10) 一定要保留一份完整的原件,以防稿件在投寄过程中丢失。

### 9.3.2 录入与排版的注意事项

认真、细致地录入与排版并不是为了锦上添花,而是稿件准备中必须要认真做好的工作,大多数的期刊编辑部对所有新收到的稿件首先要进行体例格式方面的审查,如果所投稿件不能满足期刊的基本要求(通常在期刊"作者须知"中会有明确规定),就有可能在编辑部初审后直接退回，或通知作者修改并重新投稿后再送交同行评议。

稿件的录排与打印中应注意的问题主要有以下几点。

(1) 尽量不要使用脚注。除非期刊为了某些目的而要求这样做。越来越多的期刊正倾向于取消正文中的脚注，这是因为脚注明显地增加了排版的麻烦，并且，脚注对读者快速阅读和理解也有干扰。为方便排版和读者的阅读，有些期刊在每篇论文的最末设置"文献和注释"，以此来避免脚注。

(2) 除非编辑部有专门的要求，否则就用 A4 纸（212mm×297mm），Times New Roman 字体、12 号（Points）字（相当于小四号字）、单面、通栏、隔行排印文稿。

(3) 稿件的每部分都以新的一页开始。论文题名、作者姓名、地址应放在第 1 页，摘要置于第 2 页，引言部分从第 3 页开始，其后的每一部分（材料和方法、结论等）都以新的一页开始。插图的文字说明集中放在单独的一页。表和插图（包括图例和文字说明）应集中起来放在稿件的最后，但在正文中要注明相关图表应该出现的位置。

(4) 打印稿应留有足够的页边距（上、下、左、右的边距应不少于 25mm），页边距可供审稿人或编辑阅改时做注记，也可用于文字编辑和排版人员做标记用。

除主标题外，大多数期刊都允许使用次级标题。要参照相应期刊的最新版本来决定用什么体例的标题（黑体字或斜体字）。尽量使用名词性词组（避免使用完整的句子）作为主标题和次级标题。尽量避免使用三级标题，甚至四级标题，许多期刊也不允许用更多级次的标题。

(5) 英文稿件中要注意美国英语和英国英语拼写方面的不同。投向美国期刊的稿件应使用美式拼法，投向英国等欧洲国家期刊的稿件则使用英式拼法。对于非英文字母的特殊符号及标点符号，一定要在录排软件的西文状态下录入。

(6) 文字处理及图片制作软件应视期刊的要求选用，在期刊编辑部没有特定要求的情况下，最好使用 Microsoft Word 录入排版，但同时应备份一个纯文本格式的文件。目前有相当多的期刊要求作者使用 LaTeX 软件录入排版，这是作者在录排之初就需要注意的。

必须使用期刊指定的绘图软件来制作图片，在没有特定要求的情况下，最好将图片文件保存为两种或更多种不同的存储格式，以便出版商的读取和修改。打印的图片至少应有 600dpi 的分辨率，数字化的图片至少需要 1200dpi 的分辨率。

(7) 页面设计和连字符（-）的使用。期刊通常不要求稿件的正文两端对齐（即各行在垂直上左端对齐，右端可以参差不齐），作者如果希望稿件的各行在垂直上两端对齐，可通过文字处理软件自动增减单词间距来调整，除非期刊有专门的说明，否则绝对不要使用连字符来分割单词以达到右端对齐的目的。大多数期刊都不允许作者为达到右对齐的目的而使用连字符，以免这些连字符干扰期刊的排版。

(8) 最后的检查。作者本人一定要仔细阅读打印稿。令人吃惊的是，有很多稿件在打印完毕后不经过校阅就直接投到期刊编辑部，这种稿件大多充满了打印错误，有时甚至连作者的姓名和工作单位都会拼错。

不能过于依赖软件的语法和拼写自动检查功能。拼写检查器只能检查单词的拼写错误，不能识别出拼写正确但语境错误的单词，因此，作者一定要认真、细致地阅读打印稿来校改计算机录入错误。

此外,在投稿前应请一位或多位同事阅读稿件,检查一下稿件中是否还有拼写错误或表达不够明白的地方。如有可能,请英语国家的合作者或朋友做一些文字方面的修改,这对于提高文字表达质量、增加论文被期刊接受发表的可能性是非常有帮助的。

### 9.3.3 投稿的一般注意事项

(1) 务必遵照期刊的要求将期刊投寄给指定的收稿人或收稿单位(期刊的编辑部、编委会、主编、执行编委或助理编辑)。

(2) 仔细检查稿件内容并确保满足拟投稿期刊的全部投稿要求。

(3) 随稿附上一封所有作者签署的投稿信,简要说明拟投稿的栏目、稿件的重要性,并声明未曾发表过,有些期刊甚至要求作者说明稿件的内容合乎伦理道德方面的规定、与他人(或机构)不存在利害冲突关系、各作者分别对稿件的贡献等。

(4) 在收到作者的投稿后,期刊编辑部会给稿件编号并将相关信息记录在案,并大致检查稿件的内容,如果基本符合要求通常会给作者发一封收稿函。如果超过 20 天作者不曾收到任何回复,作者可以发 E-mail 或打电话询问有关事宜。

### 9.3.4 谨防虚假投稿信息

随着学术期刊相继采用在线投稿的征稿方式,一些不法分子建立虚假网站,冒充期刊编辑部进行诈骗,不仅让作者蒙受经济损失,还大大增加了信息泄漏、论文盗用的风险。因此作者在投稿前须仔细甄别投稿渠道是否真实可信,不妨尝试以下几种甄别方式。

**1. 搜索识别法**

百度搜索受竞价排名的影响,充斥着大量虚假甚至欺诈的信息,一些虚假网站往往会在搜索结果中排在期刊官方网站的前面,排在搜索结果第一位的也许是"李鬼"。以《中国图书馆学报》为例,真正的官网右侧会显示一个蓝底白字的"官方"小标志,如图 9.1 所示。

图 9.1 百度搜索结果中的《中国图书室管学报》网站

作者在浏览百度搜索结果时要重点寻找带有"官方"认证的投稿网站,未经认证的网站,须谨慎采信。

### 2. 观察网站域名

搜索引擎显示搜索词条的时候，也会显示网站的域名。通常虚假网站和正规网站在域名上是有明显区别的。一般来说，虚假网站并不只是针对一个行业或者一本刊物，而是包含多行业多刊物，所以它们的域名通常有明显的二级域名特征，而期刊官网则有明显的唯一性。以《煤炭学报》为例，如图 9.2 所示，该刊官网网址为 www.mtxb.com.cn，而虚假网站的网址为 www.qikan58.net。

图 9.2　百度搜索结果中的《煤炭学报》网站

### 3. 观察网站页面

通常，期刊官网页面布局很规范，论文的展示一般会作为网站的重点；有官网的网站一般也会有在线投稿系统和编辑部的联系方式（多为座机号码和邮箱）。而虚假网站通常比较粗糙，较少展示论文信息，联系方式多次出现，且弹出多种主动联系的对话框等。以《情报学报》为例，该刊的官网和虚假网站页面布局有着明显的区别。如图 9.3 所示为《情报学报》官网网站页面。如图 9.4 所示为《情报学报》虚假网站页面。

图 9.3　《情报学报》官网网站页面

图 9.4 《情报学报》虚假网站页面

此外,虚假网站的目的是为了获得不正当的经济利益。虚假网站在收到稿件后往往会要求作者缴纳审稿费或者版面费,且提供的账户名称与期刊名称和办刊单位不相符,作者被索要发表费用时,也应多加留心。

# 第10章 会议投稿

相较于按时连续出版的学术期刊,会议举办的时间、频率往往并不规律,需要作者持续关注业内会议动态,提前查找会议信息。稿件被会议录用之后,往往还有交流的环节。

## 10.1 查找国内外会议信息

随着全球学术界交流更加频繁深入,各个国家的学会、协会、研究机构及国际学术组织越来越多,为了加强科学家之间的信息交流,各学术组织每年都定期或不定期地召开学术会议。学术会议按其组织形式和规模区分,一般可分为以下 5 大类:国际性会议、地区性会议、全国性会议、学会或协会会议、同行业联合会议。

广义的会议文摘包括会议论文、会议期间的有关文件、讨论稿、报告、征求意见稿等,而狭义的会议文摘仅指会议录上发表的文献。新的理论、新的解决方案和新发展的概念通常最早出现在科技会议上发表的论文中。

### 10.1.1 会议文献的特征与常用术语

学术会议按组织规模可以分为国际学术会议和国内学术会议,按照举办形式可以分为线上学术会议和线下学术会议。

会议文献按出版顺序可以分为会前文献、会中文献和会后文献。会前文献包括会议日程、论文目录、摘要和会议论文预印本(由于经费等原因,有的会后就不再出版正式文献)。会中文献包括开幕词、讨论记录和闭幕词等。会后文献包括会议录、会议论文集、会议论文汇编、期刊特辑、图书以及有关会议的声像资料等形式。

**1. 会议论文的特征**

会议文献一般具有以下 4 个特征。

(1) 传递新产生的但未必成熟的科研信息,对学科领域中最新发现、新成果等重大事件的首次报道率最高,是人们及时了解有关学科领域发展状况的重要渠道。

(2) 涉及的专业内容集中、针对性强,一般是围绕同一会议主题撰写相关的研究论文。

(3) 内容新颖,即时性强,最能反映各个学科领域现阶段研究的新水平、新进展;数量庞大,出版不规则。

(4) 出版形式多种多样,有会议录、期刊、科技报告、预印本等形式。

**2. 会议文献的常用术语**

检索会议文献应了解如下几个关于会议的常用术语。

(1) Conference(代表会议):指针对某一研究领域中的一些重点问题,召集一些相关代表而举办的学术会议。

(2) Symposium(专题会议):指在某一研究领域中,针对某些专题(热点问题)而举办的学术会议。

(3) Seminar/Workshop(专题研讨会):指在某一研究领域中,针对某些重要学术议题而举办的学术会议。

(4) Colloquium(讨论会):指会议组织者就某些重要问题(跨领域的战略性计划、宏观政策等)而举办的学术讨论会议。

(5) Session/General assembly(团体定期会):指学术团体定期组织的主要由学术团队成员参加的会议。

(6) School/Short Course/Study Day/Clinic/Insitute/Teach-in,etc.(讲习、短训班等):指就某一学术专题或专业技术举办的讲习、短期研习等一类的培训班。

(7) Congress(代表大会)。

(8) Convention(大会)。

(9) Meeting(会议)。

(10) Group meeting/Panel meeting(分组会议)。

(11) Proceedings(会议录)等。

## 10.1.2 查找国内外会议论文

国内会议论文主要通过学校图书馆提供的学术数据库进行检索获取(如中国知网会议论文数据库、万方会议论文数据库、NSTL 国家科技文献图书中心文献数据库等)。国际学术会议有其成员的国际化以及语言的国际化等特点,也就是说,国际学术会议一般是由多个国际机构来组织,并由多个国家或地区代表参加的学术会议;一般情况下,国际会议交流的语言主要是英语,会议交流语言也可同时使用由大会指定的非英语语言。由于所有国际大型文摘数据库都有会议文献的检索,多数都收录和报道会议文献(如美国工程索引 EI、英国科学文摘 INSPEC 等),因此可以利用这些数据库,查找到许多专业领域的国外会议论文信息。下面举例说明查找国内外会议论文的几种途径

(1) 通过 Web of Knowledge 查找会议论文。

Web of Knowledge(网址 http://www.webofknowledge.com)是检索国际著名会议、座谈会、研讨会及其他各种会议录论文的综合性多学科的权威数据库,该库收录了全球一万两千余种主要的科学技术、社会科学和人文科学会议录的论文文摘。

(2) 通过 IEEE Conference Proceedings 查找会议论文。

IEEE(Institute of Electrical and Electronics Engineers)是一个国际性的电子技术与信息科学工程师的协会,也是目前全球最大的非营利性专业技术学会。IEEE Conference Proceedings 收录了该领域内的会议论文。

(3) 通过国家科技图书文献中心(NSTL)查找会议信息。

国家科技图书文献中心(NSTL)的网站(网址 https://www.nstl.gov.cn/index.html)"文献浏览"页面设有子栏目"会议",收录了五万余条会议相关信息。

(4) 一些学科协会出版的数据库中或一些学科领域的专门数据库中也收录了会议论文信息,例如:

① IP Conference Proceedings(美国物理联合会会议录网络版),收录了美国物理联合会(AIP)自 2000 年以来出版的约五百多种会议录(全文)。其网址为 Http://proceedings.aip.org/。

② NSPEC(英国科学文摘),由英国电气工程师学会(IEE)出版的文摘数据库,是物理学、电子工程、电子学、计算机科学及信息技术领域的一千五百余种会议记录。其网址为 http://isi3.isiknowledge.com/portal.cgi。

③ SIS Previews(生物学文摘数据库),收录了与生命科学研究相关的各个领域五千余种期刊文摘,一千五百多种会议录等非刊文献。其网址为 http://202.127.20.67/cgi-bin/ovidweb/ovidweb.cgi。

(5) 向相关学会、主办方或作者直接索取。

(6) 百度学术查找会议信息。打开百度学术搜索,单击"高级搜索",在其中设置"出版物"选项为"会议",并将其后的关键词设置为"computer",也即搜索 computer 相关的会议论文。如图 10.1 所示为百度学术搜索设置界面。如图 10.2 所示为百度学术搜索结果显示界面。其中,搜索结果显示界面的左侧为相关结果列表,右侧有相关热搜词,如 computer、internet 等。

图 10.1 百度学术搜索设置界面

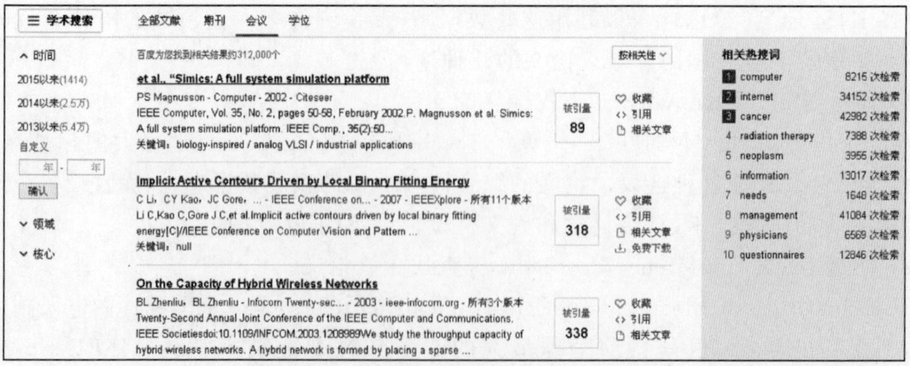

图 10.2 百度学术搜索结果显示界面

### 10.1.3 国内外会议

国内外会议的相关信息往往没有统一的平台和机构发布,查找会议信息的科研工作者可以从以下几种渠道关注会议信息。

(1) 各学会网站。以 IEEE 为例,其学会网站收录了全球范围内所有被 IEEE 赞助的会议信息。

(2) 中国学术会议在线。

中国学术会议在线(网址 http://www.meeting.edu.cn/)为用户提供会议信息预报、会议分类搜索、会议在线报名、会议论文征集、会议资料发布、会议视频点播、会议同步直播等服务。如图 10.3 所示为中国学术会议在线网站页面。

图 10.3 中国学术会议在线网站页面

（3）All Conferences.com。

http://www.allconferences.com 是一个查找国外会议的网站，它是提供各种会议信息的目录型网站，用它也可以通过搜索目录来获得特定的会议信息。同时该网站提供在线注册、支付程序等服务。网站提供的会议范围包括人文与社会科学、商业、计算机和互联网、教育等各学科领域的学术会议。如图10.4所示为 All Conferences.com 网站页面。

图 10.4　All Conferences.com 网站页面

（4）百度搜索。

通常国内外期刊会在某期后面列出将要召开的会议信息，另外还可以利用百度搜索来查询将要召开的国内和国际会议。当然也可以向研究所或实验室相关研究方向的人了解他们一般投稿的会议,然后百度搜索这些会议。还可以从看到的文献的参考文献中查找相关会议。

## 10.2 会议论文的检索与收录

会议投稿和期刊投稿差别较大,会议论文投稿前,作者需要花费更多精力去寻找会议信息、确认会议论文的收录情况,以确保投出去的会议论文能够转化为被认可的成果。

投稿并被录用收录的会议论文一般会结集出版论文集。但是论文集(proceedings)的文章的检索或收录有多种情况,有的是部分文章被选出来出版在某个指定期刊,有的则是全部文章选出来出版在指定期刊,对于这种情况,只要确定看该期刊是否会被 SCI 或 EI 收录就可以。还有一些会议论文集是直接被 SCI 或 EI 收录。

会议论文检索或收录是投稿作者较为关心的事项,一般都会在会议的网站上对会议论文是否被收录进行说明。也可以通过学校的图书馆网站上有 ISI Proceedings 和 EI-Village2 的链接,查看该会议往年的文章是否正常按期被检索或收录。一般情况下,IEEE/IEE 举行的会议会被 EI 检索,不被检索的较少。可以通过该会议的前几届的检索情况进行参考判断。判断一个会议的影响力主要是从如下这三个方面考察:①看会议的英文名称,确定会议是 conference,还是 workshop。一般来说,conference 的影响力要大于 workshop,但是如果 workshop 是封闭式小范围的会议讨论,则其质量都会比 conference 高很多,而且基本是内定约稿的。②看参会的出版社和期刊社,是否和著名学术期刊出版社合作,是否有知名的期刊参加,从一个侧面反映了会议论文的档次。③看参加会议的邀请人和贵宾,这些学术邀请人和贵宾是会议层次的一个表现。

一般地,学校图书馆为校内外用户在基金申报、职称评定等方面提供机构或个人的论文收录引用检索服务,其主要查询的是 SCI、EI 等。由于现在国内外会议越来越多,相关院校、研究所对国内外会议论文的认可度大不如前,同时很多承诺能够检索的会议论文到最后因为各种原因都没有得到检索,会议论文(Conference article)的投稿相对之前呈现下降趋势,很多作者转向期刊论文(Journal article)投稿。在考虑投会议文章前,一定要咨询会议举办方关于是否 EI 或 SCI 收录的事项。SCI、SSCI、ISTP、ISSHP 检索证明是通过 Web of Science 检索查询的,EI 检索证明是通过 EI Compendex Web 检索的。以 IEEE 会议为例:先在图书馆网站 IEEE 数据库里找到 proceedings,然后找到要投的会议,查找最近往届的这个会议的文章并下载,然后再去图书馆电子数据库 EI-village2 中查看下载的会议文章是否检索到并是否有"Accession number","Accession number"就是 EI 文章收录号。IEEE 举办的会议并不都是被 EI 收录的。SCI、EI 和 ISTP 收录号的查询方法见前面章节内容。

## 10.3 国际会议投稿与注册

### 10.3.1 国际会议投稿

进行国际会议投稿前,首先要找到与专业领域相关的国际会议。科研人员可以通过前文所述的方法查询，例如，中国学术会议在线、All Conferences.com、百度搜索、咨询相关研究人员等。找到合适的国际会议之后，就需要较为全面地了解会议的发表流程，会议论文与国内期刊发表流程不太一样，在投稿国际会议前务必全面了解会议网站的介绍，主要看稿件是否被收录，稿件能否再投到不属于合作出版社的期刊上等事项。国际会议投稿流程上，首先要写好一篇中文的论文（控制好字数和图表，免得篇幅超页多缴版面费）；然后将中文论文翻译为英文论文，一般建议自行翻译后找英文水平较好的朋友，把关审核，有些会议只要求先投英文摘要，这个摘要比正常稿件的摘要要稍微长些，会议审稿人会根据作者的摘要介绍再决定是否录取其稿件；如果是全文，投稿和期刊投稿差不多。审稿后也许还要求进行修改稿件，按照审稿意见进行逐条修改即可。在会议之后过段时间会再结集出版论文集（如Proceedings）或者（部分）收录进期刊；接下来按照国际会议官方提供的下载论文格式模板，重新排版；最后按照国际会议网站的投稿要求，进行注册、投稿等。

例如，EI 国际会议投稿，在投稿阶段，还需要进入网站的 paper submition 栏目，一般会议会提供用户一个地址，用户进入该地址后，是一个注册 easychair 的地方，按照流程一步一步来，其中，注册 easychair 会让用户填写邮箱地址，完成后邮箱会收到信息，单击邮箱里的地址，按照流程走，完成 easychair 注册。下面登录用户的 easychair 账户，然后选择 new submition，填写文章的相关信息，最后上传 PDF 文档的论文即可。上传完成后，作者的邮箱会收到会务组的回执信息和作者文章的 ID。下面等待会务组发送录用邮件（现在会议论文都不会让用户登录查稿，都是给用户发一个录用邮件，邮件里包含电子版的录用通知书、注册表、用户文章各项的打分等信息）。随后按照邮件的要求，将资料全部准备好，然后缴纳注册费（即版面费），将银行回执单电子版的材料、文章 Word 版本、PDF 版面、注册表等资料发送到会务组邮箱。发送完所有资料后，基本就结束了。但是最好偶尔登录邮箱看看，会议的会务组会定期发送一些通知信息。如果会议论文顺利录用了，一般正式的会议是必须要求作者之一现场参加会议的，如果不参加，一般不会将作者的论文结集出版或收录进期刊，有的会议甚至将作者的论文撤下。因此，如果不能如期参加会议，要和会议的会务组主动联系说明情况。同时，建议在投稿国际会议之前，要方方面面考虑清楚：导师的态度、注册费如何交、能否参加会议、会议时间安排、签证、费用能否报销、如何准备 Oral Speech 或者 Poster 等情况。

### 10.3.2 国际会议注册

按照国际会议的要求，一般国外的国际会议在通知作者稿件被录用之后，会要求作者交会议注册费，要求现场交注册费的为少数。如果注册费需要报销的，在交会议注册费之前，一定先要了解交注册费的流程。交注册费一般有两种方式，一个是汇票，另一个是电汇，电汇是比较方便的一种。有的会议要求信用卡付费，这时作者可以要求对方提供银行账号。有些国外会议提供发票。办理国际会议注册费的流程大致是这样：①取得院系领导的审批文件；②拿审批文件和会议录用通知或邀请函去会计核算中心外汇审核岗办理票汇或电汇手续；③办理暂借款；④填电汇或票汇申请单；⑤在财务处约定时间领取银行汇票和人民币暂借款单回单；⑥办理核销手续。

办理国际会议注册费的流程详细信息见学校财务处相关的办理国际会议注册费、国际论文发表费、国际组织会费、非出国出境的"采购"和"订购"购汇申请和核销流程。

## 10.4 会议交流

学会会议的交流主要有两种形式,分别是 Poster 和 Oral,也即所谓的张贴和口头两种。

### 10.4.1 Poster

Poster 就是海报或展板的意思,要求简明扼要地展示自己或团队的工作情况,以供学术交流。如图 10.5 所示为 Poster Presentation。

图 10.5  Poster Presentation

Poster 的制作软件是 PPT,可以用 PPT 制作好后合并,然后彩色打印放大。大体上和演讲的 PPT 差不多,尽量简洁。Poster 主要以图片配文字,当然文字要稍微多些,但尽量不要全文照搬。在布局上有多种方式,但都不能违背阅读的基本顺序:从上到下,由左及右。同时不建议直接套用 PPT 模板的版式,过多的雷同容易降低 Poster 的吸引程度。国际会议的 Poster 尺寸一般是 80cm×60cm 或者 100cm×80cm,像海报那样,从现场看横版的 Poster 能容纳更多的内容,竖版的少一些。Poster 一般在 coffee break 期间让大家观看。

### 10.4.2 Oral Speech

做好学术会议报告的关键点主要有:复杂问题简单化;深入浅出,在有限的时间内传递足够信息给参会人员;视会议的专业领域大小决定报告的专业化程度;着重问题解决的内在逻辑性,推论环环紧扣。在大会上宣讲自己的论文,当然要提前好好准备,不仅要准备好 PPT,还要练习上台如何讲 PPT。一个好的 PPT 尽量要用图说话,文字能少则少,文字过多会让参会人员没有太多时间集中精力去看。如果自己照本宣科,只能给大家一个不够专业的感觉。报告时要面向参会人员,有一定的眼神交流。在 PPT 制作上,PPT 要图文结合,注意字体(宋体、黑体、Times New Roman、Arial 等)的选择,笔画(均匀)、大小(20~24Point)、粗细都要合适;颜色方面种类不宜过多,尽量用醒目的颜色;每张 PPT 页面内容要适度(1min 内);多用图表、动画等显示。再者,还要自己熟练背诵文字,因为不是所有的内容都在 PPT 上显示的。一般国际会议宣读 PPT 的时间为 15～20min,所以要把握好时间,当然主持人在时间快到的时候会提醒你,这时要加快速度讲重点的东西,如果超时比较多,要有礼貌地致歉。在宣读时,不要总是对着计算机屏幕或者幻灯片屏幕,要偶尔关注下面的观众,这样显得比较自信,语速要适当,发音力图标准,语法一般并不注重,只要将意思表达到就行。

学术讨论会引发思维碰撞,产生新的想法。在作者宣读好 PPT 后,可能会有人问作者问题,因此需要设想参会人员可能提出的问题,预先准备材料。在参会人员提问后,作者可以边复述参会人员的问题边思考如何解答,给人感觉最不好的是参会人员提问作者后,作者一言不发或者还在沉思该如何回答。在回答提问时,要正眼去看提问者,回答正确最好,如果回答不出来,不要不懂装懂,可以说:这个问题我们还没有好好研究,不过我们下一步工作会解决这个问题的,或者说您的提问非常好,我们也在研究这个问题,但还没完全弄清楚,如果愿意,我们私下可以进一步交流看法等。会后的交流也比较重要,如果和专家或者同行交流,对作者以后的学习或出国可能有所帮助。

### 10.4.3 国际会议投稿录用实例

本节以 The 2nd International Conference on Mechanic Automation and Control Engineering(MACE 2011)录用通知为例,当论文被录用后,作者将会收到会议举办方的录用通知。

Acceptance Notification

April. 15th,2011

Dear Author,

Congratulations! It is our great pleasure to inform you that your paper

Paper ID: MXXXXX

Author: XX XXXXXXX,

Title: XXXXXXXXXX

has been accepted for presentation at The 2nd International Conference on Mechanic Automation and Control Engineering(MACE 2011).

All accepted papers will be published by IEEE Computer Society's CPS, included in the IEEE explore and indexed by EI Compendex.

Please finish the registration procedures before April 22th 2011 by the registration information, otherwise your paper will be excluded in the proceedings.

Thank you for submitting to MACE 2011 and we look forward to meeting you at the conference. We also hope that you will contribute your excellent work to future MACE conferences.

For more information, please visit the conference website (http://www.maceconf.org).

Best regards,

MACE Organizing Committee

# 第11章 论文的评审

投稿之后,论文进入评审环节,这一步是论文投稿中最关键的环节,决定了论文是否能够被录用,本章将对稿件的评审、审稿人的道义责任以及同行评议相关内容进行介绍说明。

## 11.1 稿件的评审

### 11.1.1 稿件评审的流程

稿件的评审流程通常分为编辑初审和同行评议两个阶段。编辑初审的退稿率差别极大,国内期刊多在30%以下,某些高水平的国际性期刊则高达70%。编辑初审一般包括内容审查和形式审查两个方面:内容审查是指稿件的主题和内容是否与期刊的宗旨和定位相符;形式审查则涉及稿件的体例格式是否符合期刊的要求。编辑初审合格的稿件通常要送交两位或更多的审稿人进行同行评议(Peer Review)。

同行评议是科技期刊遴选论文、维护和提高学术质量的重要途径之一。科技期刊采取的同行评议形式主要有:单盲评审(作者姓名对审稿人公开,但审稿人姓名不对作者公开),双盲评审(作者姓名和审稿人姓名互不公开),公开评审(作者姓名和审稿人姓名互相公开)。审稿人应从科学和文学表达水平的角度来客观、全面地评价稿件的质量,期刊的审稿单中通常也有一些简略的评审"指南",以提醒审稿人需要注意哪些方面。最基本的审稿内容通常包括:论文的创新性如何,讨论与实验结果是否相适应,结论是否合理,是否有重要数据和参考文献的遗漏,表达是否简洁和准确等。

作为对拟投稿期刊最起码的尊重,作者应尽可能多地了解一些拟投稿期刊的投稿要求和审稿要求,在论文体例(尤其是参考文献的格式)、投稿份数、图表设计等方面严格遵从相应期刊的规定,文字表达也应力求准确无误,以免给编辑和审稿人留下粗心、草率的印象。

### 11.1.2 录用与退稿

**1. 论文的录用**

若稿件符合期刊要求,一般情况下,编辑部会向作者发放录用通知。若已过审稿期限仍未收到录用通知,可能有两种情况,一是文章未被录用,二是录用通知的传达出现问题,读者可以联系编辑部进行确认。

**2. 退稿与退修**

若文章未被期刊直接录用,可能有退稿和退修两种情况。退稿说明文章是完全不符合期刊要求的,不予录用;而退修说明文章基本符合刊物要求,但有一些细节需要修改。

作者在面临退稿和退修时的应对策略也是不同的。在面对退稿时,作者首先要弄清退稿的原因是什么,如果是刊物选择不合适,改投其他刊物即可,如果是文章本身存在问题,而刊物又是比较理想的刊物,作者可以选择修改论文,修改完毕后再次投稿。

退修一般说明文章是可以见刊的,期刊编辑部一般会给出相应的修改意见,作者要做的就是按照杂志社给出的修改意见,逐一参考并且注意修改,这一点很关键,有的刊物对这一点是非常看重的,如果有的修改意见作者没有参考或没有采纳修改,杂志社还会与作者进行更加详细的沟通,所以建议作者最好逐一参考,如果对修改意见有异议,也要及时与期刊编辑进行沟通交流。

作者收到退修邮件或通知后,需要在以下地方多加注意。

(1) 牢牢把握退修机会,争取发表。退修是作者根据专家修改意见对文章进行修改,使文章符合期刊发表要求的一个过程。作者收到期刊编辑的退修通知,往往意味着该文章虽不完全符合发表要求,但在一定程度上被编辑看中了。经过修改,文章符合期刊要求后,被录用的概率很大。因此,作者应牢牢把握退修机会,积极与编辑和审稿人沟通联络,并在规定的时间内将已经修改的文章反馈给编辑部。

(2) 理性对待修改意见,应修尽修,正确面对不合理的修改意见。作者在对文章进行修改时,应将退修信中指出的修改意见一一落实,对有待商榷之处要积极与编辑和审稿人进行沟通并达成一致。在实际工作中,有时会出现审稿人与作者研究方向不同,审稿人对文章存在误解,提出不合理的修改意见,此时,作者应保持良好心态,切忌直接忽略或者言辞激烈地否定审稿人的意见,而应该思考审稿人给出修改意见的理由,在审稿人的立场考虑修改意见,并在与审稿人的积极沟通中逐步引出自己的正确结论。

(3) 撰写详尽完整的修改说明。作者在完成文章的修改后,还应撰写一份详尽完整的修订说明,随修改后的文章一起发给审稿人。作者在写修改说明时,应按照审稿人的修改意见和实际修改情况逐一对文章修改进行说明,以便审稿人更加详尽地体会文章修改效果。

## 11.2 审稿人的关注点与道义责任

### 11.2.1 审稿人的关注点

审稿人的心理是什么?或者审稿人关心的内容有哪些?重要性依次排序如下。

**1. 观点的创新性**

稿件的创新性是审稿人最关注的地方。具备高度创新性的文章,即使其他方面并不出彩,也会有较大的录用修改机会。

**2. 方法的严谨性**

主要是方法学部分,包括抽样方法、评价方法、调查方法、实验方法、统计方法等内容是否合理。研究设计有瑕疵、方法不合理的文章,即使写得再好,也难以发表。

**3. 表述的流畅性**

稿件的标题、摘要、前言部分的研究目的、研究意义是否明确、清晰明了,行文是否流畅简洁、清晰明了。这部分反映作者对所研究领域的熟悉程度、概括能力等。

**4. 验证的科学性**

包括统计学方法采用的正确与否、数据分析结果的验证、数据有无逻辑性的错误等。一般这部分,只要数据不是偏差太大,在文章创新性、科学性、设计严谨的条件下,都会给修改机会。但是如果大多数数据经过验证错误或者数据有逻辑性的错误,那就有理由怀疑数据的真实性,毫无疑问会直接毙稿。

**5. 格式的规范性**

除了内容外,审稿人对格式也有一定的要求:参考文献格式是否正确,文献引用是否来自高质量的期刊;有无错别字,表格、图表是否美观、清晰明了等。

### 11.2.2 审稿人的道义责任

鉴于同行评议在科技出版与交流中的重要地位,许多期刊的编辑或编委,以及一些国际科学协会积极倡议科研人员将履行公正的同行评议作为自己应尽的责任和义务,并认为审稿人应遵循以下道义原则。

**1. 公正原则**

审稿人如果对稿件的论题不熟悉,或者与作者的工作有潜在的利益或观点上的冲突,或者与作者之一,存在有可能影响到公正评审的私人或专业关系时,应回避评审,并将稿件退还给编辑;审稿人如果没有时间及时审稿,编辑通常希望稿件能在4周内审毕,也应尽快将稿件退还编辑。

**2. 保密原则**

审稿人应对稿件的内容保密,不能在会议交流或自己的论文中擅自使用或泄漏所审稿件中尚未发表的信息、论点或解释,除非征得原稿件作者的同意,并按有关的文献引用规定加以注释。

**3. 友好原则**

审稿时应采取友好、乐于助人的态度,应充分说明评判的依据。

## 11.3 同行评议

### 11.3.1 同行评议的内容

通常,审稿人在审稿过程中需要关注的方面主要如下。

（1）稿件的内容是否新颖、重要。对稿件所涉及内容的创新性和重要性的评价，包括选题是否新颖、结果是否具有新意、数据是否真实、结论是否明确等。

（2）实验描述是否清晰、完整。实验部分应提供足够的细节以便他人重复，或允许有经验的审稿人根据实验描述来判断数据的质量。此外，审稿人还应根据自己的学识来评判稿件中的实验或理论工作是否完善，测量中是否有缺陷或人为因素，以及采用的技术对于作者要表达的数据是否合适，数据是否具有代表性等。

（3）讨论和结论是否合理。论文中问题的提出与解答应遵循一个"主体主线"，即写作的发展应有一个清晰的思路，并合乎科学逻辑；讨论要紧扣作者本人的实验结果；讨论要合理。对于作者外推的数据不足以支持的结论，审稿人应给出适当的建议，包括是否需要获得更多的证据或数据，或删除论题论据不足的推测部分，甚至建议对数据或结果的其他可能性进行解释。

（4）参考文献的引用是否必要、合理。有关参考文献的评审方面的内容主要有：参考文献的各著录项，包括作者姓名、论文题目、期刊名、出版年、卷期号、页码等，应正确无误，并且要与正文中的引用保持内部一致性；所引用的参考文献应确有必要；作者如果在稿件中声称自己的工作取得了突破或很大进步，审稿人则要注意检查作者是否合适地引用了论证的文献，尤其是他人的关键工作。

（5）文字表达与图表使用。文字表达应遵循简洁、清楚的原则。审稿人不应将自己的文风强加给作者，但可指出表达欠清楚的地方，或建议作者删除稿件中过量的修饰词并使用更为清楚、明晰的词汇。稿件篇章结构的组织应条理清楚，合乎逻辑，摘要应具有自明性，并且要高度概括论文的主要内容；引言应简明地阐述论题并提供相关的背景信息；材料与方法、结果、讨论、结论等次级标题应视具体内容予以取舍或合并，力戒重复。

稿件中所有的图表应具有必要性、自明性，审稿人和读者无须参照正文就能读懂图表，正文和图表不应重复同样的数据或内容。

## 11.3.2 同行评议的结果

为有效地与编辑和审稿人沟通、维护自己的学术观点，作者在处理审稿意见时应尽量注意以下几点。

（1）作者无须为了使论文得到发表而过于屈从审稿人的意见，对于不合理或难以认同的建议，在稿件的修改中可不予接受，但一定要向编辑和审稿人说明理由。

（2）如果审稿意见中的批评源于误解，也不要将误解归罪于审稿人的无知、粗心和恶意；相反，作者应反思自己如何更清楚地表达，以免其他读者再发生类似的误解。对于偶尔收到的粗心或不合适的评议，要尽量避免言辞过激的回应。

（3）尽量逐条回复审稿人的意见。如果审稿意见没有按条目列出，就先按条目将其分开并加注序号，然后再分别回答。如果有认识或观点上的分歧，应尽可能地使用学术探讨性的证据和语言来解释审稿人的错误（尽管有时审稿人并不是这样），以使编辑在必要的时候将其转达给原审稿人或另请他人做进一步评议。

（4）寄回修改稿时，应将标有修改注记的原稿附上，以便编辑能容易地识别出作者是如何回复审稿人意见的。此外，应附寄一份按条目列出的审稿意见和作者修改说明的修改信，以便编辑处理或再次送审。

1. 简述如何选择投稿的期刊及注意事项。
2. 通过期刊影响因子查找和确定与自己专业领域相关的期刊,结合文献阅读证实该期刊中已发表论文的水平,进而列举10本需及时监测出版动态的期刊信息,为论文写作与投稿做决策参考。
3. 查询与已完成的中文论文主题相关期刊的征文通知、作者须知等,尝试向契合度高的期刊投稿。
4. 简述如何查找会议信息。
5. 查找与已完成的英文论文主题相关的国内外会议并进行会议投稿,做好会议交流的海报等准备。

# 附录 A 学术论文范例与分析

## A.1 社会科学论文撰写

《创意市集技术技能拔尖创新人才的培养模式》发表于《创意城市学刊》2019 年第 3 期，在此以该论文为案例，通过案例剖析，学习研究社会科学类论文的撰写。

**1. 论文选题剖析**

选题即为将要撰写的论文的研究内容，以一个合适的题目加以说明。在文献检索与论文写作过程中，选题也是一个难关，同时也是期刊编辑筛选好论文的重要标准。本案例论文属于实践教学研究论文，选题具有问题导向性，基于当前数字媒体艺术专业技术技能拔尖创新人才培养过程中存在的普遍问题，以提高数字媒体艺术拔尖创新能力的"创意市集班"为例，探讨基于创意市集的技术技能拔尖创新人才培养模式。选题具有一定的新颖性、实用性。

**2. 论文结构剖析**

本案例论文针对创意市集技术技能拔尖创新人才培养，从实施选拔机制、创新教育内容、优化实践教学管理等方面入手，对培养具有创新创业意识和复合实践能力的技术技能拔尖创新人才开展有益的探索。研究提出，当前的人才培养模式在推进实践教学发展、技术技能拔尖创新人才涌现、技术技能拔尖创新人才培养师资业务提升等方面具有显著成效。同时也提出在产品转化、产品核心竞争力、原创性能力、教学管理等实践方面尚存问题。由此，提出构建相互联系并互相支撑的驱动平台、打造专业师资队伍，并从拓宽训练平台、"三位一体"的辅助教学体系、推进大学文化和精神等方面的教学管理配套制度的创新角度提出创新发展的思路。也即，整个结构是从问题的提出、问题的分析等，一直延续到解决方案的提出，这样的逻辑分析结构。整个结构清晰、紧凑，抓住了研究问题的主要核心点，层层推进加强了内部结构的相互联系。

**3. 论文撰写方法分析**

正文采用的是引言、本论、结论的撰写方式。其中，引言也即问题的提出部分内容如下。

第一，实现创新创意产品化的能力还不足。

学生尚缺乏创新创意到作品再到产品的转化能力，也缺少直面企业开展发展规划、品牌策划、市场营销等方面咨询交流的机会,对事关创新创意产品化的定位与诊断、营销与策略等研判能力不足,对推进创新创意产品化落地的政策法规、团队建设等也显得把握不足。

第二,提升创新创意产品的核心竞争能力还不够。

目前,创新创意产品类别较单一,主要集中在手工工艺、时尚饰品等方面,同时创新创意产品的附加值较低,排除外观和基本功用,产品的创新创意所带来的吸引力不够强。另外,在借助产品捕捉市场机会及提高产品市场辨识度方面还需进一步加强。

第三,保护创新创意作品的原创性能力还不足。

对创新创意的原创作品普遍缺乏知识产权保护意识,导致部分具有创新性的产品容易被竞争对手快速复制或模仿,所取得的竞争优势不具备稳定性,在一定程度上影响拔尖创新人才的发展。

第四,保障人才培养质量的教学管理水平还不高。

在技术技能拔尖创新人才培养的教学管理方面尚处于粗放型状态。大多按照临时的竞赛、项目等要求临时选拔并组建创新实践团队,在培养创新人才的过程中,教学资源的配备较为自由,没有稳定的师资队伍,完成技术技能创新创意设计与制作后即解散团队。对拔尖创新人才的成长过程关注较少,对成熟的技术技能人才的创新创意开发与实践探索发展关注不够。还没有类似于竺可桢学院、问鼎学院等本科院校的专门培养、管理拔尖创新人才的专门机构或部门。

正文中提出的建议内容如下。

第一,促进创意市集技术技能拔尖创新人才培养体系的建设。

根据创意市集对学生能力的层次要求,突出"拔尖"的属性,将技术技能拔尖创新人才培养定位为技术技能培养、创新创业培养、领导管理培养等三个层面。技术技能培养对应创意市集相关技术技能的工艺与制作过程,旨在培养学生成为技艺高超的工匠人才;创新创意培养对应于技术技能实践的提升型培养,旨在培养对专业技术技能理解深入、内省、好学,能结合专业背景、个人兴趣爱好与市场发展趋势挖掘创业机会的人才;领导管理培养主要基于创意市集的技术技能拔尖创新培养,强调实践中展现较强的领导力和组织力,重点培养学生的领导组织、项目管理和运筹能力,旨在培养有望在工作中进入管理层任职的人才。

第二,促进创意市集技术技能拔尖创新人才培养平台的搭建。

科学研究表明:多方联动的教学载体有助于学生建立综合思维,帮助学生建立创新与实践的联系,这正是拔尖创新人才培养所需。围绕创意市集,搭建基于创意市集的技能拔尖创新人才培养的课程教学平台、教学反思平台、实践交流平台、导师课程平台、创新课程平台和创新资助平台等六大平台,构筑稳定的结构,相互支援,齐头并进,形成促进创新创意、创新实践和创新创业的人才培养生态。

第三,推进创意市集技术技能拔尖创新人才培养的师资队伍建设。

以产学合作联合培养学生为契机,聚集与培育一批具有高深造诣的数字媒体艺术学科的领军人才。建立"互聘""兼职""顾问"等灵活多样的机制,柔性引进知名企业的能工巧匠、设计总监等设计领军人才,增强技术技能拔尖创新人才培养的师资队伍实战能力。充分挖掘企业领军人才的集聚效应,重点加强对校内中青年教师的培育,逐渐形成结构合理、实力超群的联合培养师资结构。充分发挥教学名师的示范、引领作用,推进省级高等学校教学名师、全国商业优秀教师、浙江省专业带头人与创意市集教学的有效对接,保证让每一位名师都带一名青年教师、一个学生团队，出一批成果。推荐中青年骨干教师参加国内外访问学者项目进修，深度参与国内外创意市集项目，带动教师成长，提升创新实践能力，构建以教学名师为核心，年龄层次合理的校内导师团队。

第四，推进创意市集技术技能拔尖创新人才培养的实践教学手段创新。

"创意市集班"的教学方式采用支架式教学方法，该方法由苏联心理学家维果斯基的"最近发展区"理论发展而来，它从素材资料、教师或学生团队成员的启发与指导等不同类型的支架所能提供的帮助出发，使学习管理的主体由教师逐渐转变为学生自己。当学生穿越最近发展区，实现学生创新实践能力及智力的提升时，撤除支架的帮助。具体做法为："创意市集班"以4~5人为一组，划分为若干个团队，参加培训与实践。教学过程中导师设置创意市集教学情境，引发学生的思考与讨论，导师通过案例、提问、向导等形式提供教学支架。学生团队独立探究，开展素材资料查阅、实地调研、协商讨论、联合制作等合作互动的学习活动，过程中可以向导师咨询，分阶段提交验收项目内容。

第五，推进创意市集技术技能拔尖创新人才培养的教育管理配套制度创新。

以拔尖创新人才培养为核心的管理制度建设与学校高水平发展进程之间还存在一定的差距，现有制度还不完全适应拔尖创新人才培养的生态发展需要，以教育管理制度的创新推进拔尖人才培养质量与水平，主要包括拓宽训练平台、"三位一体"的辅助教学体系、适应技术技能拔尖创新人才培养的大学文化和精神等方面的配套制度建设。

**4. 经验体会**

实践教育研究方向的论文，关键是掌握教育教学实践规律，能运用有效的先进思想、理论、方法、手段等进行完善实践活动、环节等，基于问题导向、实践优先的思路，逐步充实论文内容。

### 创意市集技术技能拔尖创新人才的培养模式
李振华　楼向雄

**提要**：本文从当前数字媒体艺术专业技术技能拔尖创新人才培养过程中存在的普遍问题出发，以提高数字媒体艺术拔尖创新能力的"创意市集班"为例，探讨基于创意市集的技术技能拔尖创新人才培养模式。针对技术技能拔尖创新人才培养，从实施选拔机制，创新教学内容，优化实践教学管理等方面入手，对培养具有创新创业意识和复合实践能力的技术技能拔尖创新人才开展有益的探索。实践证明，该模式在推进实践教学发展、技术技能拔尖创新人才涌现、技术技能拔尖创新人才培养师资业务提升等方面具有显著成效。本文基于人才培养模式的实践，总结出在产品转化、产品核心竞争力、原创性能力、教学管理等实践方面的问题，从建设人才培养体系、构建相互联系并互相支撑的驱动平台、打造专业师资队伍，并从拓宽训练平台、"三位一体"的辅助教学体系、推进大学文化和精神等方面的教育管理配套制度的创新角度提出创新发展的思路。

**关键词**：创意市集；技术技能；创新人才；培养模式

作者李振华，浙江商业职业技术学院副研究员（邮政编码310053）；楼向雄，杭州电子科技大学副教授（邮政编码310018）。

**基金**：本文为浙江省高等教育课堂教学改革项目"创意市集实践教学模式下高职艺术设计类专业创新创业能力培养的探索与实践"（jg2015307）成果。

创意市集是在文化创意产业大发展背景下蓬勃发展起来的推崇创新创意,集聚设计师、艺术家、大学生、设计企业等创意产品、创新思维的创作、交易、交流平台。为响应和贯彻落实《国务院办公厅关于深化高等学校创新创业教育改革的实施意见》(国办发〔2015〕36号)的文件精神,近年来已在浙江、北京、江苏、福建等多地多所高校兴办创意市集,以创意市集的实际项目开展实践教学,强化学生的专业技术技能,培养学生的创新创业能力。《国家中长期教育改革和发展规划纲要(2010—2020年)》《浙江省中长期教育改革和发展规划纲要(2010—2020年)》提出启动拔尖创新人才培养计划,鼓励高校大胆探索。高职院校作为技术技能拔尖创新人才培养的主阵地,在融合创意市集与学生专业技术技能的深入发展,开展基于创意市集的技术技能拔尖创新人才培养模式研究,推动拔尖创新人才的培养和发展等方面开展了相关的实践探索。

本文以提高学生数字媒体设计与制作能力的"创意市集班"为例,探讨浙江商业职业技术学院在创意市集技术技能拔尖创新人才培养模式上的做法。针对技术技能拔尖创新人才培养,从建设人才培养体系、构建相互联系并互相支撑的驱动平台、打造专业师资队伍,并从拓宽训练平台、"三位一体"的辅助教学体系,推进大学文化和精神等方面的教育管理配套制度的创新角度提出创新发展的思路。

### 一、创意市集技术技能拔尖创新人才培养模式的实践探索

当前创意市集技术技能拔尖创新人才培养模式研究存在空白,以下从内涵、实践探索两个方面对该模式做出说明。

#### (一)内涵

创意市集技术技能拔尖创新人才培养模式的内涵主要表现为:将创意市集充分融入专业课教学中,以创意市集的项目产品开发为纽带,以技术技能拔尖创新人才能力培养为重点,使学生能够学习到全套创新创意产品设计开发与管理的流程及方案,显著提升技术技能创新能力;以产品全真设计开发为抓手,优化技术技能拔尖创新人才培养的教学内容,建设良好的产学协同培养机制,推动大学文化和精神建设,打造具有一定规模和影响力的技术技能拔尖创新人才孵化中心。

该人才培养模式的创新点主要体现在两个方面。第一,创意市集技术技能拔尖创新人才培养模式体现了个性化路径发展的培养理念。技术技能拔尖创新人才以创新创意、创新实践和创新创业为发展路径,个性化地培养学生成为技术型、创业型或领导型人才。第二,创意市集技术技能拔尖创新人才培养模式实现了产学合作教育,所开展的基于创意市集的创新活动鼓励创新,推进技术技能进阶,实现了培育技术技能拔尖创新人才的目的。创意市集技术技能拔尖创新人才培养是一种培养技术技能拔尖创新人才的有效途径,也是打造技术技能拔尖创新人才培养的师资队伍,保证教学效果的有效手段。

#### (二)实践探索

数字媒体艺术专业作为交叉复合型专业,兼具计算机技术专业的"技术性"和艺术设计专业的"艺术性",因而与创新创意具有天然的联系,在技术技能拔尖创新人才培养上也是先行者。在此以数字媒体艺术专业为例,说明技术技能拔尖创新人才培养中存在的突出问题。也即,人才培养定位方面的问题。当前技术技能拔尖创新人才培养主要依托项目课程、技能竞赛等专业的综合实践训练开展,而以创意市集实际项目开展的实践教学,大多停留在服务于小摊小贩零售模式的一般性设计制作上。在技术技能拔尖创新人才培养的定位上还是较

为模糊,基本没有成文的细化要求。鉴于对拔尖创新人才相关政策的理解,高职院校在拔尖创新人才培养的切入点选择上,更加倾向于以技术技能创新人才培养替代技术技能拔尖创新人才培养,也即"拔尖"在人才培养定位中不明显。

为解决技术技能拔尖创新人才培养过程中所存在的问题,从人才选拔、教学内容和教学管理等三个方面探索创意市集技术技能拔尖创新人才培养模式,主要采用如下方式手段,效果较为明显。

**1. 实施创意市集技术技能拔尖创新人才培养的选拔机制**

从源头上把握好对"拔尖"人才的遴选。优质生源是实现技术技能拔尖创新人才培养目标的前提条件。建立自主择优与破格推荐并举的人才选拔方式。每年通过考核或推荐的方式选拔出具有数字媒体艺术创新潜质的学生,并编入"创意市集班"集中培养,由学院学生办负责统一管理。鼓励跨学科背景的学生参与,促进整个班级相互学习的生态环境。选拔方式主要有"笔试+面试",以及教师直接推荐两种形式。"笔试 + 面试"的选拔方式通过对学生的逻辑思维能力、心理素质能力及专业发展能力等方面的衡量选拔潜在人才。为具有专业特长或跨学科学习背景的学生开辟"绿色通道"。建立"能进能退"的机制,适时将不能持续完成培养的学生退出,破格录取设计表现出众的学生。

**2. 创新创意市集技术技能拔尖创新人才培养教学内容**

在教学内容上支撑"拔尖"人才的培养。实行产学合作的"双导师"联合培养模式,将创新创业人才培养分为两个阶段。第一阶段以校内导师引领、学校自主培养为主,开设"创意市集项目管理与规范"等课程,意在了解设计规范,开阔视野阅读设计素材,培养策略眼光的创新思维、设计美感及执行力并建立设计灵感库。第二阶段校企合力培养学生,分专业方向配备校内外双导师,分管教学秩序与学生专业发展。以与浙江省内知名设计企业——思美传媒公司合作开展的艺术设计培训为契机,开发一系列优质的创新实践项目。如面向多媒体设计、平面设计、插画设计开设的品牌全案策划"图形表达与品牌应用"等项目课程,让学生在市场化的项目中,深刻领会设计创作意图,掌握高效独立完成设计创作的能力。

**3. 优化创意市集技术技能创新拔尖人才培养的教学管理**

在教学管理上保障"拔尖"人才的培养。根据拔尖创新人才"创意市集班"的培养计划,结合实训中心管理制度,积极做好实训室开放管理工作,为学生提供自由、自主的创作空间。通过实训室安全管理培训,向学生讲解实训室安全基础知识、实训室设备操作培训等,使学生在保障自身安全的同时能够熟练地掌握实训室设备的使用,特别加强对德国精密斜切锯、手动烫印机、触摸屏光纤激光打标机等专用高端设备的安全操作培训,并与申请开放实训室的"创意市集班"学生签订实训室安全使用承诺书,同时确保在实训室开放过程中,有导师在场有序指导学生团队开展实训。实训中心负责实训室开放管理工作,做好每天轮流值日检查,进行实训室开放使用情况的管理及反馈。"创意市集班"的学生团队负责人吸收到实训室安全管理与发展微信群,在加强开放实训室日常管理、监督与反馈的同时,为学生提供不间断的技术支持与设备使用指导。

**二、创意市集技术技能拔尖创新人才培养模式的实践效果与问题**

**(一)实践效果**

技术技能拔尖创新人才培养是一个长期的系统工程,需要在一个较长的时间段内考核其成效。在学校师生的积极推进下,创意市集技术技能拔尖创新人才培养模式在数字媒体艺术专业中试点教学效果明显,创新创业人才培养初见成效。

**1. 促进创意市集运作方面**

依托创意市集技术技能拔尖创新人才培养模式的改革与教学实践的深度融合,已经连续在校园内开办五届大型的创意市集活动,现场呈现手工工艺、时尚设计等七个类别的项目产品。平均每届创意市集都汇集了省内各高校大学生、创意设计师、创意设计类企业的作品800多件,产生交易额达 10 000 余元,带来的客流量达 2000 余人。

**2. 促进创意市集实践教学发展方面**

创意市集技术技能拔尖创新人才模式补充了学校在"拔尖"人才培养方面的短板,完善了开放式实践教学与实践教学管理相关制度的改革与发展,为学校建设高水平院校打下基础。同时在培养过程中,相关的实践教学平台、实践教学内容、实践教学方法以及技术手段方面的发展,推进了数字媒体艺术相关专业实践教学的软硬件建设,加强了与创意市集融合课程的实训室建设,完善了中央财政支持的实训基地建设,开发了项目设计等多门课程对应创意市集的实践教学,开展了与之相关的虚拟现实设计、定格动画等实训室的建设,加强了对导师平台、创新资助平台等平台的资源建设与优化处理。

**3. 促进拔尖创新人才涌现方面**

学生的创新创意意识与动手实践能力得到了显著提升,能够通过自我探究、团队协作等方式,使创新创意落地实现,激发了学生的数字媒体创作热情。该模式改革也使创作的项目作品在获奖与专利授权比例上显著提高,学校专利产出入选全国30强,其中学生专利的贡献较大,极大地增强了学生的自信心。同时也为学生的自主创业打下了坚实的基础,已就业学生连连获得企业、社会的好评。

**4. 促进教师业务水平提升方面**

创意市集技术技能拔尖创新人才培养模式的顺利推进,对于教师业务水平提升的作用是明显的,主要体现在教学水平提升与科研水平提升上。充分调动校外导师、国家级教学名师对于创意市集实践教学的课堂教学、课外指导以及对校内教师的指导,使得教师对于实践教学课程的教学目标和重难点的把握、教学方法的设计与教学过程的安排方面更加到位。全面整合学校技术和艺术力量的数字媒体艺术专业教师团队在核心论文发表、省厅级项目研究上也有不凡的作为,结合创意市集的实践教学出版多部教材或教参。随着对参与该模式的教师聘任、考核制度等的不断完善,越来越多的优秀教师将参与到推动拔尖创新人才培养中来。

(二)实践中尚存的问题

**1. 实现创新创意产品化的能力还不足**

学生尚缺乏创新创意到作品再到产品的转化能力,也缺少直面企业开展发展规划、品牌策划、市场营销等方面咨询交流的机会,对事关创新创意产品化的定位与诊断、营销与策略等研判能力不足,对推进创新创意产品化落地的政策法规、团队建设等也显得把握不足。

**2. 提升创新创意产品的核心竞争能力还不够**

目前创新创意产品类别较单一,主要集中在手工工艺、时尚饰品等方面,同时创新创意产品的附加值较低,排除外观和基本功用,产品的创新创意所带来的吸引力不够强。另外,在借助产品捕捉市场机会及提高产品市场辨识度方面还需进一步加强。

### 3. 保护创新创意作品的原创性能力还不足

对创新创意的原创作品普遍缺乏知识产权保护意识,导致部分具有创新性的产品容易被竞争对手快速复制或模仿,所取得的竞争优势不具备稳定性,在一定程度上影响拔尖创新人才的发展。

### 4. 保障人才培养质量的教学管理水平还不高

在技术技能拔尖创新人才培养的教学管理方面尚处于粗放型状态。大多按照临时的竞赛、项目等要求临时选拔并组建创新实践团队,在培养创新人才的过程中,教学资源的配备较为自由,没有稳定的师资队伍,完成技术技能创新创意设计与制作后即解散团队。对拔尖创新人才的成长过程关注较少,对成熟的技术技能人才的创新创意开发与实践探索发展关注不够。还没有类似于竺可桢学院、问鼎学院等本科院校的专门培养、管理拔尖创新人才的专门机构或部门。

## 三、创意市集技术技能拔尖人才培养模式的发展对策

创意市集技术技能拔尖创新人才培养模式试用至今,拔尖创新人才培养工作快速启动、发展势头强劲,同时也带动学校的各项事业积极发展。学校连续两年进入全国高职高专教育50强,连续三年进入中国高职高专院校竞争力排行榜的优秀院校行列。近两年的调查显示,学校已经连续保持一次性就业率在97%以上,高于全省同类院校0.37个百分点。依托学校省级创客空间的教学优势,多项学生创新创业项目获得省级创新项目资助。学生在参与科研方面投入大、效果好,发表论文并获得诸多专利。毕业生就业满意度达90%以上,社区、企业等对毕业生满意度高。为加强创意市集技术技能拔尖创新人才培养,扩展技术技能拔尖创新人才培养的实践教学成果,需要进一步加强推进以下几个方面的建设发展。

### 1. 促进创意市集技术技能拔尖创新人才培养体系的建设

根据创意市集对学生能力的层次要求,突出"拔尖"的属性,将技术技能拔尖创新人才培养定位为技术技能培养、创新创业培养、领导管理培养三个层面。技术技能培养对应创意市集相关技术技能的工艺与制作过程,旨在培养学生成为技艺高超的工匠人才;创新创意培养对应于技术技能实践的提升型培养,旨在培养对专业技术技能理解深入、内省、好学,能结合专业背景、个人兴趣爱好与市场发展趋势挖掘创业机会的人才;领导管理培养主要基于创意市集的技术技能拔尖创新培养,强调实践中展现较强的领导力和组织力,重点培养学生的领导组织、项目管理和运筹能力,旨在培养有望在工作中进入管理层任职的人才。

### 2. 促进创意市集技术技能拔尖创新人才培养平台的搭建

科学研究表明:多方联动的教学载体有助于学生建立综合思维,帮助学生建立创新与实践的联系,这正是拔尖创新人才培养所需。围绕创意市集,搭建基于创意市集的技能拔尖创新人才培养的课程教学平台、教学反思平台、实践交流平台、导师课程平台、创新课程平台和创新资助平台等六大平台,构筑稳定的结构,相互支援,齐头并进,形成促进创新创意、创新实践和创新创业的人才培养生态。附图A.1所示为创意市集技术技能拔尖创新人才培养平台。

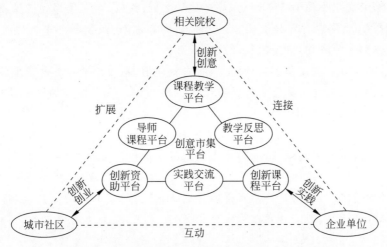

附图 A.1　创意市集技术技能拔尖创新人才培养平台

课程教学平台主要是打通创意市集所涉及的多门专业课程的独立设置状态,将这些课程通过创意市集项目的实践融会贯通,建设为基于创意市集的技术技能课程平台。教学反思平台和实践交流平台致力于启发式、探究式的教学引导以及与国内外著名企业、高校建立理念、经验层面的交流,推进拔尖创新人才培养进程。导师课程平台由实际参与创意市集相关教学的校外导师,以企业、行业的视角与学生共同开展创意头脑风暴、产品设计等工作。创新课程平台涵盖了面向城市社区的设计实践、面向企业单位的设计创新等创新课程,以校外导师和校友的交流指导培养学生的个性化发展能力。创新资助平台旨在挖掘、稳定和保护拔尖创新人才,在具体培养过程中对相关人才给予资助,直接录用相关学生,提供学生进修和参与其他项目实践的机会。

**3. 推进创意市集技术技能拔尖创新人才培养的师资队伍建设**

以产学合作联合培养学生为契机,聚集与培育一批具有高深造诣的数字媒体艺术学科的领军人才。建立"互聘""兼职""顾问"等灵活多样的机制,柔性引进知名企业的能工巧匠、设计总监等设计领军人才,增强技术技能拔尖创新人才培养的师资队伍实战能力。充分挖掘企业领军人才的集聚效应,重点加强对校内中青年教师的培育,逐渐形成结构合理、实力超群的联合培养师资结构。充分发挥教学名师的示范、引领作用,推进省级高等学校教学名师、全国商业优秀教师、浙江省专业带头人与创意市集教学的有效对接,保证让每一位名师都带一名青年教师、一个学生团队,出一批成果。推荐中青年骨干教师参加国内外访问学者项目进修,深度参与国内外创意市集项目,带动教师成长,提升创新实践能力,构建以教学名师为核心,年龄层次合理的校内导师团队。

**4. 推进创意市集技术技能拔尖创新人才培养的实践教学手段创新**

"创意市集班"的教学方式采用支架式教学方法,该方法由苏联心理学家维果斯基的"最近发展区"理论发展而来,它从素材资料、教师或学生团队成员的启发与指导等不同类型的支架所能提供的帮助出发,使学习管理的主体由教师逐渐转变为学生自己。当学生穿越最近发展区,实现学生创新实践能力及智力的提升时,撤除支架的帮助。具体做法为:"创意市集班"以4~5人为一组,划分为若干个团队,参加培训与实践。教学过程中导师设置创意市集教学情境,引发学生的思考与讨论,导师通过案例、提问、向导等形式提供教学支架。学生团队独立探究,开展素材资料查阅、实地调研、协商讨论、联合制作等合作互动的学习活动,过程中可以向导师咨询,分阶段提交验收项目内容。

设计制作完成后通过团队答辩的形式,将自我评价、导师评价和其他学生评价结合起来综合评价成效。答辩时由团队负责人呈现设计实物并讲述设计制作的方案执行情况,其他团队成员做补充说明,接受导师和其他学生的提问。按照企业项目管理规范,答辩结果只分通过与不通过两种。评价结果决定项目是否可以进入创意市集流通。导师全程参与团队的项目产品在创意市集中实际运作,并为学生团队提供及时有效的咨询、扶持、再评估与产品改造等支架帮助,项目产品的实际运作情况(客户关注度、使用满意度、交易量、交易额等)共同影响最终评价等级,如果项目产品获得客户青睐,产生一定的品牌效应,获得企业生产订单或得到国家专利授权,则直接考核等级为优秀,在学业考核、奖励评定与就业工作中予以重点推荐。

**5. 推进创意市集技术技能拔尖创新人才培养的教育管理配套制度创新**

以拔尖创新人才培养为核心的管理制度建设与学校高水平发展进程之间还存在一定的差距,现有制度还不完全适应拔尖创新人才培养的生态发展需要,以教育管理制度的创新推进拔尖人才培养质量与水平,主要包括拓宽训练平台、"三位一体"的辅助教学体系、适应技术技能拔尖创新人才培养的大学文化和精神等方面的配套制度建设。

第一,建设拓宽技术技能拔尖创新人才的训练平台方面的配套制度。为适应不同类型拔尖创新人才的培养,在制度上开辟多种成才通道。在学历教育上,打通专本、专硕通道。在素质技能培训上,搭建高端及中端向高端过渡的数字媒体设计交流平台,为其提供接触设计前沿与创新管理知识的机会,同时吸取国际化联合培养数字媒体艺术创新创业人才的经验。

第二,建设以"培训—咨询—评价"为核心的"三位一体"辅助教学体系的配套制度。以制度建设强化优质教学资源,加强教学品牌的孵化与培育,推动教学品牌向市场品牌推进的培训辅助教学体系建设。基于创意市集创业者的现实创新难题,配备组建创新创业辅导团,加强咨询辅助体系建设。积极引入行业企业、风险投资等外部评估,强化评价辅助体系建设,推进创新创业资源与创意的聚合与裂变。

第三,建设适应技术技能拔尖创新人才培养的大学文化和精神建设方面的配套制度。大学创新文化是技术技能拔尖创新人才培育的基石,要把创新创意产品转化、原创设计等能力贯穿于大学文件与精神教育中。围绕大学章程,开展一系列大学文化和精神相关制度建设,进一步强化大学创新文化和精神的建设,营造积极、正能量的学习成长环境。

## 参考文献

[1] 陆筱璐.论文化创意社群对特色文化城市发展的意义及路径——以景德镇乐天创意市集为例.浙江工业大学学报(社会科学版),2016,(2).

[2] 李松杰."景漂"和景德镇当代陶艺——以乐天陶社创意市集为案例分析.内蒙古大学艺术学院学报,2014,(3).

[3] 侯建华,陈少平,陈锟,等.大学生学科竞赛模式的改革与实践.实验技术与管理,2017,(11).

[4] 徐彦芹,董傲通,曹渊,等.多层次化学实验竞赛的学研融合教学模式的构建.实验室研究与探索,

2018,(2).
[5] 叶俊飞.从"少年班""基地班"到"拔尖计划"的实施——35 年来我国基础学科拔尖人才培养的回溯与前瞻.中国高教研究,2014,(4).
[6] 张海峰."双一流"背景下的一流实验室建设研究.实验技术与管理,2017,(12).

## A.2 自然科学论文撰写

《固态硬盘 RAID 阵列技术进展》发表于《世界科技研究与发展》2017 年第 1 期,在此以该论文为案例,通过案例剖析,学习研究自然科学类论文的撰写。

**1. 论文选题剖析**

当前针对固态硬盘的 RAID 阵列技术主要有三类,其中,固态硬盘和机械硬盘组合搭建的混合式 RAID 阵列实现了两者特性的互补。随着固态硬盘的性价比不断提高,推进了固态硬盘与固态硬盘组合组成的 RAID 阵列以及固态硬盘的闪存芯片与芯片组合形成的纯固态硬盘 RAID 阵列的研发进程。本案例论文属于技术综述研究论文,选取固态硬盘为研究对象,分析固态硬盘作为一种新型闪存设备,其存储可靠性与访问高效性在大数据时代面临的挑战。阐述固态硬盘 RAID 阵列技术的研究现状,对不同 RAID 机制进行分类总结,并提出今后该领域的研究重点和方向。选题具有一定的前沿性、实用性。

**2. 论文结构剖析**

本案例论文针对固态硬盘 RAID 阵列技术的现状、机制、发展趋势等进行研究分析。在多个固态硬盘构成的 RAID 阵列方面,根据磁盘之间损耗机制的不同,对两种代表性研究情况进行概括;在固态硬盘内部的芯片级 RAID 方面,主要对延迟校验数据更新的 RAID 技术、高性能高可靠性的 RAID 技术、增强可靠性的 RAID 技术及嵌入式 RAID 技术的特点与不足进行阐述。最后提出今后的研究重点和方向包括:嵌入式 RAID 技术、可靠性分析等。整个结构清晰、紧凑,抓住了研究问题的主要核心点,层层推进加强了内部结构的相互联系。

**3. 论文撰写方法分析**

正文中提到 RAID 阵列技术所具备的三点优势(可靠性、磁盘 I/O 速度快、性能/价格比高)为固态硬盘 RAID 阵列技术的研究提供了内在驱动力。以多个固态硬盘构成的 RAID 阵列、固态硬盘内部的芯片级 RAID 阵列为重点研究对象进行分析阐述。由于固态硬盘和传统机械硬盘差异较大,不能将 RAID 阵列技术直接应用到固态硬盘上,针对闪存特点改造传统 RAID 结构的代表性研究,其思想基本都是围绕磁盘之间的损耗机制展开的,因此多个固态硬盘构成的 RAID 阵列主要分析磁盘之间损耗均匀的 RAID、磁盘之间损耗不均匀的 RAID5。其中部分内容如下。

3.1 多个固态硬盘构成的 RAID 阵列

由于固态硬盘和传统的机械硬盘差异较大,不能将 RAID 阵列技术直接应用到固态硬盘上。当前,针对闪存特点改造传统 RAID 结构的代表性研究主要有两种,其基本思想都是围绕磁盘之间的损耗机制展开的,但是采取的方案却截然相反:一种是采用额外的措施使得多个磁盘之间的损耗均匀,另一种则是增加相关机制以保证磁盘之间的损耗不均匀。

### 3.1.1 磁盘之间损耗均匀的RAID5

由于固态硬盘的写性能相对机械硬盘较差,导致写损耗状况比机械硬盘严重得多,同时更新校验数据引起的写操作占据了大部分的写操作的比例。因此,Park等提出了一种磁盘之间损耗均匀的RAID5,它通过维护一张记录着每个磁盘上校验数据更新次数的位表,来保证更新校验数据的操作在每个磁盘上均匀进行。一旦有写入数据或者更新数据的操作就会检查位表的当前状况,如果当前数据的更新次数超过了设置的阈值,系统会交换当前数据和损耗较小的校验数据的位置。系统采用动态调整校验数据位置的方式,保证了磁盘之间的校验数据更新较为均匀。

### 3.1.2 磁盘之间损耗不均匀的RAID5

Balakrishnan等指出磁盘之间损耗均匀的RAID5是不理想的。RAID5磁盘之间的损耗均匀将会使得各个磁盘的损耗程度非常的接近,进而引起磁盘损坏的概率大大提高。再者RAID5并不对存储的数据进行备份,它把数据以及校验数据均匀地存储在各个磁盘上。如果RAID5中有一个磁盘的数据发生损坏,则可以利用余下的数据以及校验校验数据恢复损坏的数据。但是RAID5只能容忍一个磁盘损坏,如果出现的情况为多个磁盘都损坏或者在重建期间存在数据盘损坏的关联错误,则会导致数据无法恢复。由此,Balakrishnan等提出了Diff-RAID,其基本思想就是使得磁盘之间的损耗不均匀。

固态硬盘内部的芯片级RAID阵列则从延迟校验数据更新的RAID技术、高性能高可靠性的RAID技术、增强可靠性的RAID技术、嵌入式RAID阵列技术等进行阐述。整个逻辑结构层次清晰、内容翔实。

结论部分内容如下。

Flash存储器的100%半导体兼容技术使得固态硬盘的性能和可靠性非常具有竞争力。固态硬盘是由一个控制器ASIC(应用具体集成电路)和一组Flash存储芯片组成的。目前,针对固态硬盘的RAID阵列技术主要有三类,其中固态硬盘和机械硬盘组合搭建的混合式RAID阵列实现了两者特性的互补。随着固态硬盘的性价比不断提高,推进了固态硬盘与固态硬盘组合形成的RAID阵列以及固态硬盘的闪存芯片与芯片组合形成的纯固态硬盘RAID阵列的研发进程。由于目前固态硬盘价格高于机械硬盘,固态硬盘与机械硬盘构成的混合式RAID阵列与其他纯固态硬盘RAID阵列相比,在成本控制方面有较大的优势。但在性能与可靠性方面,多个固态硬盘构成的RAID阵列要优于固态硬盘与机械硬盘构成的混合式RAID阵列,而目前大多数固态硬盘厂商都采用固态硬盘内部的芯片级RAID阵列来进一步提升性能,降低功耗。为了提升产品的性能和可靠性,研究人员分别在减少对磁盘更新检验数据的写操作以及形成新型的固态硬盘组织架构上进行了深入研究与富有价值的实践。对嵌入式RAID阵列技术的iRAID这种结构的初步研究结果表明,RAID系统将不再是一群独立的驱动器,未来将可能只有一个单一的高密度磁盘。这将使这些存储系统的磁盘阵列,如云存储系统,在性能、功率消耗、体积方面有更大的改善,成本进一步降低,同时也更容易维护。由此,嵌入式RAID技术将会成为固态硬盘RAID阵列技术的主要研究方向之一,具有广阔的应用前景,涉及教育、娱乐、国防等多个应用领域,特别是在航空、军事等工作环境复杂程度高、数据安全级别要求高的领域,将会有大的作为。另外,因目前评估固态硬盘RAID的可靠性方面的研究较少,需要尽快完善针对RAID可靠性的评价体系及方法,由此可靠性分析研究也将成为固态硬盘RAID阵列技术的研究重点之一。

## 4. 经验体会

研究综述类的论文,关键是查全数据库文献,以客观的视角观测梳理该研究领域的研究进程与主要贡献,也以一定的站位高度推断性地分析该研究的发展趋势与主要研究重点。

### 固态硬盘 RAID 阵列技术进展

李振华[1]　楼向雄[2]

(1. 浙江商业职业技术学院,杭州 310053；2. 杭州电子科技大学,杭州 310018)

**摘要**：固态硬盘作为一种新型闪存设备,因高性能比、高可靠性、低功效等优点备受关注。然而,固态硬盘的存储可靠性与访问高效性在大数据时代面临越来越大的挑战。通过 RAID 控制器连接多个硬盘存储设备,形成固态硬盘 RAID 阵列,能够为用户提供大容量存储空间,保证高效的并行访问性能,同时提供不同程度的可靠性保证。本文通过系统阐述固态硬盘 RAID 阵列技术的研究现状,对不同 RAID 机制进行分类总结。在多个固态硬盘构成的 RAID 阵列方面,根据磁盘之间损耗机制的不同,对两种代表性研究情况进行概括；在固态硬盘内部的芯片级 RAID 方面,主要对延迟校验数据更新的 RAID 技术、高性能高可靠性的 RAID 技术、增强可靠性的 RAID 技术及嵌入式 RAID 技术的特点与不足进行阐述。最后,对固态硬盘 RAID 阵列技术进行总结分析,并提出今后该领域的研究重点和方向,主要包括：嵌入式 RAID 技术、可靠性分析等。

**关键词**：固态硬盘；RAID；存储系统；闪存；磁盘

### Progress of SSD-Based RAID Technology

LI Zhenhua[1]　LOU Xiangxiong[2]

(1. Zhejiang Business College, Hangzhou 310053, China;
2. Hangzhou Dianzi University, Hangzhou 310018, China)

**Abstract**: As a new flash memory device, SSD has attracted much attention for its high-performance, high reliability and low efficiency. However, the reliability of SSD storage and efficiency of access has been increasingly challenged in the era of big data. By coupling numbers of hard disk storage devices through RAID controller, a SSD-based RAID is formed. In this way, users are provided with high-capacity storage space, efficient parallel access performance and different degrees of reliability assurance. Through systematic analysis of previous research on SSD-based RAID technology, different mechanism of SSD-based RAID are summarized and classified. In the respect of RAID array composing of solid hard disks, two representative studies categorized by different loss mechanism between disks are mainly summarized. In the aspect of chip level in SSD RAID, the characteristics and weakness of the RAID technology of delay calibration data, high-performance as well as high-reliability RAID technology, reliability-enhanced RAID technology and embedded RAID technology are discussed. Lastly, a generalization of SSD-based RAID technology is presented. In addition, research trends in this area are put forward, including embedded RAID technology, reliability analysis.

**Key words**：SSD；RAID；storage system；flash memory；disk

## 1. 引言

大数据时代的飞速发展使得具备外形小巧、成本低、功耗少、性能佳等优点[1]的 Flash 闪存设备在嵌入式应用领域、大型数据中心等方面得到更广泛的发展与应用。希捷、西部数据、Emulex 等磁盘厂家陆续开始涉足基于闪存的固态硬盘市场，以缓解存储速度、存储容量与数据的完整性和安全性之间日益突出的矛盾[2]，提供优化的存储解决方案。

与传统的机械硬盘不同，固态硬盘一般由控制芯片和多个闪存芯片组成，内部没有可移动的部件，不需要旋转和寻道，因此具有访问延迟低、可靠性高、功耗低、抗震动等优点。然而，固态硬盘的存储可靠性与访问高效性在大数据时代面临越来越大的挑战。通过 RAID 控制器将多个硬盘存储设备连接在一起，形成固态硬盘 RAID 阵列，能够对外共同保证用户对大数据访问的需求，提供大容量存储空间，同时能保证高效的并行访问性能[3,4]。另外，RAID 阵列引入冗余数据，可为固态硬盘提供不同程度的可靠性保障。因此，固态硬盘 RAID 阵列受到了业界的追捧，当前学术界也日益关注固态硬盘 RAID 阵列的发展，相关研究逐渐展开。

## 2. RAID 阵列技术简介

如今 RAID 阵列技术被广泛应用于存储系统。降低成本是 RAID 阵列最初的技术期望，实际上却并未做到。因此，RAID 的核心含义从"廉价"[5]转变成"独立"，被定义为：一种将多个磁盘驱动器组合成一个逻辑单元，用于数据冗余处理和性能改进的技术。磁盘驱动器都具有高速存储接口，例如 ATA、SATA(Serial ATA)、PCI-E(PCI Express)、m.2 (Next Generation Form Factor)、SAS(Serial Attached SCSI)等接口。其中的数据以一种 RAID 等级的方式分布在驱动器中。也即 RAID 阵列是一个由多台甚至几十台磁盘驱动器组合形成的具有高度可靠性、高速运行效率的大规模磁盘系统，而这些磁盘驱动器则由一台磁盘阵列控制器来统一调控与管理。RAID 阵列技术根据不同的性能要求及冗余等级，分为不同的等级，这些 RAID 等级包括 RAID0～RAID5 以及混合式的 RAID10、RAID50 等。RAID0 是所有 RAID 等级中存储性能最高的解决方案，其工作原理是对分散在多个磁盘上的连续数据的并行交叉存取，提高磁盘整体的读写速率[6,7]，但是 RAID0 并不提供冗余校验功能，致使磁盘系统的可靠性不好。一旦阵列中有数据出现损坏，便会造成不可弥补的数据丢失[8,9]，因此较少使用。RAID5 是一种数据安全、性能较好、能容忍单个磁盘错误、存储成本合理的存储解决方案[10]，每个磁盘驱动器都有自己独立的数据通路，独立地进行读/写，且无专门的校验盘[11]，用来进行纠错的校验信息是以螺旋方式散布在所有数据盘上。RAID5 常用于 I/O 较频繁的事务处理，在服务器存储系统中得到了广泛应用。

## 3. 固态硬盘 RAID 阵列技术的研究现状

RAID 阵列技术所具备的三点优势(可靠性高、磁盘 I/O 速度快、性能/价格比高)为固态硬盘 RAID 阵列技术的研究提供了内在驱动力。再者，RAID 阵列技术可以在固态硬盘与机械硬盘之间[12,13]、固态硬盘与固态硬盘之间[14]、固态硬盘的闪存芯片与芯片之间[15,16]提供不同层次的可靠性保障。近年来，固态硬盘的技术不断成熟，容量不断增加，性能不断提升,价格却在不断下降,促使构建纯固态硬盘 RAID 阵列的条件逐渐成熟,下文将以两类纯固态硬盘 RAID 阵列为重点,也即多个固态硬盘构成的 RAID 阵列以及固态硬盘内部的芯片级 RAID 阵列进行阐述。

3.1 多个固态硬盘构成的 RAID 阵列

由于固态硬盘和传统的机械硬盘差异较大,不能将 RAID 阵列技术直接应用到固态硬盘上[17,18]。当前,针对闪存特点改造传统 RAID 结构的代表性研究主要有两种,其基本思想都是围绕磁盘之间的损耗机制[19]展开的,但是采取的方案却截然相反:一种是采用额外的措施使得多个磁盘之间的损耗均匀,另一种则是增加相关机制以保证磁盘之间的损耗不均匀。

3.1.1 磁盘之间损耗均匀的 RAID5

由于固态硬盘的写性能相对机械硬盘较差,导致写损耗状况比机械硬盘严重得多,同时更新校验数据引起的写操作占据了大部分的写操作的比例。因此,Park 等[7]提出了一种磁盘之间损耗均匀的 RAID5,它通过维护一张记录着每个磁盘上校验数据更新次数的位表,来保证更新校验数据的操作在每个磁盘上均匀进行。一旦有写入数据或者更新数据的操作就会检查位表的当前状况,如果当前数据的更新次数超过了设置的阈值,系统会交换当前数据和损耗较小的校验数据的位置[20]。系统采用动态调整校验数据位置的方式,保证了磁盘之间的校验数据更新较为均匀。

3.1.2 磁盘之间损耗不均匀的 RAID5

Balakrishnan 等[8]指出磁盘之间损耗均匀的 RAID5 是不理想的。RAID5 磁盘之间的损耗均匀将会使得各个磁盘的损耗程度非常的接近,进而引起磁盘损坏的概率大大提高。再者 RAID5 并不对存储的数据进行备份,它把数据以及校验数据均匀地存储在各个磁盘上。如果 RAID5 中有一个磁盘的数据发生损坏,则可以利用余下的数据以及校验校验[21,22]数据恢复损坏的数据。但是 RAID5 只能容忍一个磁盘损坏,如果出现的情况为多个磁盘都损坏或者在重建期间存在数据盘损坏的关联错误,则会导致数据无法恢复。由此,Balakrishnan 等提出了 Diff-RAID,其基本思想就是使得磁盘之间的损耗不均匀。

Diff-RAID 在 RAID5 的基础上增添了两种机制[23]:一是 Diff-RAID 校验数据不均匀分布机制,即在各个磁盘上不均匀地分布校验数据,二是 Diff-RAID 重新分配校验数据机制,即在更换固态硬盘时,保证 RAID 的老磁盘中拥有最多的校验数据,保持老磁盘具有最快的损耗速率。这些措施保障了磁盘之间的损耗不均匀,提升了磁盘的可靠性。

3.2 固态硬盘内部的芯片级 RAID 阵列

固态硬盘内部的芯片级 RAID 阵列机制通常被集成在固态硬盘的闪存转换层中[24]。闪存转换层同时承担寻址、参与数据更新过程、垃圾回收等功能。现有的固态硬盘 RAID 阵列技术主要从适当减少更新校验数据所带来的写操作入手,找到性能瓶颈的突破口[25]。有些研究人员尝试通过延迟校验数据更新来解决这个问题,并且实践证明是卓有成效的。同时研究人员在嵌入式 RAID 技术方面的实践研究成果推进了固态硬盘的整体研究进程。

3.2.1 延迟校验数据更新的 RAID 技术

通常不延迟校验数据更新的做法为:当写请求到来时,立即对该请求对应的校验数据进行更新操作,校验数据完成写入后,也即该写请求写入完成了。Lee 等[15]提出了 FRA (Flash-aware Redundancy Array)的方法,将数据和校验数据两部分的撷取分开操作。在处理写请求时,用户数据先被写入固态硬盘,写入数据后就认为写请求已经完成了,校验数据的更新请求被插入到更新队列中,待系统空闲时再安排写入。但如果在RAID5中频繁地更新操作校验数据,将会使得校验信息中的无效页大量增加[26,27],由此影响系统的性能以及固态硬盘的寿命。附图A.2所示为延迟校验数据更新的方法。

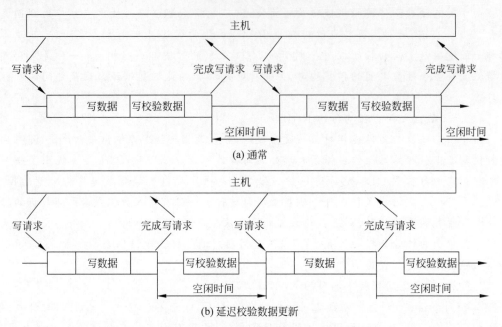

附图 A.2　延迟校验数据更新的方法[26]

### 3.2.2　高性能高可靠性的 RAID 技术

FIm 和 Shin 等[28]指出 FRA 方案在可靠性方面的缺陷在于,如果延迟更新的校验数据对应的数据出现错误,将会导致数据无法恢复,并提出了用 PPC(Partial Parity Cache)来缓存校验数据,使校验数据的更新延迟,以此构成高性能高可靠性的固态硬盘。当需要更新数据时,利用 RAID 控制器中的 Cache 来缓存数据对应的校验信息并延迟更新,直到下次需要更新数据时再利用 Cache 中存放的校验信息来更新校验信息。同时,还提供不间断电源来保护数据的可靠性。这种校验信息延迟更新方案的优点在于,更新校验信息的开销较小,在多次更新数据过程中只需要进行一次校验数据更新即可。但是其缺点在于不能利用固态硬盘控制器针对校验信息的特点进行优化操作[27,29]。

### 3.2.3　增强可靠性的 RAID 技术

Lee 等[30]提出了用于增强固态硬盘 RAID5 的可靠性的方案,包括如下三种方法。

(1) 采取动态调整固态硬盘每个条带中的数据块数量的方式来减少额外的空间浪费,从而确保 RAID 的可靠性。

(2) 采取的闪存转换层方案使用不同的校验方案应对数据块和日志块的不同特征,使其更好地进行闪存芯片管理。

(3) 采取缓存技术对校验块进行缓存,实现写操作的次数下降,从而增强系统的可靠性。

### 3.2.4　嵌入式 RAID 阵列技术

在传统磁盘被 Flash 存储器取代而成为主要存储介质之前是很难将 RAID 功能嵌入到

机械驱动器中的[31,32]。Im 等[28]曾分析过支持 RAID0 和 RAID5 并具有多通道的 Flash 存储芯片的微系统。Luo JJ 等[33]研究并实现了这样的嵌入式 RAID 技术,也即一种新的固态硬盘控制器集成电路结构(iRAID 方案)。在这个 RAID 系统中,研究人员设计并实现了一个内部 RAID 控制逻辑的固态硬盘控制器。该控制器具备的多个 Flash 内存通道都可以配置为 RAID0 或 RAID5 模式。其内存通道被当作 RAID 阵列中的四个独立的虚拟磁盘[34],每个通道都由 Flash 通道管理器(FCC)、Flash 芯片、通道缓存器等构成。作为嵌入式 RAID 结构中的虚拟磁盘,则通过固态硬盘控制器来控制芯片按照 RAID 等级分配虚拟磁盘之间的数据流[35,36]。其中 FCC 的功能包括损耗均衡算法、纠错编码、坏块管理等。这个嵌入式 RAID 技术方案已经实现,并且实验证实在 RAID0 或 RAID5 模式中固态硬盘控制器运行有效。构建的固态硬盘控制器不再是一个单一的驱动控制器,它同时也是提供冗余能力和高可靠性的 RAID 微系统,由此带来了一种新的方式,使得大规模的磁盘阵列存储系统能够获得更低的成本、更高的性能、更低的功耗、更小的尺寸和更方便的维护。如附图 A.3 所示为嵌入式 RAID 阵列技术的架构。

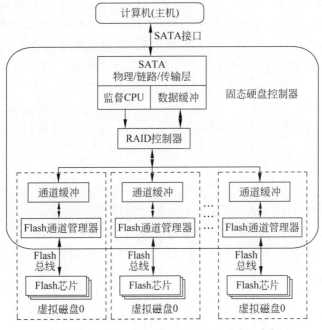

附图 A.3　嵌入式 RAID 阵列技术的架构[33]

## 4. 结束语

Flash 存储器的 100% 半导体兼容技术使得固态硬盘的性能和可靠性非常具有竞争力[37]。固态硬盘是由一个控制器 ASIC(应用具体集成电路)和一组 Flash 存储芯片组成的。目前,针对固态硬盘的 RAID 阵列技术主要有三类,其中固态硬盘和机械硬盘组合搭建的混合式 RAID 阵列实现了两者特性的互补。随着固态硬盘的性价比不断提高,推进了固态硬盘与固态硬盘组合形成的 RAID 阵列以及固态硬盘的闪存芯片与芯片组合形成的纯固态硬盘 RAID 阵列的研发进程。由于目前固态硬盘价格高于机械硬盘,固态硬盘与机械硬盘构成的混合式 RAID 阵列与其他纯固态硬盘 RAID 阵列相比,在成本控制方面有较大的优势。但在性能与可靠性方面，多个固态硬盘构成的RAID阵列要优于固态硬盘与机械硬盘构成的混合式RAID阵列，而目前大多数固态硬盘厂商都采用固态硬盘内部的芯片级RAID阵列来进一步提升性能，降低功耗[38]。为了提升产品的性能和可靠性，研究人员分别在减少对磁盘更新检验数据的写操作以及形成新型的固态硬盘组织架构上进行了深入研究与富有价值的实践。对嵌入式RAID阵列技术的iRAID[33]这种结构的初步研究结果表明，RAID系统将不再是一群独立的驱动器，未来将可能只有一个单一的高密度磁盘。这将使这些存储系统的磁盘阵列，如云存储系统，在性能、功率消耗、体积方面有更大的改善，成本进一步降低，同时也更容易维护。由此，嵌入式RAID技术将会成为固态硬盘RAID阵列技术的主要研究方向之一，具有广阔的应用前景，涉及教育、娱乐、国防等多个应用领域，特别是在航空、军事等工作环境复杂程度高、数据安全级别要求高的领域，将会有大的作为。另外，因目前评估固态硬盘RAID的可靠性方面的研究较少，需要尽快完善针对RAID可靠性的评价体系及方法，由此可靠性分析研究也将成为固态硬盘RAID阵列技术的研究重点之一。

除此之外，下面两方面也会在固态硬盘RAID阵列技术研究中受到关注。

(1) 大数据存储结构与搜索引擎研究。数据存储系统是确定数据挖掘性能和成本的核心。新型的大数据存储架构可整合分布式以及嵌入式搜索引擎内的每一个存储驱动器，突破数据吞吐量和数据访问存储系统的限制，提升大数据存储接口的带宽。

(2) 快速重建机制研究。固态硬盘的RAID结构采用相应的重建机制，将加快从统计错误到恢复数据等整个重建的进程，同时有助于降低重建过程中数据丢失的风险。重建机制对于一个完善的固态硬盘RAID结构来说是不可或缺的，需要根据其RAID阵列特点进行开发并优化处理。

## 参考文献

[1] GUPTA A, KIM Y, URGAONKAR B. DFTL: a flash translation layer employing demand-based selective caching of page-level address map-pings[J]. Acm Sigplan Notices,2009,44(3):229-240.

[2] NARAYANAN D,THERESKA E,DONNELLY A,et al. Migrating server storage to SSDs: analysis of tradeoffs [C]. Proceedings of the 4th ACM European conference on Computer systems. Nuremberg: ACM,2009:145-158.

[3] FABIANO M,FURANO G. NAND Flash storage technology for mis-sion-critical space applications [J]. IEEE Aeospace and Electronic Systems Magazine,2013,28(9):30-36.

[4] 胡洋. 高性能固态盘的多级并行性及算法研究[D]. 武汉:华中科技大学,2012.

[5] PATTERSON D A, GIBSON G, KATZ R H. A case for redundant ar-rays of inexpensive disks (RAID) [J]. SIGMOD Rec,1988,17(3):109-116.

[6] YANG Q, REN J. I-CASH: Intelligently coupled array of SSD and HDD[C]. 2011 IEEE 17th International Symposium on High Performance Computer Architecture (HPCA). San Antonio: IEEE,2011:278-289.

[7] PARK K, LEE D H, WOO Y, et al. Reliability and performance enhancement technique for SSD array storage system using RAID mechanism[C]. 2009 International Symposium on Communications and Information Technology. Incheon: IEEE,2009:140-145.

[8] BALAKRISHNAN M,KADAV A,PRABHAKARAN V,et al. Differential RAID: rethinking RAID for SSD reliability[J]. ACM Transactions on Storage,2010,6(2):1-22.

[9] KAI B,QINGHONG Y,XIN X,et al. Research and Design of Solid State RAID Storage System[C]. 2010 International Conference on Intelligent System Design and Engineering Application. Washington: IEEE,2010: 143-145.

[10] 范玉雷,赖文豫,孟小峰. 基于固态硬盘内部并行的数据库表扫描与聚集[J]. 计算机学报,2012,35(11): 2327-2335.

[11] 赵鹏,白石. 基于随机游走的大容量固态硬盘磨损均衡算法[J]. 计算机学报,2012,35(5): 972-978.

[12] KIM Y,GUPTA A,URGAONKAR B,et al. Hybridstore: A cost-efficient,high-performance storage system combining SSDs and HDDs[C]. 2011 IEEE 19th International Symposium on Modeling,Analysis & Simulation of Computer and Telecommunication Systems (MASCOTS). Singapore: IEEE,2011: 227-236.

[13] 李佳琦,李健,党相甫,等. 基于固态硬盘的闪存阵列并行结构设计[J]. 微电子学与计算机,2010,27(4): 85-88,94.

[14] JEREMIC N,MüHL G,BUSSE A,et al. The pitfalls of deploying solid-state drive RAIDs[C]. Proceedings of the 4th Annual International Conference on Systems and Storage. Haifa: ACM,2011: 1-13.

[15] LEE Y,JUNG S,SONG Y H. FRA: a flash-aware redundancy array of flash storage devices[C]. Proceedings of the 7th IEEE/ACM international conference on Hardware/software codesign and system synthesis. Grenoble: ACM,2009: 163-172.

[16] 罗桂娥,康霞. 固态硬盘性能优化研究与实现[J]. 计算机工程与应用,2015,51(1): 43-48.

[17] 霍建华,王留全,王亮,等. 机载千兆网络数据记录器设计与实现[J]. 计算机测量与控制,2016,24(5): 167-168,172.

[18] 蔡晓乐,张亚棣,李亚晖,等. 基于区域页级映射的闪存转换层设计[J]. 微电子学与计算机,2016,33(4): 32-36.

[19] CHANG L P,KUO T W. Efficient management for large-scale flashmemory storage systems with resource conservation[J]. ACM Transactions on Storage,2005,1(4): 381-418.

[20] LEE S W,PARK D J,CHUNG T S,et al. A log buffer-based flash translation layer using fully-associative sector translation[J]. ACM Transactions on Embedded Computing Systems,2007,6(3): 150-151.

[21] 张珮,王晓晨. 固态硬盘SSD性能分析及RAID0方案设计[J]. 微型机与应用,2016,35(6): 26-28.

[22] 李东阳,刘鹏,丁科,等. 基于固态硬盘的云存储分布式缓存策略[J]. 计算机工程,2013,39(4): 32-35.

[23] PARHI K K. Eliminating the Fanout Bottleneck in Parallel Long BCH Encoders [J]. IEEE Transactions on Circuits and Systems,2004,51(3): 512-516

[24] 潘文. 应用于固态盘的RAID技术的研究[D]. 安徽: 合肥工业大学,2014.

[25] YI W,XU H,XIE Q,LI N. A Flash-aware Intra-disk Redundancy scheme for high reliable All Flash Array[J]. IEICE Electronics Express,2015,12(13): 1-11.

[26] 孙浩然. 高速海量固态硬盘的设计[D]. 哈尔滨: 哈尔滨工程大学,2009.

[27] 陈博,肖侬,刘芳,等. 一种面向RAID阵列的SSD设计优化方法[J]. 计算机工程与科学,2014,36(7): 1226-1230.

[28] IM S,SHIN D. Flash-aware RAID techniques for dependable and high-performance flash memory SSD[J]. IEEE Transactions on Computers,2011,60(1): 80-92.

[29] TAKEUCHI K. Novel co-design of NAND flash memory and NAND flash controller circuits for sub-30nm low-power high-speed solidstate drives(SSD) [J]. IEEE Journal of Solid-State Circuits,2009,44(4): 1227-1234.

[30] LEE S,LEE B,KOH K, et al. A lifespan-aware reliability scheme for raid-based flash storage[C]. Proceedings of the 2011 ACM Symposium on Applied Computing. TaiChung：ACM,2011：374-379.

[31] 李博.固态硬盘写效率及能耗优化研究[D].武汉：华中科技大学,2010.

[32] 张志卓,张全新,李元章,等.连续数据存储中面向 RAID5 的写操作优化设计[J].计算机研究与发展,2013,50(8)：1604-1612.

[33] LUO J J,FAN L Y,TSU C,GENG X. Solid-state drive controller with embedded RAID functions [J]. IEICE Electronics Express. 2014,11(12)：1-6.

[34] KANG J,KIM J S,PARK C,et al. A multi-channel architecture for igh-performance NAND flash-based storage system[J]. Journal of ystem Architecture. 2007,53(9)：644-658.

[35] 杨春林,雷航.基于 NAND Flash 的嵌入式文件系统的改进与优化[J].计算机应用,2007,27(12)：3102-3104.

[36] 郑文静,李明强,舒继武.Flash 存储技术[J].计算机研究与发展,2004,47(4)：716-726.

[37] HE J,JAGATHEESAN A,GUPTA S,et al. Dash：a recipe for a flash-based data intensive supercomputer［C］. Proceedings of the 2010 ACM/IEEE International Conference for High Performance Computing,Networking,Storage and Analysis. New Orleans：IEEE Computer Society,2010：1-11.

[38] QIN Y,FENG D,LIU J,et al. A Parity Scheme to Enhance Reliability for SSDs[C]. Proceeding of the 2012 IEEE 7th International Conference on Networking, Architecture and Storage. Xiamen：IEEE,2012：293-297.

# 附录 B 中国计算机学会推荐的国际学术会议

该目录是经过 CCF 学术工作委员会组织业内专家反复讨论和修订，推出的修订版，可供业界人士查询和使用，也供国内高校和科研单位作为学术评价的参考依据。

目录中的专业方向包括：计算机科学理论、计算机体系结构与高性能计算、计算机图形学与多媒体、计算机网络、交叉学科、人工智能与模式识别、软件工程/系统软件/程序设计语言、数据库/数据挖掘/内容检索、网络与信息安全、综合刊物等。

目录中，刊物和会议分为 A、B、C 三档。A 类表示国际上极少数的顶级刊物和会议，鼓励我国学者去突破；B 类是指国际上著名和非常重要的会议、刊物，代表该领域的较高水平，鼓励国内同行投稿；C 类指国际上重要、为国际学术界所认可的会议和刊物。

数据库、数据挖掘与内容检索类会议如附表 B.1～附表 B.3 所示。

附表 B.1 A 类会议

| 序号 | 会议简称 | 会议全称 | 出版社 | 网址 |
|---|---|---|---|---|
| 1 | SIGMOD | ACM Conference on Management of Data | ACM | http://dblp.uni-trier.de/db/conf/sigmod/ |
| 2 | SIGKDD | ACM Knowledge Discovery and Data Mining | ACM | http://dblp.uni-trier.de/db/conf/kdd/ |
| 3 | ICDE | IEEE International Conference on Data Engineering | IEEE | http://dblp.uni-trier.de/db/conf/icde/ |
| 4 | SIGIR | International Conference on Research on Development in Information Retrieval | ACM | http://dblp.uni-trier.de/db/conf/sigir/ |
| 5 | VLDB | International Conference on Very Large Data Bases | Morgan Kaufmann/ACM | http://dblp.uni-trier.de/db/conf/vldb/ |

附表 B.2 B 类会议

| 序号 | 会议简称 | 会议全称 | 出版社 | 网址 |
|---|---|---|---|---|
| 1 | CIKM | ACM International Conference on Information and Knowledge Management | ACM | http://dblp.uni-trier.de/db/conf/cikm/ |

续表

| 序号 | 会议简称 | 会议全称 | 出版社 | 网址 |
|---|---|---|---|---|
| 2 | WSDM | ACM International Conference on Web Search and Data Mining | ACM | http://dblp.uni-trier.de/db/conf/wsdm/ |
| 3 | PODS | ACM Symposium on Principles of Database Systems | ACM | http://dblp.uni-trier.de/db/conf/pods/ |
| 4 | DASFAA | Database Systems for Advanced Applications | Springer | http://dblp.uni-trier.de/db/conf/dasfaa/ |
| 5 | ECML-PKDD | European Conference on Machine Learning and Principles and Practice of Knowledge Discovery in Databases | Springer | http://dblp.uni-trier.de/db/conf/ecml/<br>http://dblp.uni-trier.de/db/conf/pkdd/ |
| 6 | ISWC | IEEE International Semantic Web Conference | IEEE | http://dblp.uni-trier.de/db/conf/semweb/ |
| 7 | ICDM | International Conference on Data Mining | IEEE | http://dblp.uni-trier.de/db/conf/icdm/ |
| 8 | ICDT | International Conference on Database Theory | Springer | http://dblp.uni-trier.de/db/conf/icdt/ |
| 9 | EDBT | International Conference on Extending DB Technology | Springer | http://dblp.uni-trier.de/db/conf/edbt/ |
| 10 | CIDR | International Conference on Innovative Data Systems Research | Online Proceeding | http://dblp.uni-trier.de/db/conf/cidr/ |
| 11 | SDM | SIAM International Conference on Data Mining | SIAM | http://dblp.uni-trier.de/db/conf/sdm/ |

附表 B.3　C 类会议

| 序号 | 会议简称 | 会议全称 | 出版社 | 网址 |
|---|---|---|---|---|
| 1 | APWeb | Asia Pacific Web Conference | Springer | http://dblp.uni-trier.de/db/conf/apweb/ |
| 2 | DEXA | Database and Expert System Applications | Springer | http://dblp.uni-trier.de/db/conf/dexa/ |
| 3 | ECIR | European Conference on IR Research | Springer | http://dblp.uni-trier.de/db/conf/ecir/ |
| 4 | ESWC | Extended Semantic Web Conference | Springer | http://dblp.uni-trier.de/db/conf/esws/ |
| 5 | WebDB | International ACM Workshop on Web and Databases | ACM | http://dblp.uni-trier.de/db/conf/webdb/ |
| 6 | ER | International Conference on Conceptual Modeling | Springer | http://dblp.uni-trier.de/db/conf/er/ |
| 7 | MDM | International Conference on Mobile Data Management | IEEE | http://dblp.uni-trier.de/db/conf/mdm/ |
| 8 | SSDBM | International Conference on Scientific and Statistical DB Management | IEEE | http://dblp.uni-trier.de/db/conf/ssdbm/ |

续表

| 序号 | 会议简称 | 会议全称 | 出版社 | 网址 |
|---|---|---|---|---|
| 9 | WAIM | International Conference on Web Age Information Management | Springer | http://dblp.uni-trier.de/db/conf/waim/ |
| 10 | SSTD | International Symposium on Spatial and Temporal Databases | Springer | http://dblp.uni-trier.de/db/conf/ssd/ |
| 11 | PAKDD | Pacific-Asia Conference on Knowledge Discovery and Data Mining | Springer | http://dblp.uni-trier.de/db/conf/pakdd/ |
| 12 | WISE | Web Information Systems Engineering | Springer | http://dblp.uni-trier.de/db/conf/wise/ |

# 附录 C 中国计算机学会推荐的国际学术期刊

数据库、数据挖掘与内容检索类国际学术期刊如附表 C.1～附表 C.3 所示。

**附表 C.1　A 类期刊**

| 序号 | 刊物简称 | 刊物全称 | 出版社 | 网址 |
|---|---|---|---|---|
| 1 | TODS | ACM Transactions on Database Systems | ACM | http://dblp.uni-trier.de/db/journals/tods/ |
| 2 | TOIS | ACM Transactions on Information Systems | ACM | http://dblp.uni-trier.de/db/journals/tois/ |
| 3 | TKDE | IEEE Transactions on Knowledge and Data Engineering | IEEE | http://dblp.uni-trier.de/db/journals/tkde/ |
| 4 | VLDBJ | The VLDB Journal | Springer | http://dblp.uni-trier.de/db/journals/vldb/ |

**附表 C.2　B 类期刊**

| 序号 | 刊物简称 | 刊物全称 | 出版社 | 网址 |
|---|---|---|---|---|
| 1 | TKDD | ACM Transactions on Knowledge Discovery from Data | ACM | http://dblp.uni-trier.de/db/journals/tkdd/ |
| 2 | TWEB | ACM Transactions on the Web | ACM | http://dblp.uni-trier.de/db/journals/tweb/ |
| 3 | AEI | Advanced Engineering Informatics | Elsevier | http://dblp.uni-trier.de/db/journals/aei/ |
| 4 | DKE | Data and Knowledge Engineering | Elsevier | http://dblp.uni-trier.de/db/journals/dke/ |
| 5 | DMKD | Data Mining and Knowledge Discovery | Springer | http://dblp.uni-trier.de/db/journals/datamine/ |
| 6 | EJIS | European Journal of Information Systems | Springer | http://dblp.uni-trier.de/db/journals/ejis/ |
| 7 |  | GeoInformatica | Springer | http://dblp.uni-trier.de/db/journals/geoinformatica/ |
| 8 | IPM | Information Processing and Management | Elsevier | http://dblp.uni-trier.de/db/journals/ipm/ |
| 9 |  | Information Sciences | Elsevier | http://dblp.uni-trier.de/db/journals/isci/ |

续表

| 序号 | 刊物简称 | 刊物全称 | 出版社 | 网址 |
|---|---|---|---|---|
| 10 | IS | Information Systems | Elsevier | http://dblp.uni-trier.de/db/journals/is/ |
| 11 | JASIST | Journal of the American Society for Information Science and Technology | American Society for Information Science and Technology | http://dblp.uni-trier.de/db/journals/jasis/ |
| 12 | JWS | Journal of Web Semantics | Elsevier | http://dblp.uni-trier.de/db/journals/ws/ |
| 13 | KAIS | Knowledge and Information Systems | Springer | http://dblp.uni-trier.de/db/journals/kais/ |

附表C.3  C类期刊

| 序号 | 刊物简称 | 刊物全称 | 出版社 | 网址 |
|---|---|---|---|---|
| 1 | DPD | Distributed and Parallel Databases | Springer | http://dblp.uni-trier.de/db/journals/dpd/ |
| 2 | I&M | Information and Management | Elsevier | http://dblp.uni-trier.de/db/journals/iam/ |
| 3 | IPL | Information Processing Letters | Elsevier | http://dblp.uni-trier.de/db/journals/ipl/ |
| 4 | IR | Information Retrieval Journal | Springer | http://dblp.uni-trier.de/db/journals/ir/ |
| 5 | IJCIS | International Journal of Cooperative Information Systems | World Scientific | http://dblp.uni-trier.de/db/journals/ijcis/ |
| 6 | IJGIS | International Journal of Geographical Information Science | Taylor & Francis | http://dblp.uni-trier.de/db/journals/gis/ |
| 7 | IJIS | International Journal of Intelligent Systems | Wiley | http://dblp.uni-trier.de/db/journals/ijis/ |
| 8 | IJKM | International Journal of Knowledge Management | IGI | http://dblp.uni-trier.de/db/journals/ijkm/ |
| 9 | IJSWIS | International Journal on Semantic Web and Information Systems | IGI | http://dblp.uni-trier.de/db/journals/ijswis/ |
| 10 | JCIS | Journal of Computer Information Systems | IACIS | http://dblp.uni-trier.de/db/journals/jcis/ |
| 11 | JDM | Journal of Database Management | IGI-Global | http://dblp.uni-trier.de/db/journals/jdm/ |
| 12 | JGITM | Journal of Global Information Technology Management | Ivy League Publishing | http://www.tandfonline.com/loi/ugit20#.Vnv35pN97rI |
| 13 | JIIS | Journal of Intelligent Information Systems | Springer | http://dblp.uni-trier.de/db/journals/jiis/ |
| 14 | JSIS | Journal of Strategic Information Systems | Elsevier | http://dblp.uni-trier.de/db/journals/jsis/ |

# 后 记

在今天这个知识爆炸、信息铺天盖地的时代,互联网信息技术变革非常快,高校等科研单位能否跟得上脚步?信息技术快速发展,是否也为高校等科研单位的发展带来了新机遇。不论如何,追逐前沿、有选择性地学习是最要紧、最值得注意的。选择最有价值的、最新的知识才是最重要的。本书旨在满足"信息洪流"时代科研相关人员的需求,系统地介绍了文献检索与利用的全过程,从选择研究课题直到最终的论文写作与发表,内容涉及制定研究策略、使用数据库收集文献资料、评估资料、发现重要文献,以及追踪最新的学术进展、撰写论文等。

文献信息检索工具的使用方面,科研相关人员要注意:对于相同用户的相同课题来说,不同的因素会产生不同的影响,例如,文献资源的范围和质量、文献标引的质量等对检索效果影响很大;中国知网和维普期刊中检索结果的题录格式不完全相同,其对用户选择、保存、利用信息的效率有较大影响;多种不同的检索界面及界面的友好性也影响检索体验;是否有同时在线用户数限制、是否有本地镜像站、使用费高低等也影响用户的检索成本。不同评价主题的评价目的不完全相同,在评价过程中对各个因素或具体的细节的角度和要求也不同,文献检索人员主要从全体用户的信息需求的角度来评价检索工具的文献资源范围和质量,而相关用户则在评价时主要考虑检索效果和易用程度,因此指定评价标准时需要结合实际情况和评价目的而定。

中文学术论文写作方面,科研相关人员要注意:论文必须登高望远,要在材料、观点、方法等方面有新意;论文必须围绕论点展开论述;平时要以优秀、高质量的论文为范本多加研究;充分吃透10篇以上参考文献,圈定论文选题;多方收集一手的写作资料;在正式写作前,绘制论文的纲要;实验与论文写作同步进行,及时撰写好论文初稿;不要急切定稿,要对论文稿件多次修改、润色;自己、同行都对论文认可后,可以开始投稿,投稿前心态一定要好,胜不骄败不馁,论文写作与投稿是一个科研人员长期的工作,应该要以平常心持之以恒。

英文学术论文写作方面,科研相关人员要注意:英文论文的选题缺乏创新性、缺乏严谨性,对相关问题的研究现状缺乏了解是论文写作欠佳的主要原因。好的论文通常像是在描述一个故事,对于非专业人员来说,阅读起来也饶有兴致、颇有收获。通常好的论文在问题描述、解决方法、验证方法和结论的撰写方面是一气呵成的,选题好,逻辑性强,前期研究扎实,研究方法充分验证,并且有明显的贡献。相对来说,英文基础不够好,对论文的写作所造成的困惑倒是好解决,有不少非英语专业的研究人员,自己摸索着看英文文献,看着看着也就入门了,所谓"读书百遍,其义自现"。

总之,愿能以此书推开一道打开文献信息检索与论文写作的门缝,使得读者能按图索骥,学会使用文献信息检索工具和数据库系统,撰写论文和投稿。

# 参 考 文 献

[1]  陈雅芝,等.信息检索[M].北京:清华大学出版社,2006.
[2]  刘振西,李润松,叶茜.实用信息检索技术概论[M].北京:清华大学出版社,2006.
[3]  孙平,伊雪峰.科技写作与文献检索[M].北京:清华大学出版社,2009.
[4]  吉久明,孙济庆.文献检索与知识发现指南[M].上海:格致出版社,上海人民出版社,2013.
[5]  王细荣,韩玲,张勤.文献信息检索与论文写作[M].3版.上海:上海交通大学出版社,2012.
[6]  李澄君,罗学妹.社科信息检索与利用[M].北京:人民出版社,2011.
[7]  王岩.社会科学信息检索与利用[M].北京:海洋出版社,2008.
[8]  王勇,彭莲好.信息检索基础教程[M].武汉:华中科技大学出版社,2010.
[9]  杜慰纯,宋爽,李娜.信息获取与利用[M].北京:清华大学出版社,2009.
[10] 伊雪峰,金桂花,刘英煜.信息检索与利用[M].北京:人民邮电出版社,2011.
[11] 严大香.社会科学信息检索[M].南京:东南大学出版社,2006.
[12] 曹志梅,范亚芳,蒲筱哥.信息检索问题集萃与实用案例[M].北京:北京图书馆出版社,2008.
[13] 高峰.科技论文写作规范和写作技巧100例[M].北京:国防工业出版社,2005.
[14] 朱国奉,丁广明,任孝珍.科技应用文写作[M].南京:东南大学出版社,2004.
[15] 乔好勤,冯建福,张材鸿.文献信息检索与利用[M].武汉:华中科技大学出版社,2008.
[16] 蒋永新.人文社会科学信息检索教程[M].上海:上海大学出版社,2005.
[17] 杨少平.现代应用文写作[M].杭州:浙江大学出版社,2005.
[18] 马文峰.人文社会科学信息检索[M].北京:北京图书馆出版社,2004.
[19] 刘纪兴.社会科学图书情报工作特殊性研究[M].武汉:武汉大学出版社,2000.
[20] 萨莉·拉姆奇.如何查找文献[M].廖晓玲,译.北京:北京大学出版社,2007.
[21] 王立名.科学技术期刊编辑教程[M].北京:人民军医出版社,1995.
[22] 邓泽民,崔俊明.职业教育论文撰写[M].北京:中国铁道出版社,2020.
[23] 花芳,战玉华.文献检索与利用[M].北京:清华大学出版社,2016.